10년이 가도 변하지 않을 PM · PO로 살아가는 원칙과 철학

프로덕트 매니저 원칙

장홍석, 강형모, 김수미, 김승욱, 서점직원, 신필수,
이미림, 이상범, 황인혜 공저

골든래빗은 가치가 성장하는 도서를 함께 만드실 저자님을 찾고 있습니다.

내가 할 수 있을까 망설이는 대신, 용기 내어 골든래빗의 문을 두드려보세요.

apply@goldenrabbit.co.kr

우리는
가치가 성장하는
시간을
만듭니다.

GOLDEN RABBIT

원칙

"앞서 경험한 선배가 발견한 10년이 지나도 변치 않을 업의 방정식"

"PM의 일은 고되고 지루한 작업의 연속입니다.
고생 끝에 보람을 얻는 직무이기 때문에,
그 과정 자체를 즐길 수 있어야 오래할 수 있습니다"

저는 원래 기획자가 되고 싶었습니다. 내가 정말 원하는 것을 만들려면 기획자가 되어야 한다고 생각했습니다. 그래서 서비스 기획자를 하던 친구를 찾아가서, 기획을 배우고 싶은데 가르쳐 줄 수 있는지 물어보기도 했습니다. 기획자가 되고 싶었지만 기획자가 될 기회는 좀처럼 주어지지 않았습니다. 대신 개발자로서 의견 적극 내거나 새로운 아이디어를 열심히 제안했습니다. 새로운 아이디어 중 대부분은 거절되었지만 그게 당연하다고 생각했습니다.

어쩌다 팀장이 되어 신규 프로젝트를 이끌 기회가 생겼는데, 유저가 원하는 것을 내가 모른다는 것을 절감하고 UX를 공부하게 되었습니다. 그리고 창업을 하고 나니까 제품으로 돈을 벌어야 해서 비즈니스를 배우게 되었습니다. 보통 PM은 기술/UX/비즈니스의 교집합이라고 하는데, 의도하지 않았지만 이 세 가지를 공부하게 되었습니다.

창업을 하고도 몇 년은 PM을 채용하지 않았습니다. 개발자, 디자이너의 팀장으로서 진행상의 이슈나 운영상의 문제를 논의해서 정리하는 일을 했습니다. 제품 조직이 커지면서 더 이상 혼자서 못하겠다 싶은 시점에 PM을 채용하게 되었습니다. 제품 조직에 PM이라는 역할이 탄생하는 순간이었습니다.

PM을 채용하고 조직을 운영하면서 PM의 역할에 대해서 체계적으로 배우기 시작했습니다. 여러 PM 책을 보면 책마다 일하는 방식과 역할이 조금씩 다르다는 것을 알 수 있습니다. 이 책은 여러 PM이 자신의 노하우와 경험을 담으면서도 서로 연결되고 있기 때문에 다양한 관점을 배우기에 좋습니다. PM이 되는 전형적인 방법이 없기 때문에 그 역할에 대한 의견과 어떻게 PM이 될 수 있는지를 다양하게 다뤄준 부분이 특히 유익하다고 할 수 있습니다.

남들이 정해주는 것을 단지 만들고 실행하기만 하는 것으로는 만족하지 못하는 사람들이 있습니다. 내가 하면 더 잘할 것 같다거나, 직접 마음껏 해보고 싶다는 생각일 수도 있습니다. 아마 PM을 꿈꾸는 사람들도 이런 열정과 기대를 가지고 있을 것 같습니다. 그렇다면 결국 돌고돌아 언젠가 PM을 하게 될지도 모릅니다. 쓸만한 제품을 만드는 것이라는 본질에 집중하면 언젠가 그런 기회가 올 겁니다.

현업의 PM들은 사람들의 생각과 달리 얼마나 고되고 어려운 일인지 잘 알고 있습니다. 그렇기 때문에 그 현실에 대해서 알려주려고 하고, 환상만 가지고 시작하지 않도록 주의하기도 합니다. 실제 PM의 일은 고되고 지루한 작업의 연속입니다. 고생 끝에 보람을 얻는 직무이기 때문에, 그 과정 자체를 즐길 수 있어야 오래할 수 있습니다.

이 책에서는 PM을 꿈꾸는 사람들이 그 과정에서 무엇을 익혀야 하며, 어떻게 역량을 쌓아 가는지를 현실적으로 경험에 비추어 구체적으로 다루고 있습니다. PM의 일 자체가 어려운 일이기 때문에 책 내용도 쉽지만은 않을 것입니다. 하지만 이 책에 있는 내용이 유익하고 더 알고 싶고 공감까지 된다면 어쩌면 당신도 PM 적임자일 것입니다. 저자 분들의 경험과 노하우가 여러분에게 좋은 인사이트가 되길 바랍니다.

황리건_ 원티드랩 공동창업자

"유저의 마음 한 켠에 영원히 남을 프로덕트를 만들고,
나아가 어느 나라에서든 하나의 문화가 되는
프로덕트를 만들 수 있기를"

이 책은 여러 IT 서비스를 경험한 프로덕트 매니저들의 이야기입니다. 모두가 프로덕트 매니저인데 역할을 살펴보면 저마다 각도가 달라 흥미롭습니다. 왜 그럴까요?

누군가는 실리콘밸리나 해외에는 기획자가 없다고 말합니다. PM은 어떤 역할이고 PO와 PM의 관계는 어느 하나가 위 또는 아래라고 섣불리 정의하기도 합니다. 하지만 그것은 마치 한국 기업 두세 곳을 다닌 후에 우리나라의 기업 문화가 어떻다고 말하는 것과 같습니다. 특히나 PM, PO 영역은 유독 더 저마다의 해석이 갈립니다. 이는 또 왜 그럴까요?

그 이유는, 이 직군이 아직 성숙하지 않아서 발굴하고 발견할 역할이 많기 때문이 아닐까요? 한 단계 더 깊이 생각하면 좋은 프로덕트를 만드는 일이 그만큼 어렵기 때문인지도 모릅니다. 분명한 것은 하나의 멋진 프로덕트가 나올 수 있도록 서비스 스펙을 정의하고 사업팀을 비롯한 다양한 이해관계자와 소통하며 진행 상황과 지표를 가시화하는 역할은 (이름이야 어찌되었든) 팀에 있거나, 없더라도 누군가가 (딱히 책임을 가지진 않지만) 이미 하고 있습니다.

이 책은 이처럼 아직 명확하지 않은 이 직군의 미래를 정의할 분들을 위한 책입니다. 프로덕트의 성공 문법은 단순합니다. 유저의 사랑을 받고야 말겠다는 강한 의지만으로 돈이 바닥날 때까지 시도하는 겁니다. 사람마다 고백하는 방법이 다르듯, 유저의 사랑을 받기 위해 무엇이 더 중요한지, 무엇을 해야 유저의 마음에 보고 또 보고 싶은 프로덕트로 남을지에 대한 생각은 프로덕트 매니저마다 다를 겁니다.

저는 강력한 프로덕트팀을 만드는 일을 합니다. 팀 하나를 만들면서 프로덕트 매니저, 프로젝트 매니저, 프로덕트 오너, 기획자, TPM(Tech PM) 등의 직군으로 200명 넘게 면접을 보고 50개 넘는 프로덕트와 수백 번의 릴리즈를 겪었지만, 이 책에서 무엇 하나가 더 중요하다고 제가 감히 말할 수는 없습니다. 그럼에도 이 책에서 제가 보석같이 생각했던 부분을 꼽으라면 김수미 님이 소개한 '킥오프의 중요성'과 김승욱 님이 소개한 'PIC 2단계에서 VOC를 생각/감정/행동으로 분류하는 점'을 언급하고 싶습니다. 이 두 가지만 해도 이 책의 소장가치는 충분하다고 말하고 싶습니다.

이 책은 누군가에게는 시행착오를 함께 나누며 동료의식을 느끼게 해주기도 하고, 앞으로 더 멋진 프로덕트를 만들 누군가에게는 좋은 안내서로 읽히기도 합니다. 이 책으로 유저의 마음 한 켠에 영원히 남을 프로덕트를 만들고, 나아가 어느 나라에서든 하나의 문화가 되는 프로덕트를 만들 수 있기를 바라겠습니다.

김영재_ LINE 기술임원

"진리는 한 사람의 의해 만들어지고 창조되지 않는다.
길과 길이 이어져 전 인류가 도달하는 동산이다.
그것을 잊지 말아야 한다."

– 아르투어 쇼펜하우어

쇼펜하우어의 생 철학은 행복보다 불행하지 않기를 추구합니다. 그러면 적어도 행복을 경험할 수는 없지만 불행하지 않을 수는 있다고 말합니다. 그의 철학은 흔히 '염세주의' 한 단어로 요약되기도 합니다.

"앞서 경험한 선배가 발견한 10년이 지나도 변치 않을 업의 방정식"을 찾아서 떠난 길에서 3번째 〈원칙〉을 만나, 드디어 도서로 선보이게 되었습니다. 세 번째 이야기로 '프로덕트 매니저'를 확정하고 나서 더 농밀하게 인사이트를 담고 싶다는 생각이 들었습니다. 그래서 공모를 진행했습니다. 한 편으로는 패스트캠퍼스의 PM · PO 강의를 수강했습니다. 물론 블로그와 IT 커뮤니티도 샅샅이 훑었습니다. 그렇게 기웃기웃하다 보니 쿠팡, 네이버, 무신사, 카카오, 크몽, 엔카닷컴, 드라마앤컴퍼니, 라인, 리멤버, 에너지엑스, 딜리셔스, NCSOFT 등에서 종사한 전현직 PM · PO 분들을 필진으로 모실 수 있었습니다. 화려한 경력과 실력을 겸비하신 분들을 필진으로 모시고 한 권의 책으로 엮을 수 있다니, '나는 참 행운아다'라는 생각이 절로 들었습니다.

독자를 생각했습니다. 이 책의 주요 독자는 프로덕트 매니저가 되고 싶은 **예비 프로덕트 매니저**, 현업에서 어려움을 겪는 **주니어 프로덕트 매니저**입니다. 시니어 프로덕트 매니저라면 '다른 사람은 이렇구나' 정도를 얻게 될 겁니다.

'프로덕트 매니저가 되고 싶은 분'과 '주니어 프로덕트 매니저'에게 특히 도움을 줄 방법을 고심했습니다. 한 편으로는 전작의 성공에 머무르지 않고 반 걸음이라도 나아가고 싶은 생각도 있었습니다. 그렇게 탄생한 코너가 '시작하는 PM을 위한 선배와의 3문3답'입니다.

모든 저자께 다음과 같은 3가지 질문을 해 얻은 답변을 이 코너에 모아 두었습니다.

1. 지금까지 PM · PO로서의 경력을 작성해주세요.
2. 내가 생각하는 PM · PO란 무엇인지 정의를 내려주세요.
3. 어떻게 하면 PM · PO가 되는지 안내해주세요.

첫 번째 질문을 뽑은 이유는 뒤따르는 두 질문의 답변이 경력에 따라 달라질 수 있다고 판단했기 때문입니다. 이어지는 답변을 더 깊게 이해하려면 배경지식을 알아둘 필요가 있다고 할까요? 선배의 경력을 감안해 다음 답변을 읽어가기 바랍니다.

PM, PO, 서비스 기획자, 프로덕트 기획자... 부르는 이름도 참으로 다양합니다. 엄밀히 이들을 구분하는 회사도 있지만 그러지 않는 회사도 있을 정도입니다. 그래서 두 번째로 PM·PO가 무엇인지 정의를 물어봤습니다. 참고로 본문에서는 저자 각자의 용어를 존중해 장마다 달리 사용합니다.

마지막으로 PM·PO가 되는 방법(혹은 갖춰야 할 것)을 질문했습니다. 전작인 《개발자 원칙》의 개발자나, 《데이터 과학자 원칙》의 데이터 과학자에 비해서 프로덕트 매니저가 되는 방법은 상대적으로 흐릿합니다. 단적으로 말해 개발자는 컴공과가, 데이터 과학자는 통계학과가 전공으로 떠오르죠. 그런데 프로덕트 매니저는 딱히 전공이 떠오르지 않습니다. 분명히 존재하지만, 어떻게 탄생하는지 대체 알 수가 없기 때문에 이 같은 질문을 던져봤습니다.

이제 서두에 인용한 문장을 언급한 이유를 설명할 때가 되었군요. 쇼펜하우어가 쓴 《당신의 인생이 왜 힘들지 않아야 한다고 생각하십니까》에서 따온 문장입니다. 한 사람이 아니라 길과 길이 이어져 전 인류가 도달하는 동산이 진리라니, '역시 집단지성이 정답인가' 싶은 생각이 듭니다. 쇼펜하우어의 말을 빌려 **"진리는 한 사람의 의해 만들어지고 창조되지 않는다. 원칙과 원칙이 이어져 전 인류가 도달하는 동산이다. 그것을 잊지 말아야 한다"**로 응용해봅니다. 원칙은 진리가 아닙니다. 더 많은 원칙과 원칙이 이어져야 합니다. 이 책이 각양각색의 경험을 담은 원칙을 실은 이유이기도 합니다. 때로는 상반되고, 겹치고, 낯선 원칙들이 이 책에 가득합니다. 그럼에도 그러한 각각의 원칙이 의미있는 이유는, 원칙과 원칙이 거부반응과 융합이라는 소용돌이를 거쳐 우리가 자연스럽게 동산에 이르도록 돕기 때문입니다. 그리고 자기만의 동산을 만들어야 하는 것은 온전히 독자 개개인의 몫이기도 합니다.

각각의 원칙을 스스로 톺아보고 씹고 소화해 진짜 내 것으로 만들길 빕니다. 그러면 '적어도 행복을 경험할 수는 없지만 불행하지 않을 방법'처럼 '적어도 실패하지 않는 나만의 원칙'을 얻게 될 겁니다.

부디 이 책에 실린 "앞서 경험한 선배가 발견한 10년이 지나도 변치 않을 업의 방정식"이 거인의 어깨를 너머 머리에 오르는 디딤돌이 되길, 강력한 팀워크를 만들어 비즈니스 목표를 달성하는 과정에서 실패하지 않는 길로 이끄는 소통의 채널이 되길 희망합니다.

최현우_ 2023년 초겨울

도움을 주신 '패스트캠퍼스'와 '요즘IT' 관계자께 깊이 감사드립니다.

01_ 시작하는 PM을 위한 5가지 스킬

"PM으로 성장하고 싶다면
소통 능력, 신뢰감, 지식을 쌓으세요."

게임 〈리그 오브 레전드〉의 전적 검색 서비스로 유명한 오피지지(OP. GG)에서 Ad 스페셜리스트로 일합니다. 서비스 여기저기에 배너나 비디오 광고 등을 붙여 수익화하는 업무를 책임지고 있어요. 혹시나 오피지지를 이용하면서 광고 때문에 불편하셨다면 저를 욕하면 됩니다.

나도 모르게 정리하고 체계화하는 성격이신가요? 핵심만 쏙쏙 골라내는 능력이 있나요? 다양한 사람과 일하는 것을 좋아하시나요? 그리고 혹시 개발자와 디자이너를 반복적으로 괴롭혀보고 싶은가요?

그게 바로 나라는 느낌이 드셨다면, PM이 되는 확실한 방법을 알려드리겠습니다.

신필수_ OP.GG Ad 스페셜리스트

"킥오프부터
차이를 만드는 프로덕트 매니저가 되세요."

SI로 시작해 다양한 커머스 서비스, 물류 플랫폼 회사에서 제품팀의 문제를 해결해왔습니다.

프로덕트 매니저는 생명주기 전체를 책임지는 사람입니다. 문제를 해결해 결과적으로 좋은 제품을 만든다는 목표를 달성하기까지 모든 이해관계자가 같은 목표를 갖고 각자 역할에 집중할 수 있게 해야 합니다. 따라서 문제 해결의 킥오프 단계에 그 누구보다 많은 에너지를 쏟아부어 뚜렷한 하나의 목표를 가진 팀워크를 구축해야 할 책임도 프로덕트 매니저에게 있습니다. 좋은 프로덕트 매니저라면 이런 킥오프의 차이를 발판 삼아 과정과 결과물에서 차이를 만들어낼 수 있어야 합니다.

차이를 만들어내는 시발점인 킥오프에서 어떤 역할을 해야 하고 무엇을 명확하게 해야 하는지 소개하겠습니다.

김수미_ 전) 무신사 제품 리더

"벤치마킹할 서비스를 선택하는 방법부터
자사에 적용하는 법까지 '뜯어보기 원칙'을 알아봅시다."

개발 인턴으로 첫 커리어를 시작하고, 기획자로 전향한 후 12년이 넘는 시간 동안 쭉~ 기획의 매력에 매료되어 행복하게 일하고 있습니다. 현재는 카카오스타일에서 PO로 재직 중입니다.

다양한 인더스트리의 기업에서 경험하고 배웠던 기억을 되새기며 어떤 정보를 어떻게 나눠줄지 고민한 끝에 기획자라면 모두가 경험했거나 경험하고 있을 '벤치마킹 방법'을 공유하고자 합니다. 프로덕트를 담당하는 PO로서, 그리고 서비스를 사용하는 사용자로서 '어떤 서비스를 어떻게 벤치마킹할 것인가?'에 대한 '뜯어보기 신공'을 소개합니다.

같은 기능이어도 비즈니스 모델과 서비스 성격, 유저의 특성에 따라 다른 결과가 도출될 수 있음을 확인하게 될 겁니다. 또한 점차 프로덕트에 대한 이해도가 높아져 개인과 기업 모두의 성장을 경험하게 될 겁니다.

이미림_ 카카오스타일 PO

"고민되는 순간을 맞이할 때마다,
고객 문제의 본질을 되짚어보세요."

리멤버의 디렉터 오브 프로덕트로 근무하고 있습니다. 고객과 사업에게 모두 큰 가치를 가져다줄 고객 문제를 발굴하고 가설 검증 과정을 주도하며 제품과 사업의 성장을 만들어내고 있습니다.

프로덕트 직군에 몸담으면서 업무를 하다 보면 수많은 선택의 기로를 맞이하게 되더군요. 어떤 선택지가 더 나은지 판단하기 어려운 상황이 쉬운 상황보다 훨씬 많았습니다. 항상 정보는 불충분하고 여유롭게 고민할 시간은 부족하죠. 고민할 만큼 가치가 있는 고민인지, 판단을 내리기에 충분한 정보를 확보하고 소화했는지, 어떤 기준으로 판단을 내려야 할지 매번 모호하기만 합니다. 그럴 때 해결하려는 고객 문제와 핵심 원인을 다시 되짚어보면 짙은 안개가 걷히고 가야 할 길이 보일 때가 종종 있었습니다. 풀려고 하는 고객 문제와 원인을 망각하고 안개 속을 계속 해맨 경우도 있지만요. 제가 저지른 실패 사례에서 무엇이 부족했는지 원칙을 잣대삼아 타임머신을 타고 되짚어보겠습니다.

김승욱(CK)_ 리멤버 디렉터 오브 프로덕트

"유저가 프로덕트의 진정한 가치를 깨닫고,
다시 돌아올 준비를 하는 순간인 '아하 모먼트'를 찾아보세요!"

쿠팡에서 첫 프로덕트 커리어를 시작으로, 지금은 프리랜서 오픈마켓
플랫폼인 크몽에서 프로덕트 디렉터로 근무하고 있습니다.

과거 쿠팡에서 다양한 프로덕트와 비즈니스를 담당하면서, 그리고 현
재 크몽에서 프로덕트를 리드하면서 가장 중요한 업무 원칙은 'Working
backwards from the customer', 우리말로 '고객으로부터 항상 시작하기'
입니다. 우리 제품을 사용하는 고객에게 최고의 경험을 제공하고자 PO는
많은 고민을 하게 됩니다. 그리고 고객의 소리를 듣고, 데이터로 검증하며
고객의 문제와 해결방안의 실마리를 풀어나가는 과정을 만나게 됩니다.

이 과정에서 고객이 우리 프로덕트의 가치를 깨닫고, 더 나아가 충성고
객이 되는 순간인 '아하 모먼트'를 소개하고자 합니다. '아하 모먼트'는 대
체 무엇이고, 어떻게 정의해야 하는지, 그리고 이 모먼트를 찾은 이후에는
무엇을 해야 하는지, 제 원칙이 어떻게 작용하는지 준비했습니다.

황인혜 크몽 프로덕트 디렉터

"의심과 분석을 실천해 점진적으로 성장하세요.
신중한 판단이 성공의 열쇠입니다."

플랫폼과 프로덕트를 관장하는 일은 간단하지 않습니다. 매력적으로 보이는 기회도 신중한 분석과 의심의 과정을 거치지 않으면 예상치 못한 결과를 초래할 수 있습니다. 20여 년 동안 한국과 일본을 오가며 O2O, IoT, 게임 등 다양한 도메인을 경험했습니다. 현재 엔카닷컴에서 멋진 플랫폼 커뮤니케이션실 동료들과 함께 성장하고 있으며, 의심과 분석을 실천하며 플랫폼과 프로덕트의 성장을 연구하고 있습니다.

플랫폼과 프로덕트의 성공을 추구한다면 주어진 기회를 심사숙고하여 의심을 거듭하고, 그 과정에서 적합한 전략과 방법을 도출해야 합니다. PO의 판단이 팀의 성공에, 혹은 그 반대의 결과에 결정적인 역할을 할 수 있으니까요. 경험은 성장의 원동력이 될 수 있습니다. 지표, 분석, 가설, 실험, 고객 인터뷰까지 의심하고 또 의심하는 과정을 통해, 잘못된 판단으로 인한 위험을 피하고 성장하는 PO의 원칙을 이야기하겠습니다.

강형모_ 엔카닷컴 프로덕트 오너 리드

"모든 문제에는 원인이 있습니다.

문제 해결은 '왜 안 되는 것인지' 원인을 찾는 것에서 시작하세요."

프로젝트 시작부터 끝까지, 비즈니스 전략 수립부터 서비스 오픈까지 여정을 함께하는 10년차 기획자입니다.

프로젝트를 진행하다 보면 다양한 문제와 마주하게 됩니다. 간단한 수정만으로 해결 가능한 문제도 있지만 그렇지 못한 경우도 있습니다. 문제에 직면했을 때 해결 가능한 문제인지, 해결할 수는 없거나 뒤로 미뤄야 하는 문제인지 파악하는 일은 쉽지 않습니다. 문제 자체에 매몰되어 현상을 원인으로 오판하고 잘못된 해결책을 제시하기도 하죠.

기획자의 중요 역량은 문제의 원인을 파악이고 적절한 처방을 내리는 '문제 해결 능력'입니다. 문제 해결은 '왜 안 되는 것인지' 원인을 찾는 것에서 시작해야 합니다.

다양한 사례를 들어 문제의 원인을 찾는 과정에서 저만의 문제 해결 원칙을 소개합니다.

서점직원_ 프리랜서 프로덕트 기획자

"프로덕트를 기획한다는 것은 선비의 이상과 상인의 현실감각을 동시에 요구하는 일이에요. '프로덕트 떼루아' 파악이 필요한 순간이죠!"

통신사 연구원으로 커리어를 시작해 통신, 금융, IT, 커머스, O2O 등 다양한 업종의 기업에서 프로덕트 기획 업무를 수행했습니다. 이 과정에서 유저의 가치 추구와 비즈니스의 가치 추구 사이에서 균형을 이루는 경험을 쌓았습니다. 현재는 에너지엑스 CPO로서 좋은 프로덕트를 만들 수 있는 조직문화를 안착시키려 노력하고 있습니다.

프로덕트를 잘 만든다는 것은 어떤 의미일까요? 결국 프로덕트를 이용하는 고객의 가치를 만족(성장성)시키면서도 기업의 매출이나 현금 흐름에 기여(지속 가능성)하는 형태로 만들어낸다는 겁니다. 물론 쉽지 않은 일이지만 프로덕트와 관련된 환경을 잘 파악한다면 가능한 일이 됩니다.

프로덕트 떼루아(프로덕트가 처한 환경)를 세밀하게 파악해보세요. 프로덕트 기획 수준이 높아지고, 프로덕트를 통한 비즈니스의 성공 확률이 높아질 겁니다.

이상범_ (주)에너지엑스 CPO

"성장하는 PM이 되려면 늘 자신에게 물어보세요.
'왜'냐구요."

PM으로 시작한 커리어가 825억을 투자받은 스타트업의 CEO까지 이어졌습니다. 제품으로 문제를 풀고 세상에 가치를 더하는 일을 좋아합니다. 그래서 PM보다 재밌고 매력적인 일도 없다고 생각합니다. 하지만 모든 PM은 언제나 일과 성장이 고민입니다. 저 또한 항상 그랬습니다.

다행히도 우리에게는 그 고민을 해결할 수 있는 사람이 있습니다. 바로 이 책을 읽고 있는 '나 자신'입니다. 아니, 이게 갑자기 무슨 소리냐구요. 일단 저를 믿고 계속 따라와주세요.

20년간 제품을 만들면서 PM을 위한 단 하나의 원칙을 깨달았습니다. 스스로에게 묻는 "왜?"라는 질문만이 PM을 성장시킨다는 겁니다. 당신은 분명히 훌륭한 PM이 될 수 있습니다. 당신 안에 이미 답이 있으니까요.

장홍석_ 전) 딜리셔스 공동대표/CPO

시작하는 PM을 위한
선배와의 3문3답

Q. 지금까지 PM · PO로서의 경력을 작성해주세요.

게임 〈리그 오브 레전드〉의 전적 검색 서비스로 유명한 오피지지(OP.GG)에서 Ad 스페셜리스트로서 광고 수익화 전반을 책임지고 있습니다. 이전에 베를린 스타트업에서 약 4년 반 정도 PM으로 일하며 광고 수익화 솔루션을 맡았습니다. 자신의 모바일 앱에 광고를 노출해 돈을 벌게 하는 소프트웨어를 만드는 팀이었어요. 정확히는 소프트웨어 뒷편에서 작동하는 로직과 광고 업체를 B2B로 연결해주는 업무를 주로 담당했습니다.

현재는 PM 일을 하고 있지는 않습니다. 하지만 PM스러운 업무를 하고 있기도 해서, 도움되는 내용 이것저것 이야기해드릴게요!

Q. 내가 생각하는 PM · PO란 무엇인지 정의를 내려주세요.

마트 점장이라고 하면 가장 와닿을 것 같습니다. 마트 점장이 직접 물건을 진열하거나 캐셔 일을 하지는 않죠. 하지만 모든 작업이 착착 돌아가는 데 필요한 일은 점장이 해야 합니다. 그래야 고객들이 마트에 와서 기분 좋게 쇼핑할 수 있으니까요. 고차원적 잡일 담당이라고도 볼 수 있습니다.

각자가 어떤 일에 집중하고, 어느 수준의 결과물을 내야 하는지 정의해야 합니다. 그러려면 동료들이 맡은 일에 대한 지식이 있어야 하고, '이렇게 해달라'며 요구할 수 있어야 하며, 설계한 정의를 책임질 수 있어야 합니다. 캐셔가 무단결근했다면 임시로 캐셔 일을 메꿀 줄 아는 유연함도 필요합니다.

Q. 어떻게 하면 PM · PO가 되는지 안내해주세요.

뭘 해야 PM이 되는지 명쾌한 해답이 없다는 것이 PM 포지션의 가장 큰 문제입니다. 앞서 말한 것처럼 PM은 '고차원적 잡일 담당'인데, 잡일에 대한 자격증 같은 게 있을 리 없습니다. 그러나 잡일을 하는 데 반드시 도움되는 역량은 있습니다.

1. 글쓰기와 말하기 능력
2. 오너십
3. 영어
4. 호기심과 배우는 자세
5. 다양한 사람과 맞는 성격

이 역량을 갖췄다고 증명할 수 있다면? PM이 될 확률은 반드시 올라갑니다. 물론 완벽하게 갖추는 것은 불가능합니다. 애초에 '완벽'에 대한 정의도 사람마다 다르고요. 하지만 제가 이야기하는 수준은 '어느 정도 갖춘 상태'입니다.

예를 들어 저는 말하기 능력 중 '다른 사람의 결과물을 비판하기'는 아직도 익숙하지 않습니다. 듣는 사람의 감정에 필요 이상으로 신경 쓰는 습관이 있거든요. 그래도 PM 일을 해낼 정도는 갖췄다고 느낍니다. 스트레스를 잔뜩 받으면서도 꼭 필요할 때 비판을 하긴 하니까요.

  아무튼 위 5가지 역량을 갖추면 PM이 될 수 있다고 봅니다. 대신 갖추는 것만으로는 안 되고, 와닿게 보여줄 수 있어야 합니다. 어떻게 보여줄 수 있는지는 뒤에서 더 자세히 풀어볼게요.

프로덕트 매니저 PM · PO 원칙

Q. 지금까지 PM · PO로서의 경력을 작성해주세요.

2005년 첫 회사를 시작으로 2011년까지 다양한 SI 업체에서 프로젝트 매니저로 일했습니다. 대기업 클라이언트의 크고 작은 프로젝트를 직접 기획하고 리딩하는 것뿐만 아니라 다양한 비딩에도 주도적으로 참여하고 수주하여 프로젝트를 수행했습니다.

2011년부터 약 3년 반 동안 티켓몬스터를 시작으로 커머스 서비스에서 프로덕트 매니저로서 주문, 배송, 상품의 도메인을 주도적으로 개선해 왔습니다. 이후 물류 플랫폼 회사에서도 약 3년간 PO로서 제품팀을 이끌었습니다. 최근에는 무신사에서 주문, 결제, 배송, 클레임, 회원, 상품, 세일/쿠폰 등을 전반적으로 관리하는 조직의 리더로서 조직을 빌딩하고 회사의 중요한 문제들을 해결했습니다.

저는 누구보다 문제 해결에 대한 집착이 강하고 동료와 함께 문제를 해결해나갈 때 강한 성취와 보람을 느낍니다. 동료 간 상호 신뢰를 바탕으로 하는 협업 문화를 구축하면서 최상의 팀워크를 만들어내고자 하는 제품 매니저입니다.

Q. 내가 생각하는 PM · PO란 무엇인지 정의를 내려주세요.

PM · PO는 문제를 해결하는 사람이라고 생각합니다. 문제는 우리가 지금 움직여야 하는 이유이고 배경입니다. 따라서 비전을 바탕으로 문제를 파악하고 솔루션을 제시하고 실현하기까지, 어제보다 더 나은 제품을 매일 고민하고 매일 실현할 수 있는 사람입니다.

Q. 어떻게 하면 PM · PO가 되는지 안내해주세요.

기본적으로 PM · PO가는 모든 과정에서 직접 결과물을 만들어내는 일보다 동료를 통해서 목표를 달성해내는 역할을 합니다. 그래서 제품의 문제를 해결하는 동시에 내 동료의 문제를 해결하고 마음까지 살펴야 합니다. 기본적인 마인드셋을 그렇게 하고 PM · PO의 길로 접어들면 좋겠습니다.

어떻게 하면 나와 이 문제를 기꺼이 해결해주고 싶은 마음이 생길까? 어떻게 하면 나의 동료가 나를 신뢰할 수 있을까? 이 두 가지를 염두에 두면 이후 모든 역할이 선명해집니다. 스스로 선을 긋거나 제한을 두었던 역할들도 뚜렷한 나의 역할이 되고 내가 해결해야 할 문제들이 됩니다.

나의 동료가 일하다가 고민이 생기면, 궁금증이 생기면, 어려움이 생기면 가장 먼저 떠오르는 사람이 PM이 되어야 한다고 생각합니다. 동료들이 흐릿하거나 불안하다고 느낄 때 그걸 해소해주는 사람도 PM이라고 생각합니다. 그래야 PM은 나의 동료를 통해서 원하는 결과물을 만들어낼 수 있을 겁니다.

Q. 지금까지 PM · PO로서의 경력을 작성해주세요.

올해로 12년의 경력을 가진 커머스 PO로서 카카오스타일에 재직하고 있습니다. 이 전에는 여행 플랫폼, 오픈마켓, 자사몰, 웹 에이전시에서 근무했습니다. 주니어 시절 개발 인턴으로 시작해 기획자로 전향했고 이후 서비스 기획자라고 불리며 특정 도메인 하나를 담당하기보단 각각의 프로젝트를 담당하고 리딩했습니다.

어느 정도 연차가 쌓인 후 본격적으로 특정 도메인을 담당하여 PM · PO 업무를 진행했으며, 담당 도메인의 방향성 제시 및 전략 수립, 중장기 로드맵 수립, 프로젝트 우선순위 설정, 프로젝트 리딩, 커뮤니케이션 등을 진행하며 도메인 성장을 위해 집중하고 있습니다.

Q. 내가 생각하는 PM · PO란 무엇인지 정의를 내려주세요.

제가 생각하는 PM · PO란 담당 도메인의 전략과 방향성을 정의할 수 있고, 이를 이해관계자와 메이커스makers가 이해할 수 있도록 설득하고 리딩해 도메인을 성장시키는 사람입니다.

PO가 가져야 할 자질 중에서 '커뮤니케이션' 능력이 가장 중요하다고 생각합니다. 전략이나 방향성을 아무리 잘 정의한다고 하더라도 커뮤니케이션이 수월하지 않다면 같이 협업하는 이해관계자와 메이커스는 PO가 수립한 전략에 공감하지 못하거나 의심해 프로젝트 진행이 수월하지 않을 수 있습니다. 또한 PO는 대내외적으로도 커뮤니케이션이 잦기 때문에 프로덕트의 미션이나 목표 등을 제대로 전달하지 못하면 프로젝트가 산으로 갈 확률이 높습니다.

특히 요즘 같이 온오프라인이 혼재된 하이브리드 업무 환경에서는 구두뿐 아니라 위키, 메일, 메신저 등 다양한 협업 툴을 이용해 서면 커뮤니케이션도 진행하기 때문에 대응해야 하는 채널이 많습니다. 따라서 PO는 구두로 하는 커뮤니케이션, 서면으로 하는 커뮤니케이션 모두를 잘할 수 있어야 합니다.

정리하면, 제가 생각하는 PM·PO는 '담당 도메인의 전략과 방향성을 정의하고 우선순위에 맞게 프로젝트를 리딩하고, 이를 통해 도메인을 성장시킬 수 있는 사람'으로 정의할 수 있을 것 같습니다. 아울러 일 잘하는 PM·PO는 '능숙한 커뮤니케이션을 통해 팀의 목표를 달성하고 궁극적으로 도메인을 성장시키는 사람'으로 정의할 수 있습니다.

Q. 어떻게 하면 PM·PO가 되는지 안내해주세요.

PM·PO는 도메인 지식을 바탕으로 주도적으로 리딩하고, 이 과정에서 의사결정을 스스로 내릴 수 있어야 하므로 아예 경력이 없는 주니어가 도전하기에는 쉽지 않습니다. 실제로 기업 채용공고를 봐도 PM·PO 채용 시 N년차 이상의 경력을 요구하고 있죠. 따라서 처음부터 PM·PO를 도전하기보다는 실무에서 몇 년간 '기획' 경험을 쌓거나, 기회가 있다면 소규모 창업을 통해 제로투원 경험을 해본 후 지원하는 길을 추천드립니다.

　개인적으로 부트캠프에서 큰 돈을 주고 강의를 듣는 것보다 실무에서 '기획 경험을 쌓는 것'이 채용에 더 유리하리라 생각합니다. 따라서 이제 막 대학을 졸업한 주니어라면 책과 강의를 통해 기획이 무엇인지 익히고 기획을 어떻게 하는지 감을 잡으면서, 동시에 괜찮은 회사에 '기획자'로 지원해보길 추천드립니다.

　연차가 어느 정도 있는 미들이라면 꾸준히 스터디를 하며, PM · PO 포지션이 나올 때마다 지원해보세요. 저 또한 처음부터 PM · PO를 한 게 아니고 다양한 기업에서 꾸준히 기획 경력을 쌓고 퇴근 후 또는 주말에 스터디를 하며 PO로 이직했습니다.

　시니어라면 어떤 기업이든 PM · PO 포지션으로 이직할 수 있습니다. 만약 기획 경험이 없는 시니어라면, '기획 경험 없이 PM · PO로 이직할 수 있을까?' 이런 고민을 많이 하죠? 이 경우 '기획 경험이 아예 없는 상태로' 이직을 시도하는 것보다 현 직장 내에서 '기획 업무'를 할 수 있는 팀으로 이동 후 기획 경력을 최소 6개월에서 1년이라도 만들어 이직에 도전하시길 추천드립니다. 경력이 많아도 기획 경험이 없다면 채용하는 기업 입장에서는 리스크를 안고 가야 하는 입장이므로 채용 결정이 쉽지 않으므로 짧게라도 어필할 수 있는 기획 경험을 만드는 것을 추천드립니다.

Q. 지금까지 PM · PO로서의 경력을 작성해주세요.

석사과정 중 소셜 벤처 공모전에 응모했던 게 시작이었습니다. 간병이 필요한 노약자와 일을 찾는 간병인을 매칭하는 플랫폼을 제안해서 공모전에서 우승했습니다. 우승 상금을 가지고 팀원들과 MVP를 만드는 과정에서 고객 문제와 원인을 바탕으로 프로덕트를 기획하고 만드는 경험을 했습니다. 동 대학의 경영대학원에서 운영하는 스타트업 인큐베이터 프로그램에도 선정되어 초기 창업에 필요한 지식과 노하우를 선배들과 업계 전문가들에게서 배울 수 있었는데, 거기서 프로덕트 매니지먼트 직무에 필요한 지식을 체계적으로 배웠습니다.

1년간 미국에서 MVP를 만들고 제품-시장 적합성을 찾다가 중국에 정식 론칭을 결정한 시점에 졸업했습니다. 지인이 창업한 중고차 C2C 거래 플랫폼 '꿀카' 서비스에 사업개발 책임자로 합류했습니다. 당시 받은 투자금을 빠른 속도로 태웠지만 성장이 정체되어 실적 개선 프로젝트들을 기획하고 실행하는 데 대부분 시간을 보냈습니다. 힘들었지만 본격적인 PM 경험을 쌓을 수 있는 환경과 인연을 마련할 수 있었죠. 당시 꿀카 인수를 검토했던 마켓디자이너스라는 VC에서 입사 제안을 해 이직했습니다.

마켓디자이너스에서는 마켓디자이너스가 인수한 서비스들의 그로스와 새로운 서비스들의 기획, 출시, 초기 안착을 책임졌습니다. 그 뒤 더 체계적인 PM 실무 훈련을 받고자 PM 사관학교라고 불리는 쿠팡에 합류했습니다. 탐색과 구매 퍼널* 그로스를 담당하는 제품 조직에 몸담은 2년 반동안 프로덕트 개선 과정의 모범사례를 배울 수 있었습니다. 시간이 지나면서 사업 조직과 성장 전략을 함께 고민하고 그에 맞는 제품 전략을 수립 및 실행하는 역할과 책임을 더 빨리 경험하고 싶어졌습니다. 다음 성장을 고민하던 차에, 빠른 성장을 지속하고 있으면서 자본력이 있고 인재 밀도가 높은 드라마앤컴퍼니에 합류하게 되었습니다.

Q. 내가 생각하는 PM · PO란 무엇인지 정의를 내려주세요.

다음과 같은 역할과 책임을 가진 사람이라고 생각합니다.

- **역할 – 고객이 쓰고 싶은 제품 만들기** : 고객과 사업과 기술 간 복잡한 역학 관계 중심에서 교두보 역할을 하고, 고객이 쓰고 싶은 제품을 만드는 전략 수립과 실행 과정을 주도하는 것
- **책임 – 고객과 사업에 가치 창출하기** : 고객 문제를 잘 해결해줘서 고객이 만족하고 너무 만족해서 돈을 내서라도 계속 쓰고 싶은 프로덕트를 만들어내는 것

---

* 고객이 유입되고 전환에 이르기까지 주요 단계

Q. 어떻게 하면 PM · PO가 되는지 안내해주세요.

고객 중심 사고customer obsession, 전략적 사고strategic thinking, 실행력execution을
갖춰야 한다고 생각합니다.

- **고객 중심 사고** : 고객 니즈와 문제에 항상 집중하고 고객 문제와 원인의 본질을 찾
  아내는 집요함을 가지는 자세
- **전략적 사고** : 고객 문제, 원인, 솔루션을 다각도에서 보고 핵심 요소와 상호작용을
  고려해서 구조적으로 정리하고 접근 방향을 계획할 수 있는 능력
- **실행력** : 소통, 협업 그리고 소통과 협업에 필요한 기술, UX, 비즈니스 리터러시
  (business literacy) 능력. 자원(사람, 돈, 시간) 관리와 효율적 운영 능력도 일부입
  니다.

Q. 지금까지 PM · PO로서의 경력을 작성해주세요.

쿠팡에 입사해 처음으로 'IT 업계'에 발을 들이게 되었습니다. 약 8년 넘게 쿠팡에서 오픈마켓 셀러들의 경험을 책임지는 마켓 플레이스, 여행 비즈니스, 쿠팡의 첫 글로벌 로켓배송 프로젝트인 대만 글로벌 확장까지 이커머스 도메인에서 다양한 프로덕트를 경험했습니다. 현재는 누구나 '재능'이 있다면 자신의 전문성을 서비스로 만들어 판매할 수 있는 서비스 오픈마켓 플랫폼인 '크몽'에서 프로덕트를 리드하고 있습니다.

Q. 내가 생각하는 PM · PO란 무엇인지 정의를 내려주세요.

PM은 우리 프로덕트를 사용하는 고객에게 제공할 '최고의 경험'을 프로덕트 비전vision으로 정의하는 사람입니다. 이 비전을 프로덕트 로드맵으로 구체화한 이후에, 개발자, 디자이너와 같은 메이커들과 함께 고객의 니즈에 맞는 프로덕트가 나올 수 있도록 기획부터 프로덕트 론칭 후 분석까지 프로덕트의 전 과정을 리드하고 책임집니다. 이 과정에서 우리 프로덕트를 사용하는 고객의 문제를 '고객 관점'에서 끊임없이 고민하고, 고객 경험의 문제 정의 및 해결 방향성을 우선순위와 함께 제시하는 미니 CEO 같은 역할 수행이 중요합니다.

Q. 어떻게 하면 PM · PO가 되는지 안내해주세요.

PM · PO가 되려면 문제 해결 능력과 함께 데이터 기반의 의사 결정을 잘해낼 수 있어야 합니다. 고객이 우리 프로덕트를 사용하면서 마주하는 문제들을 고객 관점에서 정의하고, 이렇게 정의한 고객 문제를 해결하는 방법을 찾는 과정에서 팀을 이끄는 리더는 PM · PO이기 때문입니다.

만약 아직 프로덕트 경력이 없다면, 지금 내가 하는 업무에서 최대한 고객의 문제를 정의하고, 세운 가설을 데이터나 실험으로 검증하고 의사 결정을 하는 연습을 해보세요. 최근에는 훌륭한 PO/PM들이 자신의 사례를 인터넷 강의나, 프로덕트 세미나 등에 적지 않게 풀고 있습니다. 실무 이야기를 접할 기회가 많이 있기 때문에, 지속적으로 노력만 한다면 활짝 열린 PM · PO가 되는 길을 만나게 될 겁니다.

Q. 지금까지 PM · PO로서의 경력을 작성해주세요.

초등학교 시절, ANSI 코드로 PC통신 환경에서 화면을 디자인한 경험은 개발 분야에서 커리어를 구축하는 기반이 되어주었습니다. 2001년부터 디지털 에이전시(다츠커뮤니케이션, 펜타브리드, 이모션)를 거치며 인터랙션 디자인과 개발자로서의 경력을 쌓아왔습니다. 특히 NCSOFT JAPAN 에서의 경험은 저에게 국제적인 시야와 대규모 프로젝트를 수행할 수 있는 능력을 선사했습니다.

제 경력의 중요한 전환점은 하드웨어와 소프트웨어의 경계를 넘나들며 전혀 새로운 O2O, IoT 프로덕트를 만들고 개선하는 일에 집중하기 시작했을 때였습니다. 이러한 경험은 고객 중심주의로 역량을 발휘하는 데 중요한 기반이 되었습니다.

지금은 엔카닷컴에서 PO 리드로 재직하며, 기술적 배경과 다양한 업계에서의 경험을 바탕으로 프로덕트의 방향성을 설정하고 너무나 훌륭한 메이커들과 협력하면서 어떤 전략적 방향이 우리의 목표를 가장 효과적으로 실현할 수 있을지 결정하는 역할을 수행하고 있습니다.

Q. 내가 생각하는 PM · PO란 무엇인지 정의를 내려주세요.

경험과 데이터를 바탕으로 타임머신을 타고 미래의 고객을 미리 만나보고, 그곳에서 가설을 검증한 후 현실로 돌아와 전략을 조정하는 과정을 반복하는 사람입니다.

하루가 멀다 하고 빠르게 변하는 오늘이라는 변수 속에서도 흔들림 없이 목표와 전략의 중심을 잡고, 결론부터 서두르기보다는 검증 과정을 통해 점을 찍어가며 길을 찾고, 결국 그 점을 선으로 연결하는 사람입니다.

PM · PO는 기획자만이 아닙니다. 개발자도, 디자이너도 아닙니다. 고객이 무릎을 탁 치며 감탄할 수 있는 감동을 선사하는 사람이며, 이를 위해 어떤 역할도 변화무쌍하게 소화할 수 있는, 오직 고객을 향해 질주하는 카멜레온과 같은 사람입니다.

Q. 어떻게 하면 PM · PO가 되는지 안내해주세요.

고객에게 감동을 줄 수 있는 프로덕트를 만드는 능력이 핵심입니다. 이를 위해 여러분은 단순히 한 분야에만 집중하는 것이 아니라, 다양한 기술과 경험을 습득해야 합니다. 고객의 마음을 사로잡을 수 있는 강력한 메시지를 담은 프로덕트를 만들고자 한다면, 디자인이나 개발과 같은 다양한 영역에서의 능력을 키워야 합니다. 때로는 디자인으로, 때로는 개발로 여러분만의 언어를 만드세요.

한 분야의 전문가가 되는 것도 중요하지만, 더 중요한 것은 문제를 다각도에서 바라볼 수 있는 폭넓은 시각입니다. 더불어, 경험을 통해 현상을 분석하고, 세밀하게 문제를 파악하는 능력도 필요합니다. 과도한 흥분

없이 차분한 자세로 문제의 핵심을 파악하고, 그 문제를 단순화하는 것에서부터 시작합니다. 리소스는 최소화하고, 임팩트는 극대화하는 것이 바로 PM · PO의 사명이자 능력입니다.

여러분의 아이디어가 동료들의 마음을 사로잡고, 이러한 공감대가 고객에게도 전달될 수 있다면, 여러분은 이미 PM · PO로서 중요한 한 걸음을 내딛은 것입니다. 프로덕트를 만드는 과정에서 동료들과의 소통은 필수입니다. 동료들이 여러분의 아이디어에 공감하고 감동할 때, 고객 역시 그 감동을 느낄 수 있습니다.

만약 현재의 조직이 여러분의 성장을 방해한다고 느낀다면, 망설임 없이 그만두세요. 미래의 당신을 위한 과감한 투자가 필요합니다. 중요한 것은 여러분이 전문성을 발전시키고 전체를 조망할 수 있는 통찰력을 키우는 겁니다. 그리고 언제나 논리적 사고를 잊지 마세요. 지금 어떤 일이 가장 중요하고 시급한지, 그 일의 임팩트가 전체에게 어떤 영향을 미칠지를 깊이 생각해보세요.

무엇보다 중요한 것은 행동입니다. 아무것도 하지 않으면 결과는 '0'이지만, 무언가를 시도한다면 그것은 소중한 경험이 됩니다. 실패를 두려워하지 말고, 실험적인 접근법을 받아들이세요. 실패에서 배우고, 성공으로 이어질 수 있습니다. 고객의 반응과 시장의 피드백을 적극 활용하여 프로덕트의 변화와 성장에 기여하면 됩니다. 웹 기획, 서비스 기획, 프로덕트 매니저 등 직무 명칭에 연연하지 마세요. 이런 명칭들은 마치 유행처럼 변하곤 하지만, 중요한 것은 그 이상의 가치를 추구하는 겁니다. 무엇이라 불리든 그 자체가 중요한 것이 아닙니다. 근본적인 역할과 책임에 충실하며 지속 가능한 성장을 추구하는 것이 바로 시작점입니다. 여러분도 그런 PM · PO가 되기를 바랍니다.

Q. 지금까지 PM · PO로서의 경력을 작성해주세요.

웹 에이전시와 SI 업체에서 공공, 금융, 커머스 등 다양한 도메인의 서비스와 백앤드 시스템을 구축하고 운영했습니다.

Q. 내가 생각하는 PM · PO란 무엇인지 정의를 내려주세요.

사람으로 치면 뇌, 배의 선장, 군대의 지휘관 같은 역할을 하는 사람. 서비스를 흥하게 할 수도 반대로 망하게 할 수도 있는 존재입니다.

Q. 어떻게 하면 PM · PO가 되는지 안내해주세요.

작은 회사에서 시작해도 좋습니다. 일단 실무 경력을 쌓고 스텝업하세요. 배를 타보지 않은 사람에게 선장을 맡기지 않는 것처럼 실무 경험이 없는 사람은 리더 역할을 맡을 수 없습니다.

Q. 지금까지 PM · PO로서의 경력을 작성해주세요.

통신, 금융, 플랫폼, 이커머스 분야에서 두루 경험을 쌓았습니다. 일목
요연하게 표로 정리해봅니다.

기업	경력
쿠팡	쿠팡이츠 가맹점 온보딩/정산시스템 기획 쿠팡이츠 상품시스템 기획
라인 비즈 플러스	대만택시 오프라인 결제 기획 가맹점맵 기획 역외결제 기획
메시 코리아	권역시스템 기획 S&OP Process Innovation 체계 수립
KB국민카드	앱카드 해외 오프라인 결제 서비스 기획 리브메이트 기획
KT	ZOOMONEY 기획 KT CLIP 기획

Q. 내가 생각하는 PM · PO란 무엇인지 정의를 내려주세요.

비즈니스 목표에 기반한 과업의 우선순위를 결정하고, 부여된 리소스
를 활용한 프로덕트 기반의 비즈니스 성과를 낼 수 있는 사람이라고 생각
합니다.

Q. 어떻게 하면 PM · PO가 되는지 안내해주세요.

PM · PO는 프로덕트를 통해 비즈니스 성과를 내야 하는 사람입니다. 이를 위해서는 출시되는 프로덕트는 유저가 '지불 의지'를 느낄 만큼 유저의 핵심 문제를 해결해야 합니다. 따라서 프로덕트를 기획하는 사람은 유저를 이해하는 것을 뛰어넘어 유저가 모인 시장의 특성까지 이해해야 합니다. 즉, 프로덕트를 통해 시장의 문제를 해결해 지속 가능한 경영의 토대를 만들어내야 합니다. 이를 일반적으로 PMF Product Market Fit라 칭합니다. 이런 목표를 달성하기 위해 PM · PO가 갖춰야 하는 것은 다음과 같습니다.

첫째, 사람(유저 혹은 고객을 통칭해)에 대한 호기심이 있어야 합니다. 사람에 대한 호기심이 있어야 그 사람이 느끼는 문제를 정확히 인지할 수 있습니다. 둘째, 돈의 흐름을 잘 파악해야 합니다. 시장에 모여 있는 이해관계자들 사이에서 어떻게 돈이 흘러가는지 알아야 비즈니스 성과를 낼 수 있는 프로덕트를 만들 확률이 높아집니다. 셋째, 정성적인 목표와 정량적인 목표를 잘 수립해야 합니다. 정성적인 목표는 방향을 올바르게 설정한다는 뜻이며, 정량적인 목표는 성공/실패의 기준을 명확히 해 본인에게 부여된 리소스를 효과적으로 활용할 수 있다는 뜻입니다.

상기 3가지 요소만 잘 갖추어도, 어떤 업종에서 어떤 프로덕트를 담당해도 성공할 수 있는 확률이 높아질 겁니다.

Q. 지금까지 PM · PO로서의 경력을 작성해주세요.

네이버, 쿠팡, 마이리얼트립, 딜리셔스에서 20년간 PM, 제품 리더, CPO로 일했습니다. 대기업부터 스타트업까지, 서비스부터 커머스까지, B2C부터 B2B까지, 1 to 100의 환경에서 제품과 사업적 가치를 만들었습니다.

네이버에서는 새로운 서비스를 총괄하여 론칭하고, 콘텐츠/SNS와 같은 서비스와 운영도구/백오피스를 만들며 전국민을 대상으로 하는 서비스들의 전체 사이클을 경험했습니다. 쿠팡에서는 물류 비즈니스 PO로서 2014년 로켓배송을 론칭하고 물류센터를 1개에서 13개까지 늘려 로켓배송 커버리지를 전국으로 확장했습니다. 마이리얼트립에서는 글로벌 자유여행을 위한 투어/티켓/호텔/항공 버티컬을 구축한 슈퍼앱을 만들었습니다. 딜리셔스에서는 공동대표이자 CPO로 전사의 중장기 비전을 만들고, 이를 달성할 수 있는 제품 전략과 방향성을 만들고 리딩했습니다.

Q. 내가 생각하는 PM · PO란 무엇인지 정의를 내려주세요.

PM · PO는 기업의 사업적 가치를 제품을 통해서 고객에게 제공하는 책임자입니다. 그리고 누구보다 고객을 잘 알고 이해합니다. 그래서 기업 내에서는 고객을 대변합니다. 제품이 제공하는 가치는 결국 고객이 판단하기 때문입니다.

PM · PO는 사람을 움직이는 사람입니다. 제품을 만드는 데 있어 PM ·

PO가 혼자서 할 수 있는 일은 아무 것도 없습니다. 함께 하는 동료들의 도움이 반드시 필요합니다. 그러려면 보이지 않는 걸 사람들에게 보이게 해야 합니다. 만들 사람들 머릿속에 함께 만들 제품이 또렷하게 그려질 수 있게 하는 것이지요. 그래서 PM · PO가 아닌 동료들이 스스로 제품을 만들어갈 수 있도록 도와야 합니다.

Q. 어떻게 하면 PM · PO가 되는지 안내해주세요.

현직 PM들의 커리어를 보면 정말 다양합니다. 다들 각자의 길을 걷다가 PM이 되었습니다. PM이 될 수 있는 다양한 방법이 있다는 건 장점입니다. 하지만 정해진 길이 없다는 건 아쉽습니다. 다른 직무와 다르게 오히려 가능성이 너무 열려 있어서 더 어렵고 막막합니다.

가장 중요한 건 제품을 만드는 경험입니다. 머릿속에서 아이디어를 그리기보다, 손에 잡히는 제품을 직접 만드는 경험을 무조건 많이 쌓으세요. 새로운 아이디어를 생각하거나, 이미 만들어진 제품을 역으로 기획해보는 건 성장에 도움이 되지 못합니다. 다른 사람과 함께 제품을 내가 직접 만들어봐야 합니다. 아이디어는 세상을 바꾸지 못합니다. 세상을 바꾸는 건 실행입니다.

신입이라면 같은 처지에 있는 제품 직무(개발/디자인) 동료를 만나서 함께 제품을 만들어보세요. 아이디어나 완성도가 중요한 게 아닙니다. 제품을 만드는 전체 사이클을 경험해야 성장할 수 있습니다. 처음에 만든 제품을 아무도 쓰지 않는다고 해도 괜찮습니다. 과정을 경험하세요. 이론과 현실의 차이를 느껴보세요. 목표와 가설과 성과와 배움만 있으면 됩니다. 성과는 성공과 다릅니다. 실패에서 배울 수 있는 게 훨씬 많습니다. 많이 경험하고 빨리 실패하세요.

　비제품 경력자라면 어떤 형태로든 제품을 만드는 동료들과 이미 협업을 하고 관계가 있을 겁니다. 요구사항을 내거나 궁금한 점을 문의하는 것처럼요. 그런 협업에서 최대한 PM · PO의 관점을 가져보세요. 이런 경우에는 이렇게 하는구나, 나라면 어떻게 했을까처럼 질문을 스스로에게 던지세요. 나의 역할과 관점을 가지면서 동시에 PM · PO의 관점을 생각해보는 일에 많은 노력이 들 겁니다. 매우 어렵기도 하고요. 그래도 평소에 이렇게 준비를 하며 공부하세요. 준비하는 자에게 기회는 반드시 찾아옵니다.

시작하는 PM을 위한
5가지 스킬

신필수 sysbobby@gmail.com
현) OP.GG Ad 스페셜리스트
전) 펍네이티브 시니어 프로덕트 매니저 외 다수
전) 앱리프트 어카운트 매니저
전) 이노게임스 프로젝트 매니저

게임을 통해 컴퓨터와 인연을 맺었습니다. 문제를 해결할 때 단순하되 효과가 확실한 방법을 좋아합니다. 솔직한 커뮤니케이션을 두려워하지 않으려 부단히 노력 중입니다. 2014년에 베를린으로 건너가 5년 반 동안 스타트업 환경에 푹 빠져 일했습니다. 기술, 미디어, 외국어, 게임, 건강 등 다양한 분야에 관심이 많습니다. 레진코믹스에서 《독일만화》 웹툰을 연재했으며, 현재 요즘IT에서 맨오브피스라는 필명으로 글을 연재 중입니다.

《베를린 납세자》, 《독일만화》 웹툰

in linkedin.com/in/pilsooshin
🖊 brunch.co.kr/@manofpeace

20대 후반, 베를린 스타트업에서 한창 일할 때였습니다. 10명 안팎 규모의 디지털 광고 솔루션 회사였고, 저는 고객 관리 매니저 일을 맡았습니다. 회사는 디지털 광고 시장의 성장세와 함께 커져갔고, 몇 년 후 40~50명 규모의 회사가 되었습니다. 저 또한 승진을 여러 번 거듭해 고객 관리 총괄이 되었습니다.

신기하게도 어느 순간 일이 재미 없어졌습니다. 우리 팀이 관리하는 고객과 매출 규모는 꾸준히 늘어났고, 내 월급도 덩달아 오르는 데 비해 일하는 것이 더는 신나지 않았습니다. 가슴 속 공허함이 조금씩 번져가는 느낌이 있었어요. 원인이 뭘까 고민했습니다. '내가 일하면서 기쁠 때는 언제인가' 파고 들어봤는데, 저는 제가 쓸모 있다고 느낄 때 가장 기쁘더라고요.

물론 고객 관리 총괄은 중요한 포지션입니다. 하지만 일상 업무에서 제가 총괄로서 손댈 부분이 별로 없었습니다. 중요 프로세스는 자동화되었으며, 믿을 수 있는 팀원들이 알아서 잘 해내고 있었습니다. 제 자신이 쓸모 있는 포지션에 앉아 있긴 했지만 진정 도움이 되는 일을 한다고 느끼지 못했던 것 같습니다.

내가 도움이 될 만한 다른 일이 뭐가 있을까 찾다가, 사내에서 주니어 PM을 찾는다는 소식을 들었습니다. 바로 꽂혔죠. 프로덕트에 직접 손댈 수 있다는 점과 연봉이 높은 직군이라는 점이 마음에 들었습니다.

PM의 담당업무와 지원자격을 하나씩 해체해보니 결국 '소통 능력, 신뢰감, 지식'이 핵심인 포지션이었습니다. 프로덕트를 중심으로 수많은 사람과 소통할 수 있고, 방향성에 책임질 것이라는 신뢰감이 있으며, 실행에 필요한 지식이 있는 사람이 필요하다는 내용이었습니다.

저는 CEO와의 면담 자리에서 "내가 비록 PM 일을 해본 적은 없지만 해낼 자신이 있다"고 설득을 했습니다. 소통과 신뢰 부분은 이미 함께 일하며 검증이 되었으니 큰 문제가 없었습니다. 기술 관련 지식이 깊지 않다는 것이 걸리긴 했는데, 새로운 내용을 빠르게 소화했던 업무 에피소드들을 나누며 염려를 해소해나갔습니다. 주니어 PM으로 채용할 만한 지원자가 없던 상황도 저에게 유리하게 작용했습니다.

그렇게 저는 어찌어찌 고객 관리 총괄에서 주니어 PM으로 전직을 하게 되었습니다. 3개월 수습을 거쳐야 한다는 조건이 붙긴 했지만, 자신이 있었기에 별로 신경 쓰지 않았습니다. 무엇보다 일하는 게 다시 즐거워졌습니다. 연봉도 기존보다 올라갔고요.

PM으로 일하면서 '글쓰기와 말하기 능력, 오너십, 영어, 호기심과 배우는 자세, 다양한 사람과 맞는 성격'이 중요하다는 결론을 얻게 되었습니다. 모두 '소통 능력, 신뢰감, 지식'에 대한 이야기입니다. 그래서 저는 PM을 꿈꾸는 분께, 그리고 주니어 PM에 말씀드립니다.

원칙 **"PM으로 성장하고 싶다면 소통 능력, 신뢰감, 지식을 쌓으세요."**

이제부터 소통 능력, 신뢰감, 지식을 쌓는 PM 역량 5가지를 하나씩 풀어서 설명해보겠습니다.

글쓰기와 말하기 능력

글쓰기와 말하기는 요즘 시대에 특히 더 부각되는 능력이죠. 사실 모두에게 필요한 능력이지만, PM에게는 특히 더 중요합니다. PM은 스스로 뭔가를 만들기보다는 커뮤니케이션하는 역할이라 그렇습니다.

2016~2018년 즈음 유럽 의회에서 GDPR(유럽 일반 개인정보 보호법)법을 발의했습니다. 개인정보를 활용한 수익화가 너무 과열되어 반작용으로 등장한 법이었습니다. 제가 PM으로 일했던 회사는 독일 베를린에 소재한 곳이라 유럽 의회에서 발의된 법에 민감할 수밖에 없었습니다.

일단 서비스의 데이터 처리 방식을 GDPR 법에 맞게 뜯어고쳐야 했습니다. 그런데 GDPR은 그 법을 만든 사람들조차도 모순된 이야기를 하고 있을 정도로 덕지덕지 복잡했기 때문에, 어떤 식으로 바꿔야 법에 저촉되지 않을지 막막했습니다. GDPR 공식 가이드 문서가 있긴 했습니다. 법률 및 기술 용어가 수십 페이지 넘게 빼곡히 적힌 영어 문서였는데, 마음 같아서는 문서를 개발팀에게 던져준 뒤 "이 가이드에 맞춰 바꿔주세요~"라며 마무리 짓고 싶었죠.

하지만 GDPR 건은 한 번 개발하고 끝날 일이 아니었습니다. 백엔드, 프론트엔드, 데이터, 법률, 광고 운영 등 모든 영역을 건드리는 큰 변화였습니다. 따라서 누가 읽어도 쉽게 이해할 수 있는 우리만의 문서가 필요했습니다. 그것도 읽기 적당한 분량으로.

그래서 하나씩 정리해나갔습니다. 예를 들어 '인터넷 서비스 사용자의 데이터 활용은 언제나 동의를 기반으로 이루어져야 하며, 동의한 것에 대한 표명을 철회할 수 있는 방법도 함께 제공되어야 한다'라는 항목을 다음과 같이 정리했습니다.

> A 유저 동의 → 유저 데이터 활용 가능
>
> B 유저 비동의 → 유저 데이터 활용 불가
>
> C 유저 동의 여부 표시하지 않음 → 유저 데이터 활용 불가
>
> D 유저가 동의에 대한 의사표시 변경 원함 → 변경 방법에 대한 안내 제공

원래 문장보다 훨씬 이해하기 쉽지 않나요? 원문보다 잘못 이해할 여지가 줄어듭니다. 총 4가지 경우가 발생할 수 있다는 정보도 보여줄 수 있고요.

글쓰기 능력은 읽기 쉬운 글을 쓸 수 있는 정도면 충분합니다. 그런데 '읽기 쉬운 글'은 생각보다 쓰기 어렵습니다. 쓸데없는 내용을 빼려면 뭐가 쓸데없는지 알아야 하고, 쉬우면서도 딱 맞는 단어를 찾아야 하고, 표현 방법도 일관성을 유지해야 합니다. 한 번 잘 써놓은 문서는 오랫동안 제역할을 합니다. 가끔 이전 회사의 공개 문서를 읽을 기회가 있는데, 이때 제가 작성한 부분이 아직 갈아엎히지 않은 것을 보며 기뻐하곤 합니다.

PM은 글도 많이 쓰지만 말도 많이 합니다. 말하기는 제가 제일 어려워하는 부분이기도 합니다.

저와 정반대의 스타일인 E라는 동료가 있었습니다. 듣다 보면 '말을 잘한다'라는 인상을 주는 사람이었습니다. 재밌는 점은 E의 설명 중에는 틀린 내용도 있다는 점입니다. 제품 디테일이나 참고 데이터 같은 부분에서요. 저는 팩트를 정확히 전달하는 것을 중시했기에, E의 설명에서 틀린 내용이 있으면 신경이 쓰이고 불안했습니다.

하지만 그럼에도 E의 계약 성공률은 높았고, 고객사 만족도도 높았습니다. E가 당시 열풍이었던 모바일 게임 〈Cut the Rope〉 개발사와 광고 계약을 성공시켰을 때, 저는 그저 놀라웠습니다.

E를 관찰해보면 말을 많이 하는 스타일이 아니었습니다. 오히려 제품 소개 같은 부분은 간소했고, 주로 고객사의 문제점을 탐색하는 데 많은 시간을 들였습니다. 듣는 척을 하는 게 아니라 진짜로 들었습니다. 우리가 제품을 파는 을의 입장이었지만 안 되는 부분은 안 된다고 명확하게 전달했습니다. 그것도 어색하지 않게요. E는 상대방에게 '스타트업 제품이라 기능은 조금 아쉽지만, 이 사람과 뭐라도 같이 해보고 싶다'라는 믿음을 주었던 것 같습니다. 아무리 제품이 훌륭해 보인다 한들, 프로젝트가 잘 될지 안 될지는 어차피 해봐야 아는 겁니다. 그리고 기왕이면 믿음 가는 사람과 일하고 싶은 게 사람 마음입니다.

꼭 제품 영업이 아니더라도 PM이 말을 해야 하는 순간은 계속 있습니다. 제가 주니어 PM일 때의 일입니다. 저를 매니징했던 A라는 PM이 제품 업데이트 내용을 매달 발표하곤 했습니다. 내용 자체는 알찼는데, 듣는 사람들 눈높이에 맞지 않은 것이 문제였습니다. 기술적인 디테일까지 꼼꼼하게 담겨 있었지만, 그 내용을 듣는 영업팀은 '그래서 뭘 어쩌라는 거야'라는 표정을 하고 있었거든요. A의 러시아 억양 영어에 익숙하지 않은 이들에게는 더욱 더 고통이었습니다.

따져보면 이것은 엄청난 손해입니다! 발표 준비에 사용된 시간, 실제 발표 시간(곱하기 청중 수), 그리고 아리송한 발표가 매달 반복될 것이라는 공포까지 모두 비용인 셈입니다. 거기에 발표가 끝난 뒤 저에게 따로 설명을 부탁하는 한국 직원들도 있었습니다.

저는 A에게 제안을 하나 했습니다. 다음 제품 발표는 내가 해봐도 되겠냐고요. 물론 제 발표가 A의 발표보다 별로일 가능성도 있었기 때문에, '한 번만 시험 삼아 해보겠다'는 식으로 접근했습니다. 다행히 참석자들의 반응이 훨씬 좋아졌고, 제품 업데이트에 대한 발표는 자연스레 제가 맡는 걸로 자리 잡았습니다.

글을 쓰다 보니 마치 제가 말을 잘하는 사람처럼 포장되어버렸지만, 앞서 말했듯이 저의 가장 큰 약점은 말하기 능력입니다. 그러나 꼭 필요한 일이니 계속 시도해보고 연마하는 수밖에 없습니다.

오너십

2018년 2월의 제 일기에는 '남의 똥도 잘 치워야한다'라는 내용이 쓰여 있습니다. PM 일을 한 지 약 6개월 정도 지날 즈음이었는데, 오너십의 중요성을 몸소 느끼며 썼던 기억이 납니다.

"내 회사다 생각하고 일해라" 이런 말 들으면 반발심이 생기죠. '주식을 먼저 주고 이야기하든가...'라는 생각이 들기 마련입니다. 저 또한 그렇습니다. 하지만 내 회사라는 마음으로 일하는 편이 더 즐겁게 몰입할 수 있는 것은 사실이라고 봅니다. 일의 진행 속도와 퀄리티도 훨씬 높아지고요.

저는 운 좋게도 PM이 되기 전, 같은 회사의 고객 관리 총괄을 맡으며 회사에 정이 많이 든 상태였습니다. 동료들과 마음 편히 소통할 수 있는 관계가 구축되어 있었고, 제품과 서비스에 대해 속속들이 알고 있었습니다. 엄밀히 말해 내 회사는 아니지만 알게 모르게 내 회사 같은 느낌이 스며

들어 있었던 것 같습니다. 그리고 PM이 되어 제품 개발에 직접 손을 대면서부터는 그 오너십이 더욱 커지게 되었습니다.

업계에서 일하며 가장 답답했던 부분은 소통의 속도였습니다. 디지털 광고 일은 무수히 많은 업체와 담당자들이 거미줄처럼 얽힌 채로 돌아갑니다. 우리나라나 일본 같이 특색이 강한 시장은 아무래도 해외 업체와의 연결고리가 좀 약하지만, 유럽이나 미국은 국경을 넘어 해외 업체와 소통하는 것이 당연한 환경입니다.

문제는 국가와 시간대가 다르니 서로 소통할 수 있는 시간을 내기가 쉽지 않다는 겁니다. 예를 들어 뉴욕에 있는 광고주가 광고 단가를 1달러에서 2달러로 올리고 싶고, 베를린에 있는 제가 그에 맞춰 세팅을 변경해야 한다고 가정해봅시다. 뉴욕에 있는 광고주가 요청을 보낸 시간이 오후 4시라면, 베를린에 있는 저에게는 저녁 10시입니다.

이럴 때는 베를린 시간으로 다음 날 오전 10~11시쯤 처리되는 것이 일반적입니다. 즉, 뉴욕의 광고주가 보낸 요청이 처리되기까지 12시간이나 소요되는 셈입니다. 참고로 단가 세팅을 변경하는 작업 자체는 1분도 안 걸립니다. 그 단순 작업이 처리되기까지 12시간이나 걸리는 현실이 답답했습니다. '광고주 요청이 들어오자마자 적용했다면 매출이 몇 천 달러는 더 찍혔을 텐데!'라는 생각이 들곤 했습니다.

이리저리 궁리해본 결과, 소통의 속도를 올리는 것으로 차별점을 만들 수 있다는 결론을 내렸습니다. 고객사들은 유럽뿐만 아니라 미국, 아시아 등 전 세계에 퍼져 있는 상태. 거기에 내부 개발팀과의 커뮤니케이션도 등한시하면 안 되는 상황. 모두와 즉각적인 소통을 하는 것이 무리라고 해도 과언이 아니었지만 궁리할 가치는 충분했습니다.

하루 8시간 일한다고 가정하고 업무 시간을 쪼갰습니다. '6~7시, 10~12시, 14~16시, 19~22시' 이렇게 4개 파트로 분산시켰습니다. 어차피 8시간 연속으로 집중하는 건 무리이기도 하고, 그날그날의 상황에 맞춰 조정하기도 용이했습니다. 아침에는 아시아 지역, 낮에는 내부 개발팀, 저녁에는 미국 지역과 소통하는 식으로 운영했습니다.

퇴근하면 연락이 두절되는 유럽 스타일과는 동떨어진 방식이긴 했습니다만, 저는 그렇게 하는 것이 맞다고 생각해 실행했을 뿐입니다. 앞서 말한 '남의 똥도 잘 치워야한다'와 관련된 내용인데, 업무 시간을 분산시켜 놓으니 동료의 실수를 발견하고 수정하기까지 걸리는 시간도 단축할 수 있었습니다.

· 실습 예 ·

오스트리아의 광고를 차단하기 위해 차단 코드 AU를 추가하였으나, AU는 호주의 국가 코드이므로 호주의 광고가 차단되는 실수 → 수정되기 전까지 몇 백 달러 손해 → 수정이 빠를수록 손해가 줄어듦

군이 그렇게까지 시간을 조정하지 않아도 저에게 뭐라고 할 사람은 아무도 없었습니다. 하지만 돌이켜보면 제 안의 오너십이 더 나은 결과를 위해 행동하도록 작동했던 것이라 생각합니다. 회사가 우여곡절을 여러 차례 겪었지만, 꾸준한 성장을 보여준 덕분에 결국 2020년에 성공적으로 매각되었습니다. 이 과정에서 저의 오너십이 기여한 바가 분명 있었을 겁니다.

"내 회사다 생각하고 일해라"라고 직원들에게 강요해서는 안 될 일이지

만, 아무 의미 없는 말은 아닌 것 같습니다. 단순히 열심히 살자는 이야기가 아닙니다. 오너십을 갖고 일하면 분명 효과가 있습니다. 유명 맛집에 가보면 늘 사장님이 자리를 지키고 있는 것은 결코 우연히 아닐 겁니다.

영어

PM 일을 하는 데 영어는 필수가 아닙니다. 하지만 영어를 할 줄 알면 압도적으로 유리해지는 것은 사실입니다. 활용할 수 있는 도구, 데이터, 정보의 양이 비약적으로 늘어나게 됩니다. 다른 외국어도 도움이 되긴 하지만 영어에 비할 바는 아닙니다. 우리의 일상을 지배한 IT 도구들을 살펴보세요. 지메일, 슬랙, 포토샵, 구글 스프레드시트, 팀즈 등 다들 미국산입니다. 미국산이 아니더라도 영어는 100% 기본 언어로 탑재되어 있습니다.

앞에서 GDPR 에피소드를 이야기했는데요, 만약 우리 회사의 앱이 유럽에서 인기가 있다면? 그런데 갑자기 GDPR에 맞춰 시스템을 개편해야 한다면? 가이드 문서는 영어로만 쓰여 있고 PM인 내가 영어를 못한다면? ChatGPT로 해결이 될 수도 있겠지만 쉽지 않을 겁니다.

디지털 광고에 '헤더비딩Header Bidding'이라는 기술이 있습니다. 가장 단가가 높은 광고를 노출하는 기술입니다. 작동 원리를 자세히 알고 싶다면 여기저기 검색해야 할 텐데요, 저는 기본 개념을 이해하는 단계에서는 주로 유튜브에서 검색을 합니다. 문제는 '헤더비딩'과 'Header Bidding', 이 둘의 검색 결과가 너무나 다르다는 데 있습니다. '헤더비딩'으로 검색했을 때 나오는 영상 대부분은 영어 영상에 한국어 자막을 입힌 형태인데, 번역 퀄리티가 상당히 부실합니다. 게다가 화면에 등장하는 시각 자료는 영어 그대로 등장해 그저 헷갈릴 뿐입니다. 영상 수가 부족한 것은 말할 것도 없고요. 반면 'Header Bidding'으로 검색하면 볼 만한 영상이 꽤 많습니다. 개인이 올린 것도 있고, 업체에서 홍보용으로 제작한 교육 영상도 보입니다. 한국어로 검색했을 때보다 양과 질 둘 다 뛰어납니다. 국내라고 헤더비딩 기술이 덜 쓰이는 것도 아닌데 말이죠.

IT 생태계가 국가별로 따로 놀고 있으면 별로 상관없을 겁니다. 마치 스마트폰 이전의 휴대폰 소프트웨어는 대부분 국산이었던 것처럼요. 하지만 그런 세상으로 돌아갈 일은 아마 없을 겁니다.

커뮤니케이션에서도 영어는 빛을 발합니다. 최근에 컴스코어(ComScore)라는 미국 회사와 이야기할 일이 있었습니다. 아는 담당자가 없어서 공식 채널로 문의를 넣었고, 며칠 후 컴스코어 인도 영업팀 담당자와 온라인 미팅이 잡혔습니다. 인도 영업팀이었던 이유는 한국과 시간대가 그나마 가까워서였습니다.

만약 제가 영어가 익숙하지 않았다면 컴스코어라는 서비스를 알고 있다고 해도 실제 사용하기까지 더 오랜 시간이 걸렸을 겁니다. 영어를 할 줄 안다고 해도 인도 영어를 처음 들어봤다면 커뮤니케이션에 더 많은 시간을 쏟아야 했을 겁니다.

영업팀과의 미팅은 겨우 30분이었지만 그 안에 제품 소개, 시연, Q&A까지 모두 완료할 수 있었습니다. 만약 통역사가 필요한 상황이었다면 미팅은 더 길었을 테고, 흡수되는 정보량도 적었을 겁니다. 추가 미팅이 필요하다면 통역사와의 일정을 새로 조율해야 했을 텐데 만약 통역사가 휴가를 간 상황이라면!?

마지막으로 언급하고 싶은 부분은 자료의 신뢰성입니다. 인터넷에는 리서치 자료가 참 많습니다. 거기서 사람들이 더 신뢰성을 부여하는 것은 아무래도 영어권에서 작성된 자료입니다. '전 세계 게임 시장 보고서'라는 보고서가 두 종류 있다고 가정하겠습니다. 하나는 우리나라 문화체육관광부에서, 또 하나는 보스턴 컨설팅 그룹에서 작성했다고 해봅시다. 아마 많은 사람이 둘 다 신뢰하긴 할 겁니다. 하지만 보스턴 컨설팅 그룹의 보고서를 더 신뢰할 확률이 높을 겁니다. 보고서를 해외 사람들에게 공유하는 경우라면 더욱 더 그럴 겁니다.

우리나라 기관의 보고서를 신뢰하지 않는다는 것이 아니라, 미국의 보고서를 더 '그럴 듯하다'라고 여길 것이라는 이야기입니다. 부끄럽지만 저 또한 그런 경향이 없지 않습니다. 아무래도 영어로 된 정보의 양이 압도적으로 많다 보니, 그 많은 양을 기반으로 만든 정보라면 더 믿을 수 있다고 편애하게 되는 듯합니다.

PM으로서 다른 사람과 이야기할 때, 자료와 데이터를 기반으로 설득해야 할 때 영어 능력이 있으면 근거를 한 층 더 강력하게 만들 수 있습니다. 인터넷에는 없는 게 없다고 하지만 그건 '영어로 검색했을 때'라는 조건이 붙었을 때인 것 같습니다.

호기심과 배우는 자세

'100년 전통의 스케줄 관리 앱' 이런 건 아무런 어필이 안 되죠. 무한대로 개선될 수 있다는 게 디지털 서비스의 특성입니다. 무한 개선을 위해 관련 도구와 방법론도 끊임없이 바뀝니다. 따라서 PM은 늘 호기심을 갖고 배워야 합니다.

광고 회사에서는 앱 개발사와 일할 기회가 많았습니다. 모바일 앱에 광고를 달아주는 솔루션을 제공하는 회사였으니까요.

어느 날 문득 모바일 앱은 어떤 식으로 개발되고 스토어에 올라와서 유저들에게 배포되는지가 궁금해졌습니다. 흐릿하게 개념은 알겠는데, 정확히 아는 것이 아니니 다른 사람에게 설명하지는 못했습니다. 그래서 앱을 직접 만들어보기로 했죠. 별로 복잡할 것은 없었습니다. 유튜브나 블로그에 하나부터 열까지 친절히 설명되어 있었습니다. 안드로이드 스튜디오 프로그램을 설치하고, 코딩을 하고(99% 베낌), 개발자 등록을 한 뒤 앱 파일을 업로드하니 정말로 스토어에 올라갔습니다. 메모장 앱이었는데, 내 휴대폰에서 실제로 작동하는 것에 감동했던 기억이 납니다.

여기서 중요한 것은 내가 직접 했다는 점입니다. 그냥 유튜브 정리 영상을 보는 것만으로 이해가 됐을지도 모릅니다. 하지만 한 땀 한 땀 직접 하면 몸에 익습니다. 모르는 부분을 알아내는 능력이 생깁니다(여기서도 영어가 힘을 발휘합니다). 덕분에 고객사와의 커뮤니케이션 속도가 훨씬 빨라졌습니다. 고작 앱 하나 배포해본 것이 다였지만, 간단한 기술 문제는 개발팀에게 물어보지 않아도 해결할 수 있게 되었습니다.

거기서 저의 호기심은 프로그래밍으로 이어졌습니다. 늘 불만인 게 한 가지 있었거든요.

예를 들어 제가 '유저 비동의 → 유저 데이터 활용 불가'라는 로직이 제대로 적용되었는지 확인하고 싶을 때가 있다고 합시다. 예전에는 개발자에게 메시지를 보내 확인하는 식이었습니다. 개발자가 "잘 적용됐으니 걱정 마세요"라고 하면 그 말을 그대로 믿고 마무리 짓고는 했습니다.

하지만 만약 유지가 동의하지 않았음에도 유서 데이터가 활용되는 것이 확인되었다면? 그런데 개발자는 여전히 "나는 제대로 적용했으니 다른 곳이 문제일 것이다"라고 말한다면? 아니면 개발자가 휴가 중이라 확인이 어렵다면? 극단적인 예시이지만 있을 수도 있는 상황입니다.

내가 코드를 읽을 줄 알면 만사해결이라는 생각이 들었습니다. 내가 작성한 티켓과 링크되어 있는 회사 깃허브를 타고 가서 눈으로 확인하면 되니까요. 개발자 말을 믿고 안 믿고, 답변을 기다리고 조르고 할 일이 없습니다. 빠르고 정확합니다. 복잡한 기능까지 확인하는 일은 어렵지만 간단한 체크는 가능합니다.

이와 비슷한 일을 몇 번 겪고 난 뒤 파이썬 공부를 시작했습니다. 업무에 도움되는 것도 있고, 코드라는 것은 어떻게 작동하는지 순수하게 궁금하기도 했습니다. 다른 언어에 비해 가장 쉽다고 하길래 도전했습니다. 때려치우고 싶은 순간이 몇 번 있긴 했습니다. 복잡한 개념이 나오고 내가 쓴 코드가 계속 에러를 뱉을 때는 특히 그랬습니다. 하지만 1~2개월 매일 하다 보면 조금씩 할 수 있는 게 늘어납니다. 겨우 스크립트 몇 개 만들었다고 '나는 혹시 천재인가?'라며 우쭐해집니다(약간은 우쭐하는 편이 정신건강에 좋은 것 같습니다).

결과적으로 간단한 API나 데이터를 재구성하는 정도의 코드를 직접 짤 수 있게 되었습니다. 기존 업무에 쓰는 시간을 크게 줄일 수 있었습니다. 시장 조사나 고객과의 대화에 쓸 수 있는 시간이 늘어났습니다. 개발팀과의 대화 퀄리티도 높아졌고요. 개발자가 왜 "그거 안 돼요"라고 하는지 이해할 수 있었습니다.

사실 PM이 파이썬을 할 줄 알아야 되는 것은 아닙니다. 저의 경우는 파이썬이 직접적으로 도움이 됐다기보다는, 파이썬을 공부한 결과 고객에게 신경 쓸 시간이 늘어나고 개발자와의 소통 퀄리티가 좋아진 경우입니다. 여기서 포인트는 "고객 조사에 쓰는 시간을 늘리고, 개발자와 더 자주 소통하자"라는 식으로 접근하지 않았다는 점입니다. 그저 호기심을 갖고 파이썬 공부를 했을 뿐인데, 그 결과 (단순히 파이썬 지식을 얻고 끝난 것이 아니라) 업무의 질이 달라진 겁니다.

다양한 사람과 맞는 성격

찬반이 좀 갈리는 부분이지 않을까 싶습니다. 성격이 좀 안 맞더라도 뛰어난 지식과 리더십으로 확실하게 이끌어주는 스타일을 좋아하는 사람도 있으니까요. 저 또한 그런 스타일이 매력적이고 효과적이라고 생각합니다. 하지만 제가 그런 스타일이 아니라 그런지, 저는 다른 사람들과 두루두루 편하게 소통할 수 있는 성격이 중요하다고 보는 편입니다.

우리는 로봇이 아닙니다. 제품 사양과 개발 내용을 교환하는 것만으로는 협업할 수 없습니다. 모든 일이 딱딱 떨어질 리가 없습니다(그럴 수 있다면 얼마나 좋을까요). 그러니 일단 서로 말이 통하고 불편한 부분이 없어야 합니다. 불편함이 없을 수 없다면 많지 않기라도 해야 합니다. 왠지 몰라도 케미가 맞지 않는 PM과 일하고 싶은 사람은 없습니다.

수년 전, 구글 HR팀에서 진행한 한 연구가 있습니다. '뛰어난 팀워크를 발휘하는 팀은 어떤 모습을 하고 있을까'에 대한 연구였습니다. 처음에는 '최고의 능력자들을 붙여놓으면 최고의 팀이 될 것이다'라는 가정을 하고 연구를 진행했는데, 이 가정이 항상 들어맞지는 않는다는 사실을 발견했습니다. 결론부터 말하면 필요한 내용만 효율적으로 교환하는 전문가 집

프로덕트 매니저 PM·PO 원칙

단보다는, 다소 비효율적일지언정 할 말을 부담 없이 할 수 있는 문화의 집단이 더 성공적이라는 겁니다. 시답잖은 잡담까지 포함해서요.*

결국 서로 소통하기 편한 상태가 갖춰져야 한다는 뜻입니다. 당연하다면 당연한 이야기입니다. 하지만 그 편안한 상태에 이르려면 많은 노력이 필요합니다. 물론 억지로 따뜻한 척, 친한 척할 필요는 없습니다. 부끄럽지만 제가 따뜻한 척, 친한 척을 열심히 해본 적이 있었으나 오히려 역효과더라고요. 사람들은 위선적인 것에 민감하고, 그런 가식을 불편해합니다. 있는 그대로 말해주면 (잠시 불편할 수는 있어도) 나중에 고마움을 느낍니다. 저 또한 그렇고요. 서로가 편하면 편할수록 있는 그대로 이야기하기 수월해집니다. 그리고 다른 사람과 두루두루 맞는 성격이라면 서로 편해지는 과정이 더 빠르게 진행되지 않을까 생각합니다.

물론 저도 불편한 이야기는 아직도 익숙하지 않습니다. 피드백을 줄 때뿐만이 아닙니다. 저의 결정이 잘못됐다는 걸 인정해야 할 때도 그렇습니다. 한 번은 '대기업인 고객사가 필요하다니까'라는 이유 하나만으로 개발 우선순위를 높게 가져간 기능이 있었습니다. 정확히 어떤 기능이었는지는 생각이 나지 않으니, 여기서는 A라고 부르겠습니다. A는 그 기능을 요청한 대기업 외에는 쓰일 일이 없는 기능이었습니다. A를 꼭 만들어야 하는지 의문을 품은 동료들이 많았습니다. 고객사가 그 대기업만 있는 것이 아니었고, 일정도 촉박했으니까요. 하지만 저는 대기업과의 파트너십을 키워야 한다는 생각에 "A를 빨리 개발하자"며 밀어붙였습니다. 결론적으로는 실패였습니다. 웃긴 건 A 기능을 요구한 대기업 고객사조차도 실

---

* 'What Google Learned From Its Quest to Build the Perfect Team'이라고 검색하면 뉴욕타임스에 실린 글을 볼 수 있습니다.

제로 해당 기능을 거의 쓰지 않았다는 점입니다. 아마 "A라는 기능이 있었으면 좋겠다" 정도의 느낌으로 말했을 텐데, 대기업이 말했다는 이유로 제가 민감하게 받아들였지 않았나 싶습니다.

아무튼 PM으로서 우선순위를 잘못 가져간 것은 사실이니, 왜 그런 일이 발생했고 앞으로는 어떻게 할 것인지 이야기해야 했습니다. 이때 저의 본능은 자존심을 지키는 방어적 소통 방식을 취하고 싶어 했습니다. 하지만 그래서는 신뢰가 무너지기에 어떻게든 담백하게 리뷰했던 기억이 납니다. PM이 불편한 이야기를 불편하게 전달하면 구성원들도 소통에 부담을 느낄 수밖에 없습니다.

일을 하면서 발생할 만한 문제를 미리 예측해보려 애쓰지만, 늘 어디선가 새로운 문제가 튀어나오곤 합니다. 그리고 고객의 요구사항은 언제나 상상을 초월합니다.

구글의 'Ad Manager 인증 외부 공급업체' 프로그램의 인증을 받을 때였습니다. 구글의 광고 플랫폼에 우리의 광고 시스템을 연결해 인증받는 절차였습니다. 광고 시장에서 구글은 절대적인 존재라, 구글의 인증을 받으면 시장의 큰 신뢰를 얻을 수 있었습니다. 문제는 상대가 천하의 구글이기 때문에, 인증 절차가 여간 까다로운 것이 아니었습니다. 준비할 서류도 많고, 통과해야 할 기술 테스트도 산더미였으며, 개인정보 관리 절차도 대충 지나가는 법이 없었습니다. 거기에 구글 담당자의 소통 속도가 빠른 것도 아니어서, 한 번 질문할 때 구체적이면서도 추가 확인이 필요

없도록 신경 써야 했습니다. 마침내 인증을 받은 날에 동료들과 축하 술자리를 가진 기억이 납니다.

PM은 늘 새로운 문제를 맞닥뜨립니다. 어떻게 풀어낼지 감이 안 잡힐 테지만 어떻게든 풀어내야 합니다. 누가 책임져야 할지 명확하지 않은 일도 계속 생깁니다. 동료들과 함께 풀어나가는 것이 제일 좋겠지만, 아무도 나서지 않을 때는 PM이 나서서 해결해야 합니다. 모든 부분에서 호흡을 맞추기에는 시간이 부족합니다. 그때, 제가 강조한 5가지 역량은 거의 모든 상황에서 도움이 될 겁니다.

- 글쓰기와 말하기 능력
- 오너십
- 영어
- 호기심과 배우는 자세
- 다양한 사람과 맞는 성격

"PM으로 성장하고 싶다면 소통 능력, 신뢰감, 지식을 쌓으세요." 역량을 완벽하게 갖출 수는 없습니다. 어차피 끝없이 연마해야 합니다. 하지만 다른 사람들이 그럭저럭 납득할 정도로 갖췄다면? 그렇다면 당신은 PM이 될 수 있습니다. 세계 최고의 PM이 되지는 못해도, 지금 그 제품에 필요한 PM이 될 수는 있습니다.

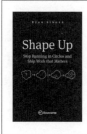

《Shape Up》

협업 툴 Basecamp에서 발행한 무료 전자책입니다. 구글에서 'basecamp shape up'이라고 검색하면 바로 나옵니다. PM 업무에서 겪는 어려움에 대해 실질적인 내용과 예시가 많아 큰 도움이 됩니다. 웹에서 바로 읽을 수 있어 영어가 힘드신 분들도 번역기를 사용해 읽기 좋습니다.

02

더 큰 차이를 만드는
킥오프 기술

김수미 hihe81@gmail.com

전) 무신사 커머스코어실 실장, 제품 리더
전) 메쉬코리아 서비스 기획 팀장, 리드 PO
전) 위메프 플랫폼기획 PM
전) GS홈쇼핑 서비스기획 PM
전) 티켓몬스터 PM, 배송WG PO

웹 기획자라는 이름으로 킥오프해서 과제 매니저, 프로덕트 매니저, 프로덕트 오너 다양한 이름
으로 경력을 쌓아왔습니다.

🔗 linkedin.com/in/sumi-k-881720165

시작과 끝이 있는 모든 일에서 시작이 얼마나 중요한지는 다들 아실 겁니다. 시작이 반이라는 말이 있죠. '시작만으로 반 이상의 성과를 만들 수 있게 하자'가 저의 지론입니다.

PM에게 프로젝트의 시작, 즉 킥오프가 중요한 이유는 PM을 통해서 큰 차이를 만들어낼 수 있는 시점이기 때문입니다. 과제를 하다 보면 부딪치고 깨질 때가 있습니다. 좌충우돌하고 포기하고 싶을 때도 있고요. 어느 순간 우리가 왜 이러고 있는지, 어떤 문제를 해결해 어떤 결과를 얻기를 원하는지조차 희미해지기도 합니다. 문제도 알겠고 원인도 알겠지만 중간에 바로 잡고 변경하는 일이 쉽지 않습니다. 애초에 목표를 뚜렷하게 공유하지 않았거나 공유됐다고 생각하지만 각자 조금씩 다른 목표로 달리고 있을 때도 있습니다.

결국 다양한 이해관계자와 메이커들이 각자의 목표를 가지고 각자의 방향과 속도로 달리거나 누군가는 주저앉습니다. 그런 상황이 되면 다시 정비하고 달리기가 정말 어렵습니다. 적지 않은 크고 작은 프로젝트를 진행하면서 시행착오를 겪을 때마다 어디서부터 잘못되었을까를 복기해보면 역시나 십중팔구는 킥오프 지점에 다음과 같은 네 가지가 명확하지 않았던 탓에 있었습니다.

- **문제 인식** : 우리는 문제를 동일하게 인식했는가?
- **목표 공유** : 우리는 같은 목표를 공유했는가?
- **소통 방식** : 우리의 소통 방식과 채널에 합의했는가?
- **역할과 책임** : 목표에 달성하는 데 필요한 각자의 역할과 책임을 명확히 했는가?

이 네 가지를 킥오프 시점에 제대로 싱크하지 않으면 과정에서 애초에 당면하지 않아도 될 문제를 너무 많이 겪게 됩니다. 물론 초반에 뚜렷하게 정의했다고 해서 문제가 발생하지 않으리라는 보장은 없습니다만 기준이 뚜렷하면 문제가 발생했을 때 문제의 식별과 문제 해결이 빠를 수 있습니다.

킥오프 단계에서 PM의 고민과 준비가 얼마나 깊이 있고 잘 정리됐느냐에 따라서 많은 구성원의 좌충우돌과 시행착오를 줄일 수 있습니다. 그래서 저는 늘 강조합니다.

> 원칙   PM의 몰입을 통해 결과물에 큰 차이를 만들어낼 수 있는 시점, 킥오프에
> 투자해라!

이제부터 성공적으로 킥오프를 진행하는 과정과 필요한 노력을 이야기하겠습니다.

킥오프가 중요한 이유

킥오프는 축구 경기와 같은 스포츠 경기에서 경기를 개시할 때, 직장에서 중요한 과제를 킥오프할 때 사용하는 친숙한 용어입니다. 그렇다면 PM에게 킥오프란 무엇일까요?

짧게 정의하면 '문제 해결의 시작 단계에서 이뤄지는 활동'입니다. 더 구체적으로 설명하면 문제를 함께 해결할 이해관계자가 모여 문제 해결 또는 프로젝트의 목적, 범위, 목표, 일정, 리소스, 역할 및 책임 등을 협의

하고 구체화하고 공유하는 과정입니다. 합의된 내용을 정리해 모든 이해관계자와 동기화하는 과정도 포함됩니다.

PM으로서 과제를 성공적으로 이끌고 싶다면 반드시 이 단계를 잘 진행해야 합니다. 과제의 규모 즉, 기술이나 협업의 복잡도가 클수록 킥오프의 중요도가 올라갑니다. 설령 과제가 작더라도 아예 생략되기는 어려운 단계입니다. 킥오프를 어떻게 수행했으냐에 따라 PM이 오너십을 지키면서 책임감을 가지고 유연하게 일을 진행할 수 있냐 없냐가 좌지우지됩니다. 킥오프 이후에 프로젝트팀 퍼포먼스가 정상 궤도에 올라서는 과정 역시 쉽지 않습니다. 킥오프 과정에서 얼마나 제대로 팀을 세팅했느냐에 따라 데일리 또는 위클리 업무를 원활히 진행할 수 있느냐 또는 아니냐가 결정된다고 해도 과언이 아닙니다. 팀이 제대로 업무를 수행하지 못하면 프로젝트 진행이 어렵겠죠. 그렇기 때문에 킥오프는 가장 중요한 단계입니다.

킥오프를 통해서 얻어야 하는 2가지

킥오프가 자료를 준비해 발표하는 미팅 그 자체만을 말하는 것은 아닙니다. 조금 더 넓게 보면 준비 과정부터 과제를 수행해 정상궤도에 올리기까지 과정입니다. 다만 지금은 발표하는 미팅 그 자체만으로 잠시 좁혀서 이야기해보겠습니다. 상징적인 이벤트로서 킥오프가 의미하는 바를 뚜렷하게 기억했으면 해서입니다.

킥오프는 미미하더라도 어떤 과정을 만들어내느냐에 따라 그 끝이 창대할 수 있겠지만, 킥오프부터 탄탄하면 그 과정이나 결과가 더 기대되는 것은 사실입니다. 스포츠에서도 처음 킥오프의 기세가 중요합니다. 역전승이 더 짜릿한 느낌을 주기는 합니다만, 더 높은 확률로 첫 득점을 하는 팀이 승리합니다. 프로젝트를 진행하면서 가뜩이나 곳곳에 지뢰가 무수한데 일부러 짜릿함을 즐길 필요는 없습니다. 킥오프에 집중해야 승리(성공)의 가능성에 한 발 더 다가가며 과제를 수행할 수 있습니다.

사실 킥오프 절차가 생략되는 경우는 없습니다. 목적 조직에서든 기능 조직에서든 문제를 해결할 목적으로 목표를 설정하고, 이를 과제화해서 어느 순간 수행하기 마련입니다. 모든 과제에 대규모 인원이 동원되는 것이 아니 듯 킥오프도 과제 크기에 따라 달라집니다. "자 이제부터 유입율이 줄어드는 문제를 해결합시다. 검색 최적화를 재정비하고, 구글 애널리틱스로 유입 경로를 확인해 적당한 광고 방안을 마련해 실험해봅시다"라고 말하는 가벼운 소통도 킥오프가 될 수 있다고 생각합니다.

킥오프의 핵심적인 목적은 크게 두 가지입니다.

1. 이해관계자들과 문제인식과 목표를 동기화하기
2. 역할과 책임에 대한 혼선이 발생하지 않도록 팀워크 구축하기

과제를 수행하려면 첫 번째로 모든 이해관계자가 목표, 범위, 기대한 결과물을 명확하게 이해하고 공유해야 합니다. 처음에 너무 확정적으로 정리하면 유연성을 저해할 것처럼 보입니다만, 문제인식과 목표를 동기화하면 가능성을 높이는 구체적인 논의가 이어질 수 있습니다. 피상적인 목표를 설정하면 피상적인 방안만 논의될 뿐입니다. 이때 유연성을 충분히 열어두고 과정 중에 변화를 수용할 수 있이야 합니다. 어느 수준으로

가능성과 유연성을 열어둘 것인가도 고민하고 정리해둬야 합니다.

예를 들어 A부터 Z까지 모든 솔루션을 확정하지 않고 당장 뚜렷한 솔루션만 정의하고 나서 솔루션 실행 단계나 깊이에 따라 솔루션들을 찾아갈 수 있습니다. 킥오프 단계에서는 검토되지 못했지만 진행 중에 더 나은 솔루션을 발견하면 어떻게 해야 할까요? 더 낫고 더 적절하다 합의된다면 새로운 솔루션을 도입할 수도 있죠. 현재 여건과 자원으로 문제 해결이 가능한 솔루션과 결과물인지에 집중해야 합니다. 문제 해결을 위한 솔루션이 주가 아닙니다. 솔루션보다 문제를 더 명확히 해야 합니다. 그리고 이해관계자끼리 동기화해야 합니다. 그래야 불필요한 오해나 발생할 수 있는 문제점을 예방할 수 있고 결과적으로 불필요한 커뮤니케이션 비용을 줄일 수 있습니다.

두 번째 목적은 짧게 말해서 팀워크 구축입니다. 팀워크는 공동의 목표를 달성하고자 협력하는 능력입니다. 팀워크를 구축하려면 구성원의 전문성과 역량을 바탕으로 역할과 책임을 이해해야 합니다.

여기에는 효과적인 커뮤니케이션 방식과 문제 해결에 필요한 의사결정 방식을 정의하는 것 역시 포함될 수 있습니다. '의사결정 사안을 어떻게 이슈라이징할 것인가? 리스크가 감지될 때 어떻게 공유하고 빠르게 문제를 제거할 것인가? 각 구성원이나 나에게 문제(고민)가 발생했을 때 누구를 찾아야 하지?'와 같은 고민이 들지 않게 만들어주면 됩니다. 이해관계자 중 스폰서가 있다면 스폰서십을 어떻게 유지하고, 의사결정에 어떻게 참여시킬지 교통정리가 필요합니다. 제품팀이나 프로젝트팀의 역할과 책임을 이해하고 커뮤니케이션하고 의사결정 방법도 정리해야 합니다. 이를 통해 제품팀의 역할과 책임은 뚜렷해지며 오너십은 강해지며 팀워크는 단단해질 수 있습니다.

PM은 의사결정을 위한 가장 효율적인 커뮤니케이션 대상이 되어야 하고 이에 대한 확신을 심어줘야 합니다. 누구보다 많은 고민을 하고 킥오프 과정에서 이해관계자와 충분한 논의를 진행했다면 신뢰는 저절로 구축될 겁니다.

이런 목적을 달성하기 위해 우리는 킥오프를 잘해야 합니다. 그것은 첫 삽을 잘 뜨고 첫 단추를 잘 꿰는 것만큼 중요합니다.

킥오프에서 제대로 동기화하기

이렇게 뚜렷한 목적을 가진 킥오프 과정을 제대로 하지 않으면 어떤 일이 일어날까요? 두 가지 측면에서 문제를 겪을 수 있습니다.

첫 번째는 명확한 문제인식이 흐려지면서 목표가 흔들릴 수 있습니다. 프로젝트 인원이 그나마 두세 명일 때는 "이 산이 아닌가벼"하며 돌아가도 큰 부담이 안 될 수 있지만 참여 인원이 클수록 수습이 어렵습니다. 만약에 메이커로부터 "이걸 왜 해야 하냐"는 질문을 끊임없이 받는다면 뭔가 잘못 설정된 것일 가능성이 높고, 그 잘못은 킥오프 단계, 즉 킥오프 시점에서부터 이어지는 경우가 다반사입니다. 더 나아가 메이커 외에 비즈니스 의견으로 저런 질문을 받는다면 프로젝트 자체가 위기입니다.

수습보다 제대로 된 킥오프가 쉽습니다. 그리고 더 옳습니다. 애초에 문제인식을 명확히 하고 해결할 문제와 목표가 동기화된 상태라면 프로젝트 과정 중에 저러한 의문이 들지 않았을 겁니다. 아니면 비즈니스 상황이나 우리의 여건이 바뀌어서일 수도 있죠. 그러한 이유라면 프로젝트가 좌초되거나 크게 변경되어야 할 겁니다. 냉혹한 비즈니스 세계에서 환경 변화에 대한 대응은 제빠르게 이행되어야 하므로, 정말로 가치가 없는 프로젝트가 되었다면 받아들여야 합니다.

지금 예시는 꽤 오래 전의 에피소드입니다. 회사에서 전사적으로 중요하고 어려운 프로젝트가 있었습니다. 같은 물류 센터에서 다양한 판매자의 상품을 묶음 배송하는 문제였습니다. 이 프로젝트는 제게 할당되기 이전에 이미 두 차례나 좌초되었습니다. 한 번은 개발 중에, 한 번은 상세기획이 거의 마무리되는 시점에 드롭되었습니다. 이 프로젝트를 담당하고 나니 왜 어려움이 있었는지 알게 되었습니다.

애초에 풀어야 할 문제를 명확히 하지 않았고 무엇에 집중해야 할지도 뚜렷하지 않았습니다. 프로덕트, 영업, 운영, CS, 물류, 재무에 이르기까지 다양한 조직이 이렇게 하지 않으면 이 문제를 풀 수 없다는 입장을 각자 주장하고 있었습니다. 우리가 개선하려는 목적은 더 많은 상품을 묶음 배송이 가능하게 해 물류비를 절감하고 배송비 경쟁력도 확보하자는 것이 핵심이었음에도 그보다는 배송비가 더 정확히 계산되어야 하고 더 정확히 분배되어야 한다는 생각이 지배하고 있었습니다. 그 결과 프로젝트 난이도와 복잡도를 필요 이상으로 끌어올렸고 유관 조직의 불신과 반대에 부딪혀 연거푸 프로젝트가 좌초된 겁니다.

이 프로젝트를 맡고 나서 가장 먼저 '진짜 해결해야 하는 문제'에 집중했고, 마침내 핵심 문제를 찾아 이해관계자 모두에게 맞는지 확인하고 동의를 구했습니다. 동의가 됐다는 전제하에 각 조직에서 협조할 수 있는 것, 협조할 수 없는 것, 더 나아가 양보할 수 있는 것을 확인했습니다. 또한 개발에서 해결할 수 있는 문제의 범위와 그렇지 않은 범위의 문제를 나눠 운영 정책에서 커버하는 또 다른 솔루션도 정리해나갔습니다. 이어서 문제 해결을 위한 각자의 역할을 정의하고, 그게 최선임을 서로가 이해할 수 있게 했습니다. 제품 조직을 넘어서 영업, 물류, 운영, 재무 조직에까지 역할을 부여하고 동기화했습니다.

묶음 배송이 완벽하지는 않더라도 일부라도 된다면 판매자 고객 모두가 물류비와 배송비를 아낄 수 있었습니다. 최대한 묶음배송되도록 하는데 집중했습니다. 손해를 보지 않는 수준(이왕이면 마진도 가능한 수준)으로 목표를 설정했습니다. 이 과정에 약 3주 정도 들었습니다. 그렇게 동기화하고 기술 조직에서 정식 킥오프를 진행했습니다. 누구도 의심할 수 없는 문제를 공유했고 모두가 납득이 가는 목표를 만들었으며 주요한 이해관계자의 동의를 얻었습니다. 이 프로젝트를 4차에 걸쳐서 배포했습니다.

킥오프에서 팀워크 구축하기

팀워크를 제대로 구축하지 않고 과제를 수행하면 어떤 일이 벌어질까요? 역할과 책임의 혼선이 일어납니다. 커뮤니케이션 오류로 비용도 증가하죠. 그러한 상황의 종착지는 갈등과 엉성한 결과물뿐입니다.

프로젝트를 진행하며 다양한 직무의 사람이 협업하게 됩니다. PM·PO, 디자이너, 엔지니어, QA, 이렇게 다양한 직무가 함께 협업하다 보면 서로 역할에 대한 혼선이 생길 수 있습니다. 각자 생각하는 직무 오너십에 대한 범위도 다를 수도 있죠. 흔히 PM·PO와 디자이너, 디자이너와 프론트엔드 개발자, 프론트엔드 개발자와 백엔드 개발자, 백엔드 개발자와 인프라엔지니어, 개발자와 QA 엔지니어, 또는 PM과 QA 담당자는 각각 비슷하면서 다르기에 경계가 모호합니다. 직무가 완전히 구분되는 조합으로 구성되더라도 멤버에 따라 역할이 더해지거나 덜해지기도 합니다.

이것은 자연스럽고 흔히 있는 일이므로 역할에 대한 혼선도 예견될 만한 일입니다. 따라서 같은 직무라도 과거 경험했던 조직이나 프로젝트와는 역할과 책임이 달라질 수 있다는 점을 서로 이해하는 것이 먼저입니다. 이러한 상황인지는 빠를수록 좋습니다. 초반에 제대로 고민해 정리하지 않으면 서로 눈치를 보고 배려하느냐고 놓치거나, 열심히 하려던 것뿐인데 무례하게 비춰지거나 의도치 않게 남의 영역을 침범하게 됩니다. 일부 멤버 간의 트러블로 보일 수 있지만 대부분은 역할이나 책임에 대한 혼선에서 비롯됩니다. 구성원들이 동료의 역할을 이해하고 각자의 역할을 거침없이 최선을 다할 수 있도록 환경을 만들어야 강력한 팀워크가 만들어집니다.

최선의 팀워크는 내게 주어진 자리에서 내 역할을 잘하면 우리 팀은 목표한 바를 달성하리라는 확신에서 비롯됩니다. 예를 들어 백엔드 개발자 A가 API를 만들어주면 프론트엔드 개발자 B가 이를 활용해 개발하게 되는데 매번 일정에 임박해서 주거나 지연되는 일이 반복적으로 발생한다면 B는 A를 재촉하게 될 겁니다. A 입장에서는 한다고 해서 줬는데 B가 자꾸 쪼니까 마음이 급해집니다. 그러다가 실수가 발생하면 B 탓을 하게 되죠. 이렇게 각자의 책임을 다하지 못해 지연이 발생하거나 문제를 반복적으로 일으키면 일은 잘 풀리지 않고 감정까지 상하게 됩니다.

책임 있는 자세를 다하지 않는 동료가 있다면 좋은 협업 관계가 만들어 질 수 없고 팀워크가 무너질 수 있습니다. 최소한 내가 나의 역할에 책임을 다하는 것처럼 나의 동료도 나와 같은 수준으로 책임을 다 한다는 신뢰가 있어야 하고 이 책임을 다 하지 않을 수 없도록 상황을 만들어줘야 합니다. 그렇기에 멤버들이 서로 신뢰하지 못하고 서로를 탓하고 있거나 불필요한 불협화음이 반복된다면 PM은 이 문제를 누구보다 적극적으로 해결해야 합니다.

한 번은 매번 약속한 일정을 지키지 못하고 당일에서야 일정이 더 필요하다는 말을 하는 분이 우리 팀에 합류하게 되었습니다. 한 사람이 자기 역할을 다하지 못하면 기존 멤버들의 퍼포먼스에도 부정적인 영향을 줄 수 있습니다. 그래서 규칙을 만들었습니다. 바로 '작업을 정확히 추정할 수 있을 만큼 분석하고 요구사항을 구체화한 후 추정하기'입니다.

무조건 배척하기보다는 누구나 공감할 수 있는 가이드를 만들어 새 팀원의 온보딩에서 해당 사항을 설명하고, 작업량을 추정하는 일을 다른 동료가 돕도록 했습니다. 그렇게 추정이 어려운 부분을 함께 고민하며 더 명확한 작업량으로 끄집어내었습니다. 그런 일을 반복하다 보니 새로운 팀원이 완전히 바뀌었습니다. 그간에는 약속을 지키지 못하더라도 추정 자체를 제대로 할 수 없었다는 핑계를 댈 수 있었지만 추정에 집중하고 책임지도록 하니 더 적극적으로 이해하고 추정하기 위해 노력했고 추정은 점점 정확해졌습니다.

팀워크가 무너졌는가 아닌가는 장애를 만났을 때 극명히 확인할 수 있습니다. 장애가 발생했을 때 내 문제가 아니라고 강 건너 불 구경하듯하거나, 방어적인 자세를 취하기에 급급하다거나, 범인 색출에만 몰두한다면 팀워크가 바닥이라는 의미입니다. 좋은 팀워크를 가진 팀이라면 혹시 내 일인가 재차 확인하고, 동료의 문제를 같이 풀어주며, 다시는 재발되지 않도록 시스템과 프로세스를 재차 확인하고 정비합니다. 그것이 바로 진정한 팀워크인 거죠.

킥오프를 성공적으로 만드는 4가지

킥오프에 필요한 동기화와 팀워크 구축을 알아봤으니, 이제 각각을 어떻게 성공적으로 진행할 것이냐를 알아볼 차례가 되었네요. 저는 과제를 킥오프할 때 딱 4 문장을 기억하고 실천합니다. 앞으로 더 다듬고 발전시켜 나아가야겠지만, 지금까지는 나쁘지 않은 효과를 얻을 수 있었습니다. 우선 제 방법을 살펴보시고 여러분의 방법을 더하면 좋겠습니다.

1. 우리는 같은 문제를 바라보고 있습니다

프로젝트에 대한 목적을 이해한다는 것은 우리가 이 문제를 왜 해결해야 하는지 이유를 명확하게 하는 겁니다. 애초에 어떤 문제가 있고 왜 해결해야 하는지조차 모른다면 애초에 해결할 문제가 없는 것이고 문제 해결을 시작해야 할 그 어떤 이유도 찾지 못한 상태와 같습니다. 따라서 프로젝트 목적을 뚜렷하게 한다는 것은 우리가 해결해야 할 문제가 무엇인지 명확히 아는 것이고 여기에서부터 문제 해결은 시작됩니다. 아무리 킥오프 과정이나 결과를 간소화할 수 있다고 하더라도 생략할 수 없는 이유가 여기에 있습니다.

"이 문제를 발견했고, 이 문제를 해결해야 한다고 생각하고 있습니다. 당신도 이 문제를 문제라고 생각하고 있습니까? 그리고 이 문제를 해결해야 한다는 것에 동의하나요?" 이 질문에 "Yes"가 나와야 합니다. 이런 동의의 결과를 얻어내려면 과제화하는 과정에서부터 충분히 싱크하고 공감 대를 형성해야 합니다.

과거에 이런 경험이 있었습니다. 서비스 이용료를 후정산하는 서비스에서 계속해서 미수금이 발생했습니다. 영업 조직에서는 미수금 문제를 해결할 TF를 구성했습니다. 애초에 미수금이 발생하지 않도록 제품을 개선하는 방안을 마련하기로 했습니다. 이 문제는 회사의 투자유치와도 관련이 있을 정도로 중요하다는 사실까지 TF 구성원이 공유했습니다. 그리고 우리가 당면한 문제를 풀고자 머리를 맞댔습니다. 그런데 유독 한 개발자가 지금까지 이렇게 서비스돼 왔고 다른 서비스도 이렇게 하는데 왜 투자 때문에 당장 문제를 해결해야 하는지 동의하지 못했습니다. 다른 메이커들은 모두 문제에 동의하고 다 해결에 집중할 수 있는 상태가 되었으나 한 명이 준비되지 못한 겁니다.

저는 저 개발자를 빼고 진행할지, 문제를 동기화하고 같이 해결할지 고민했습니다. 사실 그 개발자는 문제를 이해하지 못한 것도 있지만 회사에 대한 불만이 커서 함께 문제 해결을 하고자 하는 생각이 부족한 점도 없지 않았습니다. 저는 함께 가는 길을 선택했습니다. 부정할 수 없을 정도로 문제를 공유해 더 뼈저리게 공감할 수 있게 설득하는 노력을 들였습니다. 우리의 문제를 알 수 있는 데이터를 더 구체적으로 전달했고 꼭 투자가 아니더라도 이 상태로는 비즈니스를 지속할 수 없음을 전달했습니다. 동시에 우리가 정해진 기간 안에 해결하지 못하면 앞으로 어떤 험난한 여정이 기다리고 있는지, 우리의 경쟁사가 어떤 준비를 하고 있으며 이로 인해 우리 조직은 어떤 위기에 처할지 설명했습니다. TF 팀원들이 어떤 노력을 하는지, 그 노력이 헛되지 않으려면 이떤 문제들을 해결해야 하는

지도 더 자세하고 구체적으로 공유했습니다. 또한 한 3일 정도 제가 가는 모든 회의에 같이 가자고 했습니다. 제가 듣고 느끼는 것을 그대로 느끼게 해보자는 생각에서입니다. 하루 함께 다니더니 이후 안 가도 될 거 같다고 하더라고요. 이후 그 개발자는 누구보다 문제 해결에 적극적인 메이커가 되었고 저와 하는 다른 프로젝트에서도 적극적으로 임해주었습니다.

모든 구성원과 같은 수준의 문제 공유만으로 내 마음같이 동기화된다면 좋겠지만 사람에 따라 다를 수 있습니다. 때로는 온전히 더 들인 며칠이 그 후 3개월 간의 프로젝트에서 매일 120% 이상의 역량을 발휘하는 동료를 만들기도 합니다.

모든 프로젝트에 그러한 여유가 주어지는 것은 아니죠. 때로는 급박하게 프로젝트를 킥오프해야 하는 상황도 있습니다. PM조차 이해하기 어려운 문제도 있습니다. 그렇더라도 최소한 PM은 스스로 빠르게 동기화할 수 있어야 합니다. 그러려면 PM은 사전에 다양한 이해관계자들의 생각이나 다양한 데이터를 리서치해 프로젝트의 배경이나 문제를 누구보다 높은 수준으로 이해하고 있어야 합니다.

2. 우리는 같은 결과물로 구체화했고 장애물도 피해갈 수 있습니다

프로젝트의 목적과 목표를 정리하고 목표를 이미 동기화했습니다. 이제 문제 해결 방안을 논의하고, 리소스와 현황을 파악하고, 어느 수준과 범위로 구현할지 정하고, 리스크를 파악하고 대체 방법을 정할 차례입니다.

가장 중요한 범위, 가장 중요한 결과물, 가장 중요한 리스크, 가장 중요한 제약사항에 먼저 집중하고 중요한 사람(키맨)부터 먼저 만나야 합니다. 그렇게 정리된 내용을 바탕으로 준비하며 킥오프에서 공유해야 합니다. 최소한 고개를 끄덕이고 동의하면서 들을 수 있는 수준이어야 합니다. 메이커의 동의를 얻는 것은 중요합니다. 실제로 실행할 분들의 의욕이 프로젝트 진행에 큰 영향을 미치기 때문입니다. 그렇다고 해서 메이커 입장의 범위와 결과물에 갇힐 필요는 없습니다. 중요한 것은 과제의 성공을 이끄는 겁니다.

제 경험에 의하면 이 과정을 함께 거친 이해관계자들이 그렇지 않은 이해관계자들보다 프로젝트에 대한 동의를 넘어서 강력한 지지와 책임감을 가지는 경우가 많았는데요, 이는 단순히 전달하는 과정이 아니라 의견을 교환하고 동의하는 과정이었기 때문입니다. 이렇게 프로젝트에 대한 범위나 산출물, 리스크, 제약사항 등을 공유하려면 사전에 많은 소통과 리서치가 필요합니다. 많은 노력이 들지만 이후 과정에서 같은 방향과 속도를 유지하는 데 큰 도움을 줄 겁니다.

우리가 큰 틀에서 같은 목표를 바탕으로 기본적인 결과물을 구체화했다면 이후에 발생하는 장애물이나 어려움은 상대적으로 마이너한 이슈이며 충분히 함께 해결해나갈 수 있습니다. 물론 정말 큰 변화나 리스크가 생기기도 합니다. 해결해야 할 문제 자체가 아예 사라지거나 상황에 따라 목표 자체가 크게 변경되기도 합니다. 이것은 우리가 통제할 수 없는 것이므로 그 자체로 문제되지 않습니다. 다만 해결해야 할 문제 그리고 목표가 같다면 각자가 생각하는 결과물도 같아야 합니다. 결과물을 최대한 구체화하여 모두가 같은 결과물을 상상하게 하는 것도 PM의 역할입니다.

같은 결과물을 그릴 수 있도록 하는 첫걸음은 용어 정의입니다. 예를 들어 '판매가능수량'이라는 단어는 어떤가요? 실제 창고에 있는 수량을

프로덕트 매니저 PM · PO 원칙

말하는 것인지, 이게 WMS에서 관리하는 수량인지, 아니면 MD가 재고를 참고해 임의로 관리하는 수량인지 용어를 명확하게 정의하지 않으면 저마다 다를수밖에 없죠. '판매가'는 어떤가요? 정가라고 생각하는 사람, 세일이나 쿠폰이 적용되어 실제 소비자가 구매하는 가격이라고 생각하는 사람도 있을 겁니다. 당연하다고 생각한 개념이 다른 사람에게 아닐 수 있고 단어 이해의 차이에서 비롯되어 커뮤니케이션 오류를 발생시킵니다. 그러므로 프로젝트에서 용어나 개념을 본격적인 구현에 앞서 꼭 정의해야 합니다.

워크숍도 결과물을 구체화해 같은 결과물을 상상하게 하는 좋은 수단입니다. 타 서비스 사례를 들어 토론하고 아이디어를 더 구체화하면서 우리 프로덕트를 더 구체적으로 만드는 방법도 좋습니다. 서비스가 복잡하다면 흐름도를 그려보거나, UI/UX 디자인이 이해에 도움이 된다면 와이어프레임으로 결과물의 디자인을 만들어 리뷰하고 피드백을 받아보는 것도 좋습니다. 해결해야 할 문제와 고객이 구체적이지 못하다면 페르소나를 만들어 구체화하고 모두가 우리 고객에 빙의되어 보는 것도 좋습니다. 고객여정지도를 정리해보고 각 단계에서 어떤 문제점이나 기회가 있는지를 함께 확인하면 문제인식과 해법까지 동기화할 수 있습니다.

동시에 변화에 능동적으로 대응해나갈 것임을, 더 나은 솔루션에 문이 열려 있음을 각인시켜주는 일도 필요합니다. 정기적인 스프린트 플래닝이나 스크럼과 같은 활동을 통해 우리 계획이 최신 변화에 맞춰 계획되고 실행됨을 체감할 수 있게 하면 좋습니다. 경주마같이 질주하는 프로젝트를 진행하게 되더라도 반드시 회고를 진행해 더 나은 협업을 통해 좋은 결과물을 만들어가고 있음을 체감할 수 있게 해야 합니다. 프로덕트의 성격에 따라 필요한 수준으로 준비하면 됩니다.

애플이나 아마존은 킥오프를 통해서 제품의 핵심적인 전략이나 로드맵, 메시지를 공유하고 프로젝트의 방향성이나 기대치를 명확하게 설정하여 팀 전체가 같은 목표를 갖도록 하는 데 상당한 노력을 한다고 알려져 있습니다. 구글은 가급적 많은 이해관계자를 참여시켜서 다양한 협업 조직과 전문 인력들이 의견과 관점을 빠르고 선명하게 공유할 활동으로 킥오프를 활용합니다. 구글의 디자인 스프린트Design Sprint나 페이스북의 해커톤은 짧게는 하루, 길게는 4~5일간 문제를 정의하고 최적의 솔루션을 도출해내는 데 중점을 두는 활동이라고 할 수 있습니다. 주제를 정해서 프로토타이핑과 테스팅까지를 포함하여 우리가 만들어야 할 결과물을 빠르게 실험하고 성장시킬 수 있는 기회로 활용하므로 성공적인 킥오프를 위한 다양한 방안 중 하나로 생각해주셔도 좋을 거 같습니다. 아울러 에어비앤비의 킥오프는 디자인이나 사용자 경험에 비중을 크게 둔다고 하는데요, 이를 통해 모든 구성원이 같은 솔루션을 구체화해볼 수 있기 때문이라고 합니다.

3. 우리는 이렇게 협업할 겁니다

협업의 시작은 무엇인가요? 바로 대화입니다. 그러므로 먼저 커뮤니케이션 방식을 정리해야 합니다. 원활한 커뮤니케이션 환경은 신뢰를 구축하고 의사결정을 효율적으로 하고 문제 해결의 속도를 향상시킬 수 있습니다.

커뮤니케이션 환경 구축에 있어서 몇 가지 중요한 섬을 놓쳐서는 안 됩니다. 첫 번째는 **투명성**입니다. 사실 그대로 투명하고 정확히 전달해야 신뢰를 구축할 수 있습니다. **전방향성**도 중요합니다. 상하좌우 지위고하를 막론하고 편하게 이야기할 수 있는 환경이어야 합니다. **신속성**과 **존중**하는 대화도 중요합니다. 시급한 일이라면 메일보다 전화나 직접 자리로 찾아가는 방법이 나을 수 있습니다. 모든 대화는 상대방을 존중해야 합니다. 사람이 아니라 기능이나 프로덕트에 있는 문제에 집중하고, 문제를 인식했다면 해결 방안까지 논의가 이루어지는 대화 패턴을 가져야 합니다. 투명성, 전방향성, 신속성, 존중이 갖춰진 커뮤니케이션 환경이 구축되면 원활한 진행뿐 아니라 불시에 닥치는 위험에 대처할 때 강력한 힘을 발휘합니다. 예를 들어 장애가 났다고 생각해봅시다. 앞서 언급한 네 가지가 없다면 생길 끔찍한 상황을 제가 나열하지 않아도 다들 상상하실 수 있으실 겁니다.

더 나아가 협업 방식을 정리해야 합니다. 협업에 쓰는 커뮤니케이션 채널은 정말 다양합니다. 슬랙과 디스코드는 상당 부분 역할이 겹치는 도구입니다. 그밖에 지라, 트렐로, 이메일, 줌, 구글밋 같은 다양한 도구가 있습니다. 어떤 상황에서 어떤 도구를 사용할지 커뮤니케이션 채널을 정리해야 합니다. 예를 들어 현재 진행 중인 과제나 상태를 공유하는 방법, 정기적이거나 비정기적인 회의 주기와 방법, 소통 도구별 활용 방안, 일정 관리 및 공유 방안 등을 정의하고 지켜나가야 합니다. 회의가 일일회고 형식을 취한다면 무엇을 어떻게 말할지도 사전에 정의해야 합니다. 스프린트 주기도 정하고, 성과를 어떻게 보여줄지도 정해야 합니다. 칸반보드를 오프라인으로 만들지 아니면 트렐로나, 깃허브 프로젝트를 사용할지도 정해야 합니다.

이를 통해 투명한 환경에서 작업을 하면 서로 중복되거나 잘못된 방향으로 진행하는 것을 방지할 수 있습니다. 동시에 각자의 역할이 뚜렷하므로 내가 할 일을 스스로 계획하고 내 일이 미치는 영향도 알 수 있습니다.

마지막으로 각자의 역할을 정의해야 합니다. 서로 과거 역할이나 경험을 공유하는 것도 도움이 됩니다. 과거의 경험을 참고해 현재 팀에서 기대하는 역할을 정의하면 역할에 대한 혼선이나 충돌을 줄일 수 있습니다. 물론 처음부터 모든 구성원의 세세한 역할을 다 정의하는 것은 유연성을 저해할 수 있고 현실적으로 어렵기도 합니다. 최소한 PM의 역할과 책임을 전달하고 각자가 핵심 역할을 주도적으로 정할 수 있게 해주어야 합니다. 저는 킥오프 시점에 이런 질문을 합니다.

"어떻게 하면 당신이 문제와 목표에 몰입할 수 있습니까? 보통 당신의 몰입을 방해하는 것이 무엇인가요?"

대부분은 나의 역할이나 오너십, 또는 협업에 대한 문제를 언급합니다. 이 부분을 처음에 물어보는 과정만으로도 협업이나 역할에 대한 문제를 PM을 통해 해결할 수 있으리라는 기대를 줄 수 있으며 협업을 위한 PM의 역할을 명확히 전달할 수 있습니다.

협업 과정에서 더 효율적이고 더 좋은 방식이 있다면 그러한 방법을 채택할 수 있는지 기본 기준이 있어야 개인의 입장이나 감정에 휘둘리지 않고 효율적이고 합리적으로 합의해갈 수 있습니다. 프로덕트나 프로젝트 팀은 가족이 아닙니다. 스포츠팀에 더 가깝죠. 스포츠팀은 각자의 위치에서 역할을 다해 득점하여 팀의 승리를 이끄는 것이 목표입니다. 이 과정은 팀플레이라는 협업이 중심에 있습니다. 프로덕트팀도 마찬가지로 스포츠팀처럼 원활히 협업이 이루어지게 해야 합니다.

프로덕트 매니저 PM · PO 원칙

4. 우리는 당신과 함께 고객의 문제를 해결할 겁니다

프로젝트 구성원 개개인의 참여가 문제 해결에 꼭 필요함을 명확히 전달해야 합니다. 이 문제 해결에 동참하고자 하는 마음이 있는 멤버와 그렇지 않은 멤버는 과정에서 마무리까지 전혀 다른 모습을 보여줍니다. 동기부여를 하고 적극적인 참여를 유도하는 여러 방법이 있습니다. 금전적인 보상이나 휴가 지원은 쉽게 떠올릴 수 있는 방법입니다. 이는 회사 정책이 뒷받침되어야 하고, 프로젝트가 끝날 무렵에 유야무야 되는 경우도 잦아서 적절한 동기부여 방법인지는 고민해볼 여지가 있습니다.

이 문제 해결이 정말 의미가 있고 중요하고, 더 나아가 비즈니스의 비전과 연결되어 있어야 합니다. 그리고 이 미션을 수행하는 당신 역할이 중요하다는 점과 문제 해결 과정에서 당신도 서비스와 함께 성장할 수 있다는 점을 명확하게 공유해야 합니다. 피상적이면 안 됩니다. 그냥 만들어내는 이야기가 아니라 진심인 내용을 전달해야 구성원들도 동의하고 공감합니다. 동의하고 공감해야 동기부여가 생기는 겁니다. 스스로 인정받고 있다고 느끼고, 서로가 인정할 때 최선을 다해야 하는 이유도 명확해지게 됩니다.

나아가 안정적인 환경에서 동기부여된 마음으로 문제 해결에 집중할 수 있게 안정적인 스폰서십을 유지하고 있음을 알려줘야 합니다. 적지 않은 프로젝트가 납득할 수 없는 외부적인 이유로 이리저리 휘둘립니다. 휘둘릴 때마다 동기부여는 부서집니다. 따라서 안팎으로 믿음과 관심과 지원이 탄탄하다는 신뢰를 줘야 합니다. 물론 팀 외부의 믿음과 지원이 한결 같을 수는 없을 겁니다. PM은 팀 외부의 이해관계자가 믿음과 지원을 유지할 수 있게 하는 역할 역시 수행해야 합니다.

글로벌 온라인 스토어를 새롭게 오픈하는 프로젝트를 진행할 때 일입니다. 너무 공격적인 일정으로 비현실적인 결과물을 만들어낸다고 느낄 수 있을 법한 상황이었습니다. 이미 너무 많은 프로젝트가 있었고 동원 가능한 리소스도 제한적이었습니다. 사실 대부분의 프로젝트가 이 같은 문제를 안고 시작됩니다. 그때 저는 구성원들에게 외주를 주거나 외부 솔루션을 이용할 수도 있지만 지금 우리가 만들어내는 것에 큰 의미가 있다는 메시지를 전달했습니다. "우리가 만들 결과물은 실험실 수준이 아닙니다. 그리고 이 정도 규모의 프로젝트는 전후 5년 내에 없을 만큼 중요하고 크며, 이 결과물을 함께 만들어내는 것이 회사나 서비스뿐 아니라 참여한 개인의 성장(경력)에도 좋은 영향을 미치게 될 겁니다"라고요. 가급적 필요하면 개별적으로 한 명 한 명을 만나 위 맥락으로 동기부여하고자 노력했습니다.

같은 상황에서 일을 하더라도 동기부여가 잘되어 있는 팀과 아닌 팀은 확연히 다른 과정과 결과물을 내게 됩니다. "동기부여하세요"라는 말은 마무런 효과도 내지 못합니다. 목표 달성과 각자 역할의 중요성을 진심으로 인정하고 외부로부터의 영향을 최소화해야 합니다. '우리가 해결해야 하는 문제를 당신과 함께 풀어서 결과물을 만들고 싶다'는 생각으로 멤버들에게 충분한 동기부여를 해주어야 한다는 점 잊지 마세요.

프로덕트 매니저 PM · PO 원칙

◆◆◆

킥오프 과정은 결과물의 차이를 만드는 PM의 시간입니다. 혼자 뛰어가면 안 됩니다. 팀이 함께 나아갈 수 있는 토대를 만드는 시간입니다. 이해관계자들이 '기꺼이' 이 문제 해결에 동의하고 적극적으로 참여할 수 있는 환경을 만드는 과정입니다.

일반적으로 PM의 킥오프는 작업 명세서, 프로젝트 범위, 타임라인, 산출물에 집중됩니다. 하나하나 아주 중요하지만 일은 사람이 하는 겁니다. 아무리 잘 갖춰진 시스템과 프로세스가 마련되어 있다고 해도 사람이 제대로 활용하지 못하면 무용지물입니다. 목표와 결과물 동기화, 원활한 커뮤니케이션 기반 협업, 상호 존중하는 신뢰가 받쳐줘야 사람은 동기부여되어 자신의 역할을 다할 수 있습니다.

프로젝트나 프로덕트팀을 이끌어가는 방법론과 도구에 대한 좋은 책은 많습니다. 그런 책에서 상대적으로 소홀히 다뤄지는 무형의 것, 하지만 사람에게는 꼭 필요한 것들 중심으로 킥오프를 다뤄봤습니다. PM에 있어서 모든 과정과 단계가 중요하지만 특히 큰 차이를 만들어낼 수 있는 첫 킥오프 과정에 가장 큰 에너지를 쏟아보기 권해봅니다.

《인스파이어드》

제품팀이 어떻게 일해야 하며 프로덕트 매니저는 어떤 마음가짐으로 어떤 역할을 해야 하는지 선명하게 알려줍니다. PM의 필독서로 추천하고 싶은 책입니다.

《프로덕트 리더십》

프로덕트 매니저에게는 리더십이 중요합니다. 리더십은 성공을 위해 문제에 집중하고 동시에 비전을 제시하여 열렬히 전파할 수 있어야 한다고 설명합니다. 실제 실무 사례도 많이 소개하고 있어 PM · PO들이 구체적으로 역할을 이해하는 데 도움이 됩니다.

《프로덕트 오너》

실제 업무에서 경험한 사례를 바탕으로 프로덕트 오너에게 필요한 자질을 설명하면서 실전에 필요한 다양한 조언을 해주고 있습니다.

03

서비스 뜯어보기 신공

이미림 kaily@kakao.com

현) 카카오스타일 PO
전) 야놀자 프로덕트 오너
전) 인터파크 쇼핑&투어 기획

무언가 하나에 빠지면 집요하게 파는 걸 좋아합니다. 흥미가 없으면 무엇이든 오래 하지 못하는 편인데 어쩌다 보니 기획에 푹 빠져 올해로 12년차 PO가 되었습니다. 학창 시절부터 글을 읽고 쓰는 것, 발표하는 것, 계획 세우는 것을 유독 좋아했는데 어쩌다 보니 '좋아하는 일'을 모두 할 수 있는 직업인 PO를 하고 있네요(이게 바로 덕업일치..?). 매번 느끼지만 내가 '좋아하는 일'을 직업으로 가지고 있는 건 너무 행복한 일인 것 같습니다.

🖊 brunch.co.kr/@kaily

기획 업무를 하다 보면 '내가 담당하는 서비스' 그리고 '동종업계의 타 서비스'를 많이 보게 됩니다. 자연스럽게 타 서비스의 UI/UX 변화를 알게 되고 신규 기능이나 개선 사항 등도 발견하게 됩니다. 이때 '타 서비스에서 신규 기능을 출시했네? 이 기능 좋아 보이는데 우리 서비스에도 적용해야겠다!'라는 생각으로 해당 기능을 그대로 우리 서비스에 우겨넣는 경우가 많은데요, 저도 주니어 시절 이 같은 실수를 했습니다. 주니어 시절 저와 같은 실수로 리소스를 낭비하지 않았으면 하는 바람으로 '서비스 뜯어보기' 방법을 소개하고자 합니다.

원칙 "서비스를 뜯어보며 성장하자."

'서비스 뜯어보기'의 목적은 개인과 서비스의 성장에 있습니다. 어떤 서비스를, 왜 뜯어봐야 하는지, 어떻게 뜯어봐야 하는지, 그리고 우리 서비스에 어떻게 적용하는지에 대한 내용입니다. 개인과 담당 도메인 모두의 성장을 경험해볼 수 있을 한 가지 방편으로 읽어주면 좋겠습니다.

왜 뜯어봐야 할까요?

PO는 프로덕트의 성장에 고민이 많습니다. 늘 우리 서비스를 이용하는 유저 활동 데이터를 분석하고 특징을 파악합니다. 유저가 서비스를 처음 이용하는 시점부터 이탈하는 시점까지의 주요 퍼널별 데이터를 살펴보는데, 저는 미국의 기업가이자 투자자인 데이브 맥클루어Dave McClure가 개발한 AARRR 프레임워크를 주로 활용합니다. AARRR은 '고객의 획득Acquisition,

활성화Activation, 유지Retention, 수익화Revenue, 추천Referral' 단계로 지표를 나누어보는 방법론입니다. 고객이 서비스를 경험하는 순서대로 지표를 보며 우리 서비스 어디에 문제가 있는지 어떤 지표를 개선해야 하는지 확인하는 데 유용합니다.

• AARRR 프레임워크 •

• **Acquisition** : 고객을 어떻게 데려올 것인가?

• **Activation** : 고객이 서비스의 핵심 기능을 이용하는가?

• **Retention** : 고객이 서비스를 지속적으로 이용하는가?

• **Revenue** : 고객은 우리가 설정한 최종 목표인 결제를 하는가?

• **Referral** : 고객이 자발적으로 우리 서비스를 추천하는가?

반드시 AARRR 프레임워크를 활용하지 않고도 자사 서비스 이용 유저와 유저의 서비스 이용 흐름을 파악했다면 '우리가 가진 문제'를 정의할 수 있습니다. 문제 정의 다음으로 '이 문제를 어떻게 해결할 것인가'를 고민하게 되는데, 이때 문제 해결에 대해 아무런 레퍼런스 없이 스스로 아이디어를 발굴하는 것에는 한계가 있고, 개선 방향에 대한 감 잡기도 쉽지 않습니다.

물론 경력 또는 경험이 어느 정도 쌓인 시니어라면 여러 프로덕트를 성장시키며 퍼널별로 발생하는 문제의 해결 방향을 쉽게 잡을 수도 있겠지만, 그동안 한 번도 고민해보지 못 한 문제에 직면하거나 경력이 적은 미들이나 주니어는 레퍼런스 없이 문제 해결의 힌트를 얻기 쉽지 않습니다.

그래서 우리는 타사 서비스를 레퍼런스 삼아 그들의 비즈니스를 이해하고, 서비스를 뜯어봐야 합니다.

그래야 우리가 겪는 문제를 타사가 어떤 방식으로 풀었는지를 알 수 있고, 그들이 푼 방식을 우리 서비스에 어떻게 적용할지 고민할 수 있고, 더 나아가서는 타사 서비스를 뜯어보고 더 좋은 아이디어를 떠올리고 디벨롭시켜 고객의 문제를 빠르게 해결할 수 있습니다.

비즈니스에 대한 이해

왜 뜯어봐야 하는지 이해했다면 그다음은 비즈니스에 대한 이해가 필요합니다. 현재 커머스 플랫폼의 PO로 재직한다고 가정하겠습니다. 커머스 플랫폼을 더 쪼개면 오픈마켓, 종합몰, 자사몰로 나눌 수 있습니다. 쪼개보는 이유는 같은 커머스에 속한다 하더라도 비즈니스 구조가 다르면 뜯어볼 서비스와 방향이 달라질 수 있기 때문입니다.

- **오픈마켓** : 개인, 기업 셀러가 존재. 셀러가 많을수록 취급하는 상품 수도 많아져 경쟁력이 높아지는 구조
- **종합몰** : 오프라인 유통판매 기업의 대형 셀러 위주로 구성. 어느 정도 브랜드력을 갖춘 상품을 취급하며 비교적 가격대가 높은 편
- **자사몰** : 중간 유통 과정을 거치지 않고 셀러가 고객에게 직접 판매하는 구조로 독립적으로 운영

현재 속한 플랫폼이 오픈마켓에 속한다면 셀러를 확대해 취급 상품 수

를 증대시키고 고객의 쇼핑 탐색을 편리하게 만들어주는 것에 집중하는 것이 좋습니다. 종합몰에 속한다면 보유하는 브랜드를 어떻게 더 잘 보여줄 수 있을지와 브랜드 관련 탐색 경험을 만들어주는 데 집중해야겠지요. 자사몰이라면 브랜딩과 플랫폼의 신뢰도를 높이는 데 집중할 겁니다. 궁극적으로 커머스의 목적은 '상품을 팔아 수익을 남기는 것'으로 모두 같겠지만 특성이 다를 수 있습니다. 플랫폼별 비즈니스에 대한 이해가 있다면 이를 기반으로 어떤 서비스를 어떻게 뜯어볼 것인지 명확하게 결정할 수 있습니다. 따라서 우리 프로덕트가 어떤 플랫폼에 속하고 어떤 비즈니스를 하는지 파악해놓는 게 좋습니다.

어떤 문제를 해결하려고 하는가?

PO라면 우리 서비스 유저가 어떤 어려움을 갖고 있는지 관심을 기울여야 합니다. 유저의 어려움을 확인하는 방법으로 고객 활동 데이터 분석, 유저 인터뷰, 사용성 테스트, 고객의 소리 등이 있습니다. 이 중 어떤 방법으로든 자사 서비스 이용 유저의 어려움을 파악해 문제를 리스트업해두고 '어떤 문제를 해결하면 가장 임팩트가 클지' 곰곰이 생각해봅시다. 중요도와 시급성, 리소스 투자 대비 가장 임팩트가 큰 것을 고려해 우선순위를 정하고 우선순위가 높은 문제부터 해결해나가면 됩니다.

그럼 이제부터 어떻게 문제를 정의하고, 해결 방법을 도출하는지 예를 들어 확인해볼까요?

- 문제
  - 제품 상세페이지(Product Detail Page, PDP)에서 주문서까지의 전환율이 낮다.
- 해결 방법
  1. 주문서까지의 전환율이 낮은 이유에 대해 데이터를 딥다이브해 세부 문제를 찾는다.
  2. 주문서까지의 전환율이 낮은 이유에 대한 가설을 세워 A/B 테스트를 진행한다.
  3. 주문서까지의 전환율을 높일 수 있는 방법을 고민하고 개선한다.

PDP에서 주문서까지의 전환율이 낮은 문제를 예로 들어봤습니다. 이렇게 문제를 정의하고 어떤 방법으로 해결할지 대략적인 방안도 도출합니다. 해결 방법 중 2번은 가설을 세워야 하고, 3번은 방법에 대한 고민이 이루어져야 하는데 데이터를 보거나 미팅을 통해 동료의 의견을 들어볼 수도 있지만 타사 서비스를 뜯어보며 인사이트를 도출하고 해결하는 방법도 있습니다.

타사 서비스를 뜯어보기 전에 문제 정의 시점에서 '유저가 서비스를 이용하며 겪는 문제가 정확하게 무엇인지' 뾰족하게 정의해놓는다면 더 깊이 있게 분석할 수 있으니 문제 정의 시 충분한 시간을 들여 고민해야 합니다.

타사 비즈니스에 대한 이해

지금까지 우리 문제를 정의했으니 그다음은 이 문제를 타사에서는 어떻게 다루는지 확인해볼 차례입니다. 저는 같은 비즈니스 영역의 '경쟁사'를 먼저 살펴보고, 그다음은 우리가 해결하려는 문제를 먼저 마주했을 확률이 높은 '카테고리별 대표 서비스'를 살펴보거나 기존에 이용했는데 '경험이 좋았던 서비스'를 살펴봅니다.

살펴보려는 서비스를 리스트업했다면 각 서비스의 비즈니스 이해도를 높일 차례입니다. 각 서비스의 배경지식을 익히고 최근 기사와 보도자료를 살펴보며 추가 정보를 획득합니다. 이런 과정에서 얻은 정보는 아래 예시와 같이 항목을 분류해 한눈에 비교해볼 수 있도록 정리합니다.

• 분류 : 경쟁 서비스 | 카테고리별 대표 서비스 | 경험이 좋았던 서비스 •

서비스명	• 제공하는 서비스의 명칭을 작성합니다.
비즈니스 모델	• 주요 비즈니스 모델이 무엇인지 간략하게 작성합니다. • 만약 비즈니스 모델이 자사와 동일할 경우, 조금 더 깊이 있게 살펴보며 자사와 차이점이 있는지 등을 추가로 살펴봅니다.
타깃	• 서비스를 이용하는 연령대, 성별 등 주요 타깃을 작성합니다.
서비스 특징	• 주요하게 제공하고 있거나 다른 서비스보다 특별하게 잘하는 부분 위주로 작성합니다.
주요 지표	• 서비스별 공개된 주요 지표를 작성합니다. 각 서비스별 모든 지표가 동일할 수 없으므로 보도자료 기준 공개된 지표 위주로 작성합니다. 동일 지표로 모두 업데이트할 수 있다면 서비스 현황을 한눈에 비교해볼 수 있는 이점이 있습니다.
버전 기록	• 앱스토어에서 해당 서비스의 [버전 기록]을 참고하면 해당 서비스가 어떤 기능을 언제 배포했는지 알 수 있습니다.

프로덕트 매니저 PM · PO 원칙

최신 기사 및 보도 자료 주요 내용	• 검색을 통해 서비스의 최신 기사와 보도자료를 확인합니다. 이 과정에서 각 서비스의 방향성과 전략, 집중하는 영역을 확인할 수 있습니다.

TIP_ 경쟁사 파악이 어렵다면 앱스토어 동일 카테고리의 TOP 3 서비스를 살펴보자.

위에 설명한 항목을 간략하게 표로 만들면 다음과 같습니다.

분류	경쟁서비스	카테고리 대표	이 외 서비스
서비스명	A	B	C
비즈니스 모델	판매 수수료	건당 수수료	광고
타깃	20-30	30-40	10-20
서비스 특징	로켓 배송, 멤버십	배달, 온라인 장보기	지역 기반 중고거래
주요 지표	MAU 누적 구매자수 앱 다운	MAU 500만 평균 체류시간	MAU 10만 회원수 리텐션
버전 기록	OO 영역 리뉴얼	OO 서비스 론칭	정렬 옵션 추가
주요 참고 내용	엔터테인먼트 사업 확장 멤버십 가입자 수 증대	AI 추천 강화	누적 리뷰 수 N만 건 돌파

경쟁 서비스, 카테고리별 대표 서비스, 이 외 서비스를 분류해놓는 이유는 경쟁사인지 아니면 대표 서비스인지를 나누어 수월하게 비교하기 위함입니다. 경쟁 서비스의 경우 '버전 기록, 주요 참고 내용' 중심으로, 카테고리별 대표 서비스의 경우 '어떤 차별점이 있어 얼마나 성장한 서비스인지' 중심으로, 이 외 서비스의 경우 '우리가 가진 문제를 해결하는 데 참고할 수 있는 기능을 UI/UX' 중심으로 살펴봅니다.

각 카테고리가 서비스별로 1개씩 정의되는 경우 분류는 생략해도 무방

합니다. 보통 여러 서비스를 같이 분류할 때 구분해놓으면 '경쟁사나 카테고리별 대표 서비스만 따로 보는 등' 그때 그때 니즈에 맞게 빠르게 살펴볼 수 있는 이점이 있습니다.

지금까지 소개한 방법으로 서비스별 비즈니스 모델과 주요 특징을 살펴보고, 각 서비스에 대한 이해도를 높일 수 있습니다. 이를 벤치마킹 초반에 정리해두고, 수시로 보는 습관을 들이면 업계 트렌드도 빠르게 파악할 수 있어 인사이트를 얻는 데 큰 도움이 됩니다.

타사는 어떤 문제를 해결하려고 했는가?

타 서비스의 비즈니스 모델과 서비스 성격 파악으로 전반적인 서비스 이해도가 높아졌다면 이제 그들의 서비스를 보며 '어떤 문제를 해결하려고 했는가'를 추측해볼 수 있습니다. 앞에서 우리가 정의한 문제를 다시 가져와보겠습니다.

- 문제 : PDP에서 주문서까지의 전환율이 낮다.

타 서비스에서 같은 문제를 이미 고민했다고 가정하고, 서비스의 PDP 지면을 구성하는 각 컴포넌트*를 살펴보면 PDP에서 주문까지의 전환율을 높이는 데 어떤 장치를 추가해두었는지 파악할 수 있습니다.

처음에는 우리가 가진 문제를 타 서비스도 가지고 있다고 가정하고 지

---

* 각 지면 내 위치한 독립된 모듈. 예를 들어 상품 이미지 영역, 상품 정보 영역, 추천 영역 등을 컴포넌트라고 정의할 수 있습니다.

면을 살펴봤다면, 이번에는 문제를 제외하고 넓은 관점으로 다시 지면에 위치한 컴포넌트들을 살펴보며 '이 컴포넌트의 목적은 무엇일까?'를 유추해봅니다. 이때 앞서 살펴본 '서비스의 비즈니스 모델, 주요 특징' 등과 연결해 딥다이브할 수 있습니다.

아래 예시를 들어 조금 더 자세히 설명해보겠습니다.

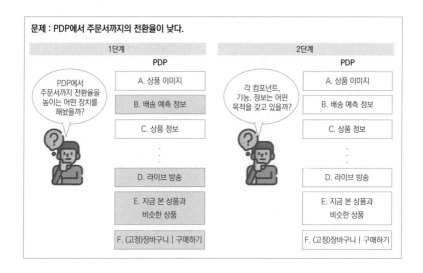

먼저 우리가 가진 문제를 타사에서는 어떻게 해결하려고 했는지 '문제 위주의 탐색'을 시작합니다. PDP가 A~F까지의 컴포넌트로 구성되는데, 그중 '전환율'을 높이는 데 영향을 미쳤을 만한 컴포넌트를 체크합니다. 체크한 컴포넌트가 실제로 전환율 상승 목적이었는지, 아니었는지는 크게 중요하지 않습니다. 중요한 점은 '우리 문제를 해결할 수 있는 힌트'를 얻는 겁니다.

두 번째는 우리에게 없는 컴포넌트, 기능, 정보 위주로 체크하고 '어떤 목적을 갖고 있을까'를 추측해봅니다. 예를 들어 'B. 배송 예측 정보'의 경우 '고객에게 배송 도착 정보를 안내해 배송을 기다리는 고객의 불편함을 해소하고 빠른 배송을 강조해 구매 의사결정을 도우려는 목적을 가졌을 거야'라고 생각해볼 수 있습니다. 이 서비스의 비즈니스 모델이 '빠른 배송'이면 이 영역은 매우 중요한 부분이니 더욱 강조되어 있을 겁니다. 이렇게 각 컴포넌트, 기능, 정보를 살펴보고 목적을 생각해보고 비즈니스에 대한 이해도를 바탕으로 이 서비스에서 강조하고 싶어 하는 부분은 무엇이고 어떻게 강조했는지 분석합니다. 그럼 우리 서비스에 어떤 기능을 어떻게 적용해야 할지 힌트를 얻을 수 있을 겁니다.

어떻게 뜯어봐야 할까요?

지금까지 왜 서비스를 뜯어봐야 하는지와 우리가 가진 문제를 어떻게 발견하고 정의하는지를 알아보았습니다. 뜯어볼 서비스의 선택과 비즈니스 이해도를 높이는 방법도 다뤘습니다. 이번에는 서비스를 '어떻게' 뜯어봐야 하는지 알아보겠습니다. 앞에서 정의한 문제 기준으로 서비스 뜯어보는 방법을 구체적으로 설명하겠습니다.

- **문제** : PDP에서 주문서까지의 전환율이 낮다.
- **살펴볼 지면** : PDP
  - 전환율 개선이 필요한 주요 지면을 의미합니다.

        프로덕트 매니저 PM · PO 원칙

- **플랫폼** : 모바일(모바일웹, 앱(iOS, 안드로이드), PC 웹
  - 개선하려는 플랫폼이 PC인지, 모바일인지 확인 후 개선이 필요한 대상을 결정합니다.

  > **TIP_** App의 경우 운영체제에 따라 UI/UX가 다르게 구현되어 있을 수 있음을 인지할 것

- **살펴볼 서비스** : 서비스명 1, 서비스명 2, 서비스명 3
  - 경쟁, 카테고리별 대표, 경험이 좋았던 서비스 등 살펴볼 서비스를 선정합니다.

위 내용이 정해졌다면 이제 각 서비스의 PDP를 뜯어볼 준비를 마친 겁니다.

각 서비스의 PDP는 어떻게 구성되어 있는가?

자사와 타사의 PDP가 어떤 컴포넌트와 기능, 정보로 구성되어 있는지 확인합니다. 다음 예시 이미지와 같이 자사, 타사를 구분하고 PDP 전체 구성을 정리해 한 화면에 놓고 비교하면 각 서비스별 특징을 한눈에 비교할 수 있습니다.

자사	타사		
	서비스 A	서비스 B	서비스 C
A. 상품 이미지	A. 상품 이미지	A. 상품 이미지	A. 상품 이미지
B. 상품 정보	B. 상품 정보	B. 상품 정보	B. 상품 정보
C. 이 상품의 모든 판매자	C. 브랜드 소식	C. 기획전 배너	C. 배송 정보
D. 광고 영역	D. 배송 정보	D. 포토 리뷰 모아보기	D. 상품 정보 디테일
E. 상품 정보 디테일	E. 상품 정보 디테일	E. 광고 영역	E. 구매 후기
F. 함께 사면 좋은 상품	F. 카테고리별 유사 상품 추천	F. 상품 정보	F. 댓글 영역
G. 광고 영역	G. 브랜드 홈 소개	G. 리뷰	G. 묶음배송 가능 상품

각 서비스에서 비즈니스 모델을 지면 내 어떻게 녹여두었는지, 어떤 부분을 강조했고 차별화시켰는지 등 서비스별로 간략하게 분석하고 정리합니다. 앞서 살펴본 '타사 비즈니스에 대한 이해'에서 설명한 대로 각 서비스의 최근 기사나 보도 자료를 확인하고 내용을 정리해뒀다면 주요 내용을 더 쉽고 빠르게 파악할 수 있습니다.

PDP 내 컴포넌트, 기능, 정보가 어떤 특징을 가지는가?

이제 각 서비스별 A~G까지의 컴포넌트별 기능과 정보를 더 세부적으로 정리해봅니다. 같은 컴포넌트가 모든 서비스에 있다고 하더라도 각 서비스마다 제공하는 UI/UX, 기능 등이 다를 수 있으므로 꼼꼼하게 살펴봐야 합니다. 각 영역의 정보를 아래와 같이 정리합니다.

서비스를 살펴보니 A 컴포넌트에서 확대하기 기능을 제공하고 있습니다. 확대하기 기능을 제공하는 목적은 고객에게 상품 정보를 더 자세히 보여주어 탐색 편의성을 높이려는 의도로 유추할 수 있습니다. 하지만 모든 상품에 확대하기 기능이 적용되어 있지 않은 것으로 봤을 때 상품 이미지 확대하기 기능은 판매자가 '이미지를 확대해볼 수 있을 만큼 고화질의 사진'을 등록한 경우 제공한다는 것을 예상할 수 있습니다. 따라서 이 기능을 도입하려면 '고화질 사진 등록'이 선행되어야 합니다.

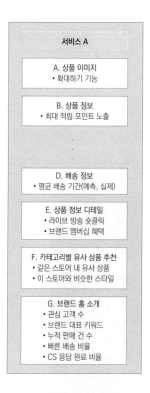

이렇게 컴포넌트별 정보와 기능을 정리하고 '이 기능은 왜 제공하고 있을까?', 자사에 '제공하려면 무엇이 선행되어야 할까?' 같은 질문을 던지고 파악해야 합니다. 당연히 이를 문서에 정리해놓아야겠지요? 단순히 정보만 나열해놓으면 유의미한 인사이트를 얻기 힘들고 자사 서비스에 왜 적용해야 하고, 어떻게 적용해야 하는지 매번 시간을 들여 다시 고민해야 합니다. 그러니 서비스를 뜯어볼 때 떠오른 느낌, 생각, 인사이트 등을 같이 정리해두는 습관을 들이기 바랍니다.

좋았던 점, 아쉬운 점, 적용할 점

지금까지 서비스를 자세하게 뜯어보고 인사이트까지 정리했다면, 이제 최종으로 정리할 시간입니다. 서비스를 분석하며 좋았던 점, 아쉬운 점, 우리 서비스 문제 해결에 도움이 될 만한 적용할 점을 적습니다. 다음과 같은 질문을 스스로에게 던지며 정리해봅니다.

좋았던 점	• 왜 좋았는가? • 비즈니스 모델과 연결성이 좋았던 부분은 무엇인가? • 타사와는 '차별화'된 부분은 무엇인가? • 어떤 문제를 해결하기 위한 기능/정보인가?
아쉬운 점	• 어떤 점이 아쉬웠는가? • 우리 서비스에 적용한다면 아쉬운 점을 어떻게 해결할 것인가?
적용할 점	• 우리가 가진 문제를 해결할 수 있는가? • 우리 비즈니스에 맞는 기능인가? 맞지 않다면 어떻게 개선해 적용할 것인가? • 우리 고객 타깃에 적합한가? • 도입 시 선행되어야 하는 조건은 없는가? • 리소스 대비 효과가 어느 정도인가? • 이 컴포넌트/기능/정보는 어떤 지표에 영향을 주는가? • 자사 서비스 적용 시 추가로 고려해야 하는 부분은 무엇인가?

최종 비교

서비스별로 지면 구성이 어떻게 되어 있는지, 컴포넌트와 기능 그리고 정보가 어떻게 노출되어 있는지, UI/UX는 어떤지 등을 전반적으로 살펴보고 정리를 마쳤습니다. 그럼 서비스마다 갖고 있는 특징과 차별점을 하나의 표로 정리하고 비교할 차례입니다.

프로덕트 매니저 PM · PO 원칙

서비스명	서비스 A (예시)			서비스 B			서비스 C		
비즈니스 모델	판매 수수료, 광고 수익								
타깃	전 연령대								
서비스 특징	내부 비즈니스 간 연결성 강화, AI 추천, 대량의 DB								
주요 지표	• GMV 29조 • MAU 2,000만 • e커머스 시장 점유율 20.1%								
비전 기록	• 3개월전, 숏폼 출시								
주요 참고 내용	• AI 상품 추천 기술 작용 • AI 큐레이션 서비스 강화 • 이용자 쇼핑 이력 설치간 분석 후 이용자 취향과 연계된 상품 추천 결과 노출								
PDP 구성	**구조**	**정보 및 기능**	**특징**	**구조**	**정보 및 기능**	**특징**	**구조**	**정보 및 기능**	**특징**
	이미지	• 확대하기 기능	• 고객이 상품 이미지를 더 자세히 보고 구매 결정할 수 있도록 제공하고 있음						
	상품 정보	• (증X몰), (신상) 등의 라이블 • 최대 적립 포인트 노출	• 구매 할 경우 예상되는 적립 포인트를 미리 보여주어 마치 '페이백' 받는 느낌을 줌						
	브랜드 소식	• 브랜드 기획전 배너 형태로 노출							
	배송 정보	• 배송비 • 제작 상품인 경우 배송 기간 안내	• 평균 배송 기간 • 평균 배송일 제공으로 배송에 대한 고객 불편함 해소						
	상품 정보 디테일	• 색상 정보 • 제조사, 브랜드, 모델명, 원산지, 제조일자 • 브랜드 멤버십 혜택 • 라이브 방송 숏클립	• 브랜드 별 등급 혜택을 보여주며, 브랜드 혜택 강조 및 충성 고객 확보 목적 • 라이브 방송과 연계성 강화, 직접 보고 사지 못하는 온라인 쇼핑의 불편함을 해소해주고 자 디테일한 추가 정보 제공						
	카테고리별 유사 상품 추천	• 카테고리별 추천 상품 • 같은 스토어 내 유사상품 • 이 스토어와 비슷한 스타일	• 추천 영역 노출을 통해 고객이 원하는 상품을 쉽게 탐색할 수 있도록 함 • 동일 스토어뿐 아니라 내 스토어까지 추천해주어 상품 탐색의 폭을 넓혀서 제공						
	브랜드 홈 소개	• 브랜드 대표 기획전 • 누적 판매 건수 • CS 응답 완료 비율 • 브랜드 대표 가이드 • 빠른 배송 비율 • 구매 만족도(평점)	• 브랜드 대표 정보를 보여주어, 브랜드 신뢰도 강화						
좋았던 점	• 최대 적립 포인트 노출 영역 → 멤버십 홍보 구매로도 쓰고 고객이 반드 혜택을 보여주어 좋았음 • 배송 예정일을 예측해 평균 배송일을 제공한 정 → 배송에 대한 정확한 안내로 불편함 해소 • 상품 정보 내 라이브 방송 숏클립을 활용하여 보여준으로써 추가적인 콘텐츠 제공으로 좋았음								
아쉬운 점	• 라이브 방송 숏클립 UX가 다소 불편해 개선 필요 → 현재는 타 서비스 랜딩되는 방식이며 지면 내에서 자체 볼면이 좋았음								
적용 고려	• 최대 적립 포인트 노출 • 배송 예정일 예측 정보 노출 • 카테고리별 유사 상품 추천 영역 노출								

작성한 표를 보고 어떤 부분을 어떻게 적용할지 고민해봅니다. 혼자 고민하고 의사결정하기 어렵다면 팀원들과 리뷰하고 함께 보며 자유롭게 의견을 들어보는 것도 좋습니다. 이 과정에서 생각지 못한 좋은 아이디어가 나올 수도 있습니다.

어떻게 적용해야 할까요?

지금까지 서비스를 왜 그리고 어떻게 뜯어보는지 설명했습니다. 마지막으로 우리 서비스에 적용하는 방법을 알아보겠습니다. 서비스별 '적용할 점'을 리스트업했으니 이제 적용 예정 기능의 목적과 도입 시 선행되어야 할 점을 적습니다. 이어서 우리 문제를 해결하는 데 가장 적합하다고 생각되는 우선순위대로 나열합니다. 예를 들어 다음과 같이요.

1. **카테고리별 유사 상품 추천**
   - 해당 상품과 같은 카테고리 내 유사 상품을 추천해, 고객이 원하는 상품을 더 쉽고 빠르게 탐색할 수 있게 해 주문서까지의 도달율을 높인다.
   - **선행** : 유사 상품 추천이 가능할 정도의 상품 풀(pool)이 있는지 확인
2. **포토 리뷰 모아보기**
   - 고객이 작성한 리뷰 중 이미지 리뷰만 모아 PDP 상단에 노출해 상품에 대한 객관적인 정보를 제공하고 고객의 구매 결정을 돕는다.
   - **선행** : 전체 이미지 리뷰 개수 확인, 카테고리별 이미지 리뷰 개수 확인
     - 리뷰가 충분히 없을 경우, 이미지 리뷰를 늘리는 과제가 먼저 선행되어야 함

프로덕트 매니저 PM · PO 원칙

3. 라이브방송 숏클립

- 기존 진행한 라이브 방송을 짧게 편집해 PDP에 노출해 고객이 상품에 대한 풍부한 정보를 얻어 구매를 결정할 수 있도록 돕는다.
- **선행** : 제공 가능한 라이브 방송 콘텐츠가 있는지 확인

우선순위가 정리되었다면 요구사항을 PRD^{Product Requirements Document}로 작성하는 단계로 넘어갑니다. 배경, 목적, 가설, 성공 지표 등을 정의하고 기능적 요구사항, 유저 스토리 등을 포함해 작성하면 됩니다. 이 단계에서 사용성 테스트나 A/B 테스트 진행 여부를 결정하고 단계별 일정 계획을 수립합니다.

사용성 테스트는 배포 예정 기능의 프로토타입을 제작하여, 특정 유저에게만 공개하고 배포 예정 기능을 어떻게 사용하는지 테스트하는 방법입니다. 사용성 테스트를 활용하면 배포 전 신규 기능에 대한 유저 반응과 사용성을 미리 체크하고 개선한 후 배포할 수 있어 리스크를 줄일 수 있지만 준비 시간과 비용이 수반됩니다. A/B 테스트는 서비스에서 발생할 수 있는 다양한 변수를 최소화한 상태로 출시 전 일부 고객 대상으로 가설을 검증해볼 수 있는 테스트입니다. 신규 출시 기능이 자사 서비스 고객에게 유의미한지 배포 전 정확한 지표를 통해 미리 파악하고 싶다면 A/B 테스트를 진행하고 테스트 결과에 따라 전체 배포하는 것이 좋습니다.

벤치마킹한 서비스를 우리 서비스에 적용할 때 기억해야 할 점은 '타사에 노출된 형태를 그대로 따라 하지 않는 것'입니다. 타사에 '카테고리별 유사 상품 추천' 컴포넌트가 카테고리를 선택할 수 있는 UI로 되어 있다

고 우리 서비스에도 그대로 적용하면 어떻게 될까요? 다음과 같은 문제가 발생해 기대한 효과를 얻기 어려울 수 있습니다.

- **(타사) 카테고리별 유사 상품 추천**
  - 카테고리 : 백화점, 아울렛, 소호&스트릿, 디자이너, 브랜드 직영몰
- **발생할 수 있는 문제**
  - 우리는 타사가 가진 '카테고리' 중 1개 카테고리밖에 취급하지 않는다.
  - 타사의 카테고리 모두 취급하지만 '일부 카테고리'는 판매 가능 상품이 거의 없다.
  - 전체적으로 상품 판매수가 적어 정확한 추천이 이루어지지 않는다.

그러므로 이 형태가 타사에서 잘 워킹한다 하더라도 우리 서비스에 그대로 가져오기보다는 '우리 서비스 성격과 타깃'을 고려해 반영해야 합니다.

'당연한 거 아닌가?'라고 생각할 수 있지만 연차가 있는 기획자도 실수할 수 있는 부분입니다. 저 역시 과거에 비슷한 실수를 한 적이 있습니다. 커뮤니티 성격을 가진 콘텐츠 전용관을 만든 적이 있었습니다. 카테고리별로 콘텐츠를 모아보고 고객들끼리 콘텐츠를 보며 서로 커뮤니케이션할 수 있는 서비스였습니다. 보도자료를 통해 경쟁사의 업데이트 소식을 알게 되었는데요, 며칠 경쟁사의 서비스를 이용해보니 고객 활동성도 매우 높아 우리 서비스에 도입해도 잘 워킹할 것 같다는 근거 없는 확신이 들었습니다. 이후 경쟁사에서 추가로 배포한 보도자료에는 해당 서비스 제공을 통해 주문 전환율 및 주요 지표가 증대되었다는 효과가 담겨 있었습

니다. 이를 보고 서비스 성과가 입증되었다고 판단해 본격적인 벤치마킹에 돌입했죠. 우리 데이터 및 서비스 현황 분석을 마치고 벤치마킹한 서비스를 최종 도입했는데 성과가 좋지 않아 오픈한 지 단 두 달 만에 서비스를 종료해야 했습니다. 종료 전, 주요 지표 증대를 위해 여러 액션 아이템을 실행했지만 백약이 무효했습니다. 적지 않은 리소스와 시간을 들인만큼 속상했죠. 서비스 종료 후 프로젝트 실패 원인을 복기하는 시간을 가졌는데, 주된 실패의 원인은 다음과 같았습니다.

- **자사 '주요 타깃'에 대한 고려가 되지 않았다.**
  - 경쟁사의 주요 타깃은 20~30대인데, 우리는 40 ~ 50대다. 커뮤니티가 활성화되려면 많은 사람이 자주 글을 써야 하는데, 우리 유저의 경우 연령대가 있다 보니 모바일로 타이핑하는 게 쉽지 않아서인지 글을 쓰는 유저가 현저히 적었다.
- **콘텐츠 업로드 방식의 차이를 간과했다.**
  - 콘텐츠를 모아보는 전용관에 '퀄리티 좋은 콘텐츠'가 노출되려면 '검수'가 필요한데, 우리는 사람이 일일이 수동 검수하는 프로세스여서 주말에는 업로드되는 콘텐츠가 없어 서비스가 정체되었다. 반면, 타사는 콘텐츠 자동 검수 기술을 이용하고 있어서 주말에도 활발하게 콘텐츠가 업데이트되었다.

이렇듯 타사에서 잘된다고 우리 서비스에 적용했을 때 잘된다는 보장이 없습니다. 그러므로 벤치마킹 후 기능을 도입할 때는 '우리 서비스 성격과 주요 타깃에 잘 맞는가?'를 필수로 확인해야 합니다. 또한 우리 고객이 갖고 있는 문제를 해결할 수 있는지 충분히 검토하고 이를 고려해 자사 서비스에 맞게 기획해야 합니다. 뜯어보기의 목적은 우리가 가진 문제 해결을 위해 타사 서비스를 이리저리 뜯어보면서 비교한 후 우리의 문제를 해결하고 부족한 부분을 보완하는 것임을 잊지 말아야 합니다.

지금까지 서비스 벤치마킹 방법으로써 '뜯어보기'를 알아보았습니다. 왜 해야 하는지, 어떻게 해야 하는지, 자사 서비스에는 어떻게 적용할 수 있는지 전반적으로 다뤘습니다. 주니어라면 벤치마킹의 기본기를 배울 수 있고, 미들이라면 본인의 벤치마킹 방식과 비교하며 발전할 수 있을 겁니다. '벤치마킹은 이렇게 하는 거구나. 잘 정리되어 있네. 다음 프로젝트 진행 시 나도 적용해볼까?'라는 생각이 드는 글이라면 좋겠습니다.

사수도 없이 일하던 주니어 시절 저는 정말 아무것도 모르는 기획자였습니다. 어쩌면 기획자라는 직무에 대한 이해도 없던 상태였을지 모릅니다. 기획서를 쓰는 방법도, 스토리보드를 그리는 방법도, 프로젝트 전체를 리드하는 방법도 모두 생소했고 어려웠습니다. 첫 회사는 스타트업이라 규모도 작았고 사수도 없어 더 힘들었던 것 같습니다. 하지만 어려움은 극복하라고 있는 법! 그 당시 겪고 있던 어려움을 극복하고자 나름대로 기획자가 하는 일을 열심히 찾아 공부했습니다. "이것도 모르냐"는 타박을 듣고 업무 시간이 훨씬 지난 밤 늦게까지 기획서를 쓰고, 주말에도 열심히 공부했던 기억이 납니다. 벤치마킹 업무도 처음에는 너무 어려웠습니다.

어느 정도 연차가 쌓이니 벤치마킹이 예전처럼 어렵지 않게 되었습니다. 서비스를 조사하는 데 걸리는 시간도 짧아졌습니다. "대리님! 저희 팀에 대리님 문서가 좋은 벤치마킹 사례로 공유됐어요." 어느날 회사 후배가 기분 좋은 소식을 전해주었습니다. 평상시 하던 대로 작성해놓은 문서라 주목받을 정도는 아니라고 생각했는데 후배의 말을 듣고는 벤치마킹 문서를 만들며 어렵다고 징징대던 주니어 시절이 떠올랐습니다.

그래서인지 "기획자는 무슨 일을 하나요?", "어떻게 하면 PM · PO가 될 수 있나요?", "PM · PO가 갖춰야 할 역량은 무엇인가요?" 같은 질문을 받을 때마다 주니어 시절이 떠올라 최대한 많은 것을 알려주려고 노력합니다. 10년 넘게 실무에서 부딪혀가며 배운 노하우와 경험을 주변 주니어뿐 아니라 직접 알지는 못하지만 기획자 · PM · PO가 되고 싶은 주니어에게도 정보를 나눠주고 싶어 글을 쓰고 있습니다. 주로 직접 부딪히며 배우고 느낀 것들, PO는 어떻게 일하는지에 대한 글을 다루고 있으니 궁금하거나 어려운 점이 있다면 제 블로그*도 찾아주시길 바랍니다.

오늘도 책을 읽으며 배우고 성장하는 데 진심인 독자분들께 개인적으로 너무 좋아하는 작가인 보도 섀퍼의 글귀를 선물하며 글을 마무리합니다.

"배움과 성장을 즐기는 사람이 성공할 확률이 높은 이유는
그 과정을 통해 인생을 수정하는 것이 두려움이 아니라
얼마나 즐거운 일인지를 알게 되기 때문이다.
배움과 성장이 없으면 '변화'는 일어나지 않는다."

– 《이기는습관》(보도섀퍼) 중에서

---

*   https://brunch.co.kr/@kaily

《프로덕트 오너》(김성한 지음)

기획자에서 PO로 전직할 때 도움을 많이 받았던 책입니다. 프로덕트 오너는 어떤 일을 하는 사람인지, 어떤 프로세스로 어떻게 일하는지에 대한 전반적인 내용을 배울 수 있습니다.

《그로스해킹》(양승화 지음)

PO 재직 중 많은 시간을 '데이터 분석 및 데이터를 통한 인사이트 도출'에 썼죠. 통계학과 출신 또는 데이터 분석가 출신 PO에 비해 데이터 분석이 약하다고 생각해 관련 공부를 나름 열심히 했습니다. 그때 가장 큰 도움을 받은 책입니다. 지금도 옆에 두고 재독, 삼독하고 있습니다.

본질적인 문제를 풀어라, 알맞는 방법으로

김승욱(CK) ck.running.mate@gmail.com

현) 리멤버 디렉터 오브 프로덕트
전) 쿠팡, 시니어 프로덕트 매니저
전) 마켓디자이너스 CEO 스태프 & PM

하기 싫은 일들을 돌고 돌아 프로덕트 매니지먼트 직무에 어느 정도 만족하고 안착한 직장인입니다. 뛰어난 프로덕트 리더들을 보며 '가면 증후군'에 시달리지만 극복하려고 노력 중입니다. 좋은 프로덕트가 더 나은 세상을 만든다는 낯 간지러운 말을 진심으로 믿고 있으며, 좋은 프로덕트를 만드는 과정에 기여하는 이 일이 현재까지 해본 일 중 가장 보람차다고 느끼고 있습니다.

in linkedin.com/in/ckkrjp

국립국어원 표준국어대사전에 의하면 '원칙'의 사전적 의미는 "어떤 **행동**이나 **이론** 따위에서 일관되게 지켜야 하는 기본적인 **규칙**이나 **법칙**"이라고 합니다. "더 나은 프로덕트를 만드는 원칙과 철학"이라는 이 책의 주제에 대해 제가 해드리고 싶을 말을 '원칙'의 사전적 의미에 대입하면 이렇습니다.

> 원칙 ‖ 더 나은 프로덕트를 만드는 과정에서 고민이 될 때, 풀려는 고객 문제와 핵심 원인에 집중해야 한다.

이때 행동, 이론, 규칙이나 법칙의 의미는 다음과 같습니다.

- **행동** : 더 나은 프로덕트를 만들기 위한 노력과 행동
- **이론** : 제품 개선 순환 과정(Product Iteration Cycle, PIC) 프레임워크
- **규칙이나 법칙(원칙)** : PIC 과정의 모든 단계에서 고민이 될 때는 풀려는 고객 문제와 핵심 원인에 집중하라.

왜 그래야만 할까요? **좋은 프로덕트는 필수적이고 본질적인 고객 문제를 잘 해결해줘서, 고객이 만족하고 너무 만족해서, 돈을 내서라도 계속 쓰고 싶은 프로덕트이기 때문입니다.** 근데, 풀려는 필수적이고 본질적인 고객 문제와 핵심 원인을 놓쳐서 고객 문제를 해결해주지 못하면, 아무리 많은 자원을 투자해도 고객은 만족하지 못하고 돈도 못 벌게 됩니다. 왜 그런지 고객을 만족시키면서 돈을 많이 버는 과정을 들어보겠습니다.

1. 프로덕트가 고객 문제를 해결해줍니다.

2. 고객들은 본인의 문제를 해결하기 위해 프로덕트를 계속 씁니다.

3. 고객들은 계속 쓰는 데 필요하다면 기쁜 마음으로 돈을 지불합니다.

4. 사업은 돈을 벌고 번 돈을 고객 문제를 더 잘 해결하고 더 많은 고객 문제를 푸는
   데 재투자합니다.

5. 1~4 과정이 무한 반복하며 고객과 사업의 가치 창출의 선순환이 만들어집니다.

참 쉽죠? 우리 밥 아저씨의 말처럼 참 쉬울 것 같은데 생각보다 쉽지 않더라고요. 근데 저만 그런 게 아닌 것 같습니다. 1번 과정에 대해서 프로덕트 직무에 종사하는 분들이 흔히 하는 말이 있습니다.

"Solve the right problem, the right way
본질적인 문제를 풀어라, 알맞은 방법으로"

여기서 'right problem'은 부수적이거나 피상적인 고객 문제가 아닌, 필수적이고 본질적인 고객 문제를 말하는 겁니다. 'right problem'을 찾는 일도 명확히 정의를 내리는 일도 너무나도 어렵습니다. 생각보다 방해 요소가 많고 그렇다고 고객이 바로 정답을 알려주지도 않기 때문입니다.

근데 아무리 어려워도 프로덕트 매니저로서 그걸 찾지 못하면 그 뒤에 노력은 모두 물거품이 됩니다.

- 1번이 달성되더라도 3번에서 막혀버릴 수 있기 때문입니다. 필수적이고 본질적인
  문제가 아니면 고객은 소중한 돈을 기쁜 마음으로 지불하지 않습니다.

　　　　　　　　　　　　　　프로덕트 매니저 PM · PO 원칙

- 2번에서 막힐 수도 있습니다. 필수적이고 본질적인 문제가 아니면 고객은 소중한 시간을 내서 프로덕트를 쓰지 않기 때문이죠.

- 심지어 3번 단계에 다다르더라도 같은 문제를 풀려고 하는 경쟁사들도 부단히 노력하고 있기 때문에 4번을 위해서 멈추지 않고 계속 새로운 고객 문제를 발굴하고 해결해야 합니다.

'right problem'을 찾았다고 끝이 아닙니다. 'right way', 즉 '알맞은 방법'으로 'Solve'(해결)해야 합니다. 즉, 'right problem'을 해결하는 데 필수적인 원인들을 파악하고, 고객이 만족할 수준의 솔루션을 프로덕트를 통해 제공해야 합니다. 근데 이것 역시 너무나도 어렵습니다. 다음 이유들 때문입니다.

1. 문제에 대한 원인이 수없이 많고 그중 어떤 것이 문제 해결에 부수적이고 어떤 것이 필수적인지 구별하기 어렵기 때문입니다.
2. 모든 원인을 한 번에 해결할 자원도 없습니다.
3. 심지어 첫 시도에 그 원인들이 해결된다는 보장도 없고 그런 경우도 흔치 않습니다.

다행히 풀려는 고객 문제와 원인에 집중하는 원칙을 잘 지켜서 "Solve the right problem, the right way"를 잘 해낸다면 그 뒤에는 폭발적인 고객 유입과 탄탄한 유지율^{retention rate}과 기하급수적인 매출의 성장을 맛볼 수 있습니다. 고객을 만족시키면서 돈을 많이 버는 1번 단계를 잘 완수했기 때문이죠. 프로덕트 매니저로서 고객과 사업에게 모두 큰 가치를 가져다주는 데 핵심 역할과 책임을 다하는 순간입니다.

아쉽게도 저는 제 책임을 다 해본 경험이 많지 않습니다. 제가 처음 프로덕트 매니지먼트 직무를 경험하기 시작한 2016년으로 돌아가 나 자신에게 더 나은 프로덕트를 만드는 비법을 말해줄 수 있다면 "고민되는 순간을 맞이할 때마다, 해결하려는 고객 문제의 본질과 그에 맞는 해결 방법을 되짚어봐"라고 할 겁니다.

그 이유는 고민이 될 때 고객 문제에 대한 생각을 멀리하고, 본질에서 벗어난 고민들에 시간을 허비하며 안 좋은 판단을 내린 경험들 때문입니다. 그 결과 더 좋은 프로덕트를 만들어낼 기회를 수 없이도 놓쳤기 때문이죠. 원인은 바로 고객 문제와 핵심 원인에 집중하지 못하고 결정들을 내린 제게 있었습니다.

"화장품 제품군의 매출을 획기적으로 성장시켜라."

쿠팡 제품 조직에 근무할 때 화장품 제품군의 매출을 획기적으로 성장시키는 미션을 부여받은 적이 있었습니다. 이제부터 이 미션을 수행한 과정을 '제품 개선 순환 과정'에 맞춰 따라가면서 어떤 실수가 있었는지 반면교사로 삼아 원칙의 중요성을 설명해보겠습니다.

제품 개선 순환 과정

우선 제 원칙을 효과적으로 이야기를 전달할 장치로써 한 가지 개념을 짚고 넘어가겠습니다. 바로 제품 개선 순환 과정Product Iteration Cycle(이하 'PIC')이라는 프레임워크입니다. PIC는 고객이 쓰고 싶은 제품일 확률을 높이는 과정입니다. **즉, 필수적이고 본질적인 고객 문제를 잘 해결해줘서, 고객이 만족하고 너무 만족해서, 돈을 내서라도 계속 쓰고 싶은 프로덕트를 만들어낼 확률을 높이는 프레임워크인 겁니다.** 더 나은 제품을 만드는 역할과 책임을 가진 PM으로서 이 과정은 일상의 대부분이라고 볼 수 있죠.

이 프레임워크의 탄생 배경은 콜린 머레이의 논문에 있습니다. 저자는 어떻게 제품 개발 과정이 선형적 과정에서 순환하는 사이클로 발전하게 되었는지 연구했습니다. 논문에 따르면 마이크로소프트가 수많은 시장 조사와 사용자 조사를 수행했음에도 개발 과정에서 초기 제품 스펙의 30%를 수정하고, 개발 완료 후에 기능의 20~25%가 사용자에게 외면받아 버려진다고 합니다. 왜* 이런 불상사가 있어났을까요?

과거 IT 붐이 일었던 80~90년대에는 수개월 또는 수년을 걸쳐서 작성한 수백 장의 제품 기획서에 기반해 제품을 만들어 시장에 출시했습니다. 신중한 시장과 사용자 니즈 분석을 통해 엄청난 개발 리소스를 투입해 완성도 높은 제품을 만들어 출시하는 데 집중했죠. 하지만 이런 노력에도 시장과 사용자에게 외면받는 실패 상품들이 생기자 초기 개발 리소스 투자 리스크에 대한 더 냉정한 평가가 이루어지게 되었습니다.

---

* "Microsoft has reported a 30 percent change of features within product specification documents, and an additional deletion of 20 to 25 percent of features originally included as part of the product specification." 콜린 머레이(Collin Murray), MIT, 〈Lean and agile software development : a case study〉, p14.

애자일 소프트웨어 개발과 PIC

실패에서 얻은 교훈을 통해서 애자일 소프트웨어 개발이라는 제품 개발 방식이 탄생했습니다. 좋은 프로덕트, 즉 사용자가 좋아서 쓰게 되는 제품을 만들어낼 확률은 우리 생각보다 낮다는 깨달음이 있었고 결국 사용자가 써보기 전에는 우리 가설이 맞는지 알 수 없다는 배움의 바탕이 되었죠. 이 방식을 채택한 조직들은 겸손한 자세를 기반으로 과한 초기 개발 리소스 투자를 경계합니다. 가설을 검증할 수 있는 최소한의 제품 요건과 리소스를 투자해서 사용자 피드백을 얻는 데 집중하죠.

이를 가능하게 하는 제품의 형태를 MVP^{minimal viable product}라고 부릅니다. MVP를 만들어 사용자의 피드백을 기반으로 지속적으로 개선에 대한 가설을 세우고 검증하고 피드백을 받습니다. 이 과정을 반복함으로써 진정으로 사용자 니즈/문제를 충족하고 해결하는 제품을 구현하는 데 가까워지는 순환 과정을 밟는 거죠. 이를 통해 PIC라는 프레임워크가 탄생하게 되었고, 우리가 알고 있는 유수의 빅테크 회사들은 대부분 PIC를 제품 개선 프로세스의 뼈대로 삼고 있습니다.

• PIC의 단계와 단계별로 하게 되는 핵심 고민 •

	기회 포착	가설 수립	실행	가설 검증
목적	"고객은 이런 니즈가 있는데 불만족한다. 이 문제가 가장 시급하고 해결하면 사업 목표 달성할 수 있다."	"가장 시급한 고객 문제의 핵심 원인은 이렇다. 이렇게 풀면 해결되고 기대 효과가 날 것이다."	"핵심 원인과 더불어 제한된 시간과 리소스를 고려해서, 이런 요건을 갖추어 1차 가설을 검증하자."	"고객 문제가 해결/해결되지 않았고 목표가 달성/달성되지 않았다. 이유는 이러하니 다음엔 저렇게 해보자."
고민	• 어떤 문제가 가장 임팩트가 클까?	• 이 문제의 핵심 원인은 무엇일까?	• 어떤 기능이 문제해결에 필수일까?	• 문제가 풀렸나? 왜? • 목표가 달성 되었나? 왜?

PIC는 그림과 같이 4단계로 나눠서 고민을 합니다.* 단계별 고민의 해답을 얻어내기는 정말 어렵습니다. 수많은 선택의 기로를 맞이하고, 어떤 선택지가 더 나은지 판단하기 어려운 상황이 많습니다. 현실에서는 여유롭게 판단할 시간도 충분한 정보도 주어지지 않죠. 고민할 만큼 가치가 있는 고민인지, 판단을 내리기에 충분한 정보를 확보하고 소화했는지, 그리고 어떤 기준으로 판단을 내려야 할지 매번 모호하기만 합니다. 그럴 때마다 우리가 풀려는 고객 문제가 **필수적이고 본질적인지, 고객 문제의 핵심 원인이 내가 생각한 게 맞는지 되짚어봐야 합니다.** 그러면 항상 북을 가리키는 나침반처럼 짙은 안개가 걷히고 명확히 가야 할 방향이 보입니다.

이제부터 "화장품 제품군의 매출을 획기적으로 성장시켜라"라는 미션을 수행하면서 제가 어떤 후회되는 판단들을 했는지 PIC 4단계를 따라가며 본격적으로 소개하겠습니다. 변명이 될 수 없지만, 이해를 돕기 위해 왜 후회되는 판단을 하게 되었는지 배경도 함께 설명드리려고 합니다. 함정이 항상 도사리지만 이 원칙을 잘 지켜 어떻게 피할 수 있는지도 함께 말씀드리겠습니다.

PIC 1단계 : 기회 포착

기획 포착 Discovery 단계에서는 **"고객에게 이런 니즈가 있는데 불만족스러워한다. 이 문제가 가장 시급하고 만족시켜(해결해)주면 사업 목표를 달성할 수 있다"**라는 말을 확신을 가지고 할 수 있어야 합니다. 따라서 어떤 고객 문제를 풀면 목표가 달성될지 고민해야 합니다.

---

*   출처별로 단계 수나 단계를 지칭하는 명칭은 약간씩 다를 수 있으나 대동소이합니다.

"화장품 제품군의 매출을 획기적으로 성장시켜라"라는 미션을 부여받아 실행한 1단계를 본격적으로 다루기 전에, 당시 회사의 상황과 제품에서 돕고자 했던 사업 목표, 전략, 전술과 방향성을 설명해보겠습니다.

때는 뉴욕 증권거래소에 쿠팡 주식이 최초로 거래되기 시작한 2021년 3월 11일이었습니다. 계산된 적자를 감수하며 폭발적인 매출 성장을 목표로 달리던 사업 목표는 수익성 제고로 초점이 옮겨가고 있었습니다. 이에 따라 새로 전사에 선포된 사업 목표와 전략은 다음과 같았습니다.

- **사업 목표** : 매출과 수익 두마리 토끼를 잡는다.
  - **전략** : 매출 성장 가능성과 수익성 높은 뷰티 카테고리 매출 증대
  - **전술** : 고가 브랜드 화장품 셀렉션 매입, 판촉, 할인

쿠팡 조직 규모상 여러 사업실과 팀이 존재하고 이 전략은 사업 목표 달성을 위한 여러 전략 중 하나였습니다. 여러 사업 조직이 각자 사업 목표 달성을 가능하게 할 사업 전략을 세워서 리더에게 전달하면, 가장 타당하다고 평가되면서 제품 조직 지원이 필요하거나 시너지가 날 전략에 제품팀들이 붙는 식입니다. 제가 리딩하는 팀이 할당받은 미션은 매출 성장 가능성과 수익성 높은 뷰티 카테고리 매출 증대였습니다.

오판

제품 전략을 짜기 위해서는 먼저 사업 전략과 전술을 이해할 필요가 있었습니다. 제가 이해한 사업 조직에서 목표 달성을 위해 위 전략을 채택

한 주요 근거는 다음과 같았습니다.

1. **수익성이 좋다.**
   - 제품 부피가 작아 창고와 배송 비용이 낮고
   - 공산품에 가까워 유통기한이 길어 폐기율이 낮고
   - 소모품이라 구매 빈도와 묶음 구매율이 높다.
2. **매출 성장 잠재력이 크다.**
   - 국내 화장품 시장 규모가 크고
   - 온라인 침투율은 높지 않지만 빠르게 늘고 있고
   - 경쟁사 대비 쿠팡의 시장 점유율이 낮다.
3. **고가 브랜드 매출 점유율이 특히 낮다.**
   - 점유율이 낮고
   - 판매 브랜드도 적고
   - 품목도 적다.

한마디로 요약하면 "제품군 특성상 화장품이 수익률은 높은데 경쟁사에서 팔리는 만큼 쿠팡에서는 안 팔리고 있고 특히 고가 브랜드 세그먼트가 그렇다"는 겁니다. 톱다운으로 내려온 제품 전략과 로드맵이 있는 게 아니라면 PM은 사업 목표와 전략을 이해하고 정렬된 제품 전략과 전술을 짜게 됩니다. 저는 기획 포착 단계에서 고객 문제를 이렇게 말했습니다. "쿠팡에서 판매하는 화장품을 사려고 할 때, 고객이 **품질에 만족할지 확신이 없는 게 가장 시급한 문제**고, 제품 내 탐색/구매 여정에서 제품에 대한 정보 비대칭이 그 핵심 원인이다." 이에 따라 당시 제가 리딩했던 팀의 최초 전략과 구사한 전술은 다음과 같았습니다.

- **제품 목표** : 뷰티 카테고리 매출 증대
  - **전략** : 제품 품질 신뢰도 개선을 통한 탐색/구매 퍼널 효율 개선
  - **전술** : 제품 정보 비대칭 해소

화장품 품목 매입, 판촉, 할인을 통해 고가 브랜드 매출 증분을 가져가려는 전술에도 도움되면서, 화장품 카테고리 전체 퍼널 전환율을 획기적으로 높여 사업 목표인 뷰티 카테고리 매출의 획기적인 증대를 달성할 수 있을 것이라 생각했습니다. 결론부터 말씀드리면 목표 달성에 실패했습니다. 왜 실패했을까요? 쿠팡에서 판매하는 화장품을 사려고 할 때, **고객이 품질에 만족할지 확신을 가질 수 없는 것이 필수적이고 본질적인 고객 문제가 아니었기 때문입니다.** PIC 프레임워크의 첫 단계, 즉 기획 포착 단계의 주목적인 '**고객에게 가장 중요하면서 사업적 가치가 큰 고객의 미충족 니즈**unmet needs**와 핵심 문제**'를 놓친 겁니다. 해결했을 때 목표가 달성될 필수적이고 본질적인 고객 문제를 발굴하는 데 실패한거죠. 품질에 대한 불확신이 부수적이거나 피상적인 고객 문제였던 겁니다.

함정

쿠팡의 화장품 카테고리 매출의 성장이 더딘 필수적이고 본질적인 고객 문제는 **고객이 원하는 고가 럭셔리 화장품 브랜드와 품목이 쿠팡에 없기 때문이었습니다.** 왜 이런 어이없는 오판이 제재 없이 받아들여졌을까요?

함정 요인은 크게 2가지였습니다.

- **부서간 장벽과 충돌하는 이해관계**로 인해서
    - 사업 조직은 가장 시급한 고객 문제의 실마리를 들고 있지만 제품 조직은 체감할 만큼 고객 문제와 핵심 원인에 대해서 충분한 공유받지 못했고
    - 사업 조직은 사업/마케팅 활동(제품 매입, 판촉, 할인)으로 충분히 목표가 달성될지도 모르는데 해보기도 전에 제품 조직의 협조를 요구하기 쉽지 않고
    - 제품과 사업 조직은 선호하는 KPI가 다르기 때문에 각자 선호하는 KPI에 맞는 고객 문제를 해결하는 전략을 수립하는 경향이 있다.
- **제품도 나름 그럴싸한 고객 문제와 원인을 발굴**해서 들고오다 보니
    - 사업 조직은 나름 설득되어 제품 조직의 제안을 꺾을 만큼 크게 이견을 가지지 않게 되고
    - 제품 조직은 전략 수립 기한이 있다 보니 시간 내 발견된 문제 중 하나에 타협하고
    - 제품 조직은 케이스를 만든 주체로서 터널 시야 현상에 빠져 이미 정의 내린 고객 문제와 핵심 원인에 이견을 가질 만큼 자기 객관화가 어렵다.

회사 규모에 따라 다를 수 있지만 정말 얼리 스테이지early-stage가 아닌 이상 회사는 일정한 주기로 사업과 제품 등 핵심 조직들의 계획을 수립하고 실행하고 회고합니다. 즉 이 고민을 마무리하고 실행 단계로 넘어가야 하는 기한이 있다는 겁니다. 그리고 회사마다 다르지만 보통 사업 조직과 제품 조직은 아무리 끈끈하다고 해도 엄연히 조직 구조상 구분이 되어 있습니다. 범 조직 TF 구성 등의 방법으로 협업을 독려해도, 동상이몽까지는 아니어도 각자 목표 설정과 달성 계획을 따로 고민하고 준비하는 시기

가 있기 마련입니다. 그럴 때 앞서 언급한 함정이 강하게 작용합니다. 각 함정을 더 자세히 알아볼까요?

사일로된 조직구조와 충돌하는 이해관계

사업 조직은 이미 'right problem'에 대한 실마리를 가지고 있었습니다.

1. 이미 존재하는 화장품 시장과 규모 내에서
2. 온라인에서 판매되는 매출 규모 중 쿠팡의 점유율은 뒤떨어진 상태였는데
3. 특히 고가 브랜드 매출 점유율이 작았고 그 원인은 선호하는 브랜드가 없고
4. 있더라도 좋아하는 품목이 없다.

사업 조직은 이미 시장 조사와 쿠팡 내 고객 구매 데이터를 통해

1. 고객은 쿠팡에서 주로 로션/스킨 같은 보습/기초 화장 제품군을 구매한다는 사실과
2. 쿠팡은 색조화장 제품군이 없을 거라는 인식과
3. 실제로 있기는 하지만 한국 화장품 시장 점유율의 상위에 포진해 있는 주요 메이크업 브랜드의 품목이 실제로 별로 없다.

는 사실에 기인한다고 추정하고 있었습니다.

이런 실마리들은 탐색 여정에 대한 제품 사용성 테스트나, 퍼널 분석이나, 심층 인터뷰로는 발견하기 쉽지 않습니다. 더 넓은 시야로 시장 현

황market landscape 레벨에서 사용자 니즈와 문제를 고민해야 발견할 수 있습니다. 전사적인 관점에서 각 기능 조직이 다함께 모여 고객 문제를 고민해야 발견될 확률이 높아지는 겁니다. 고객이 너무나도 중요하다고 생각하고 풀리지 않아 괴로워하는 필수적이고 본질적인 문제인지는 모두 각자의 관점을 기여하고 복합적으로 생각하고 고민해야 발견됩니다. 근데 이게 쉽지 않습니다. 제품 조직도 나름 그럴싸한 고객 문제를 들고오기 때문입니다.

제품 조직 나름 그럴싸한 고객 문제와 원인 발굴

제품 조직에서 목표 달성을 위해 앞에서와 같은 잘못된 전략을 채택한 주요 근거는 다음과 같습니다.

1. 찾는 고객이 꽤 많다.
    a. 화장품 검색 키워드 트래픽이 타 카테고리에 준하고
    b. 화장품 제품 상세페이지 트래픽 역시 밀리지 않으며
    c. 구매 고유고객 역시 큰 차이 없다.
2. 비교할 만한 침구류나 캐주얼 의류에 비해 퍼널 효율이 낮다.
    a. 제품 상세 진입 대비 결제나 장바구니 전환율이 낮으며 장바구니 포기율이 높고
    b. 리뷰 탐색율과 리뷰 탐색 시간이 상대적으로 낮은데
    c. 제품 상세페이지 탐독율은 비슷하다.
3. 고객이 제품 품질에 대한 불확실성으로 구매 허들을 느낀다.
    a. 몸에 쓰는 제품인만큼 품질에 대해서 깐깐한데

b. 온라인 쇼핑 특성상 직접 테스팅이 어렵고

c. 품질에 대해 간접적으로 파악할 수 있는 정보가 부족하다고 느낀다(예를 들어 화장품에 특화된 발림성 같은 리뷰 항목이나 제품 성분 같은 제품 상세 정보).

한마디로 요약하면, '구매 의사를 보이는 고객은 꽤 있는데, 탐색과 구매 결정 여정에서 전환율이 낮고 품질에 대한 신뢰가 주요 문제다'라는 겁니다. 고객에 대한 정성/정량 리서치를 했을 때 뭔가 조각들이 제자리에 맞아들어가는 느낌이 들면, 기대효과 측정 과정에서 예측 모델에 의지치가 반영되는 지표들에 힘이 들어가기 마련입니다. 즉, 사업 목표의 매출이나 순이익 목표치에 달성이 가능해 보이는 기대효과가 산정됩니다. 이럴 때는 관성적으로 제품 탐색과 구매 결정 과정의 UI/UX 문제를 발굴하고 개선하는 게 독이 됩니다.

- 직접 사용자 인터뷰 모더레이팅*을 하면서 일관성 있는 VOC들을 귀에 못이 박히게 듣고
- 유관 퍼널들의 전환율이 고객 VOC를 뒷받쳐주고
- 점점 이렇게 근거가 쌓이고 쌓이면 생각이 확고해지고
- (아님에도) 필수적이고 본질적인 문제라고 자기 최면을 걸게 되는 신기한 경험을 하게 됩니다.

---

* 인터뷰 참여자가 조사 목적에 필요한 답변을 편하게 할 수 있게 질문을 제시하고 답변을 이끌어내는 행위

프로덕트 매니저 PM · PO 원칙

이게 정말 명확한 고객 문제인지 여부와, 필수적이고 본질적인 고객 문제인지 여부를 묻는 건 완전 다른 질문이라는 점을 망각하게 됩니다. 물론 언젠가 해결해야 할 고객 문제겠지만, 야심찬 사업 목표를 달성해줄 가장 시급한 고객 문제는 아님에도 받아들여집니다.

고민될 때 : 고객 문제와 핵심 원인에 집중하세요

당시 제 머릿속에는 다음 생각이 돌아다녔습니다.

- **정석대로 하자.** 고객의 구매 여정을 관찰해서 미충족 니즈의 핵심 문제와 원인을 정의하자.
- **시간 내 확인된 문제 중 가장 큰 것부터 해결하자.** 사업이랑 가장 시급한 문제, 원인, 해결 방안을 협의하면서 준비하면 제때 제품 전략이랑 로드맵이 안 나올거 같은데... 우선 초안은 따로 준비해야겠다.
- **이걸 문제를 푸는 것도 분명히 시간낭비는 아니다.** 엇. 사업은 다른 문제가 가장 시급하다네... 제품 조직에서 준비한 문제도 명확한 고객 문제인데 이걸로 밀어붙여야겠다.
- **일 크게 만들지 말고 이번 분기는 이렇게 가자.** 근데 사업에서 정의한 고객 문제와 핵심 원인이 매우 공감되네... 제시한 전술에 제품적 개선까지 더해지면 시너지가 엄청날 것 같은데 어쩌지? 우선 이번엔 이렇게 가자.

완벽한 실수였습니다. 저와 같은 실수를 하지 않으시려면, 고객이 너무나도 중요하다고 생각하고 풀리지 않아 괴로워하는 필수적이고 본질적인 문제인지 생각하고 판단해야 합니다. 커머스의 본질은 애초에 고객이 원하는 물건이 있어야 하지 않나? 퍼널 전환율의 최적화에서 기대되는 매출 증분이 과연 고객이 찾는 물건의 구색을 탄탄히 갖추면 기대되는 매출 증분보다 높나?

이런 본질적인 질문을 할 수 있어야 하고 제대로 된 답변을 할 수 없다면 판단을 내리면 안 됩니다. 그러려면 이게 고객에게 필수적이고 본질적인 문제인지 계속 의심하고 고민해야 합니다. 그래야 비로소 이런 함정들을 피할 수 있고 필수적이고 본질적인 고객 문제를 발굴하고 정의할 수 있게 됩니다.

제 시행착오는 두 번째 단계인 가설 수립에도 이어집니다. 필수적이고 본질적인 고객 문제는 아니지만, 명확한 고객 문제였던 품질 신뢰 이슈에 대해 핵심 원인을 잘못 짚은 사례를 이어서 말씀드리겠습니다.

PIC 2단계 : 가설 수립

PIC 프레임워크의 두 번째 단계인 가설 수립 단계Hypothesis Building에서는 **"가장 시급한 고객 문제의 핵심 원인은 이렇다. 이렇게 풀면 해결되고 기대효과가 날 것이다"**라는 말을 확신을 가지고 할 수 있어야 합니다. 그리고 이 말을 자신 있게 할 수 있기 위해서 문제의 핵심 원인을 고민하게 되죠. 문제의 핵심 원인을 제대로 정의해야 문제를 해결할 솔루션 가설을 만들 수 있기 때문입니다.

오판

저는 이 단계에서 이렇게 말했습니다. "쿠팡에서 판매하는 화장품을 사려고 할 때 내가 품질에 만족할지 확신이 없는 게 가장 시급한 문제고, **탐색/구매 여정에서 제품에 대한 정보 비대칭이 그 핵심 원인**이다." 결론부터 말씀드리면 **사용자가 이 제품이 정품인지 의심되고 불안한 게 고객 문제의 핵심 원인**이었습니다.

앞서 말씀드린 바와 같이 쿠팡에서 화장품을 찾는 고객들은 질 좋은 신선식품이나 생필품을 최저가에 편리하게 구매하고 배송받은 경험을 바탕으로, 본인들이 항상 쓰는 화장품인데 다른 구매처에서 사던 것이 쿠팡에는 있는지 궁금해서 찾는 고객들이었습니다. 이런 고객들은 이미 물건 자체에 대해서 정보 비대칭이 낮습니다. 이미 구매해 써봤으니까요. 물론 새로운 제품을 발견하는 경우도 있겠지만 성장여지room for growth가 크다고 할 만큼 해당 고객 세그먼트는 크지 않았습니다.

그렇다면 왜 고객은 정품인지 확신을 가질 수 없었을까요? 크게 3가지 이유었습니다.

1. **쿠팡에서 팔 것 같지 않다고 생각했기 때문에.** 쿠팡은 양말이나 휴지 같은 생필품을 주로 팔 것 같고, 그러다 보니 쿠팡 고객들은 MAC이나 BOBBI BROWN 같은 고가 메이크업 브랜드 제품을 안 팔 것 같다는 인식을 가지고 있었다.
2. **쿠팡에서 사본 적이 없기 때문에.** 쿠팡에서 고가 화장품 브랜드 제품을 사본 경험이 없고 주변에 사봤다는 사람 이야기를 들어본 경우도 흔치 않았다.

3. 가품 이슈는 아니지만, 신뢰 이슈에 대해서 들어본 적이 있기 때문에. 간혹 맥북을 주문했는데 벽돌이 왔다는 기사도 가끔 보이고, 쿠팡 직매입 로켓 배송 제품은 아니지만 입점 셀러가 가품을 팔았다는 경우를 들어봤다.

즉, 제품 품질에 대한 의심은 이게 정품이냐는 의구심으로 귀결되었습니다. **그럼에도 왜 쿠팡에서 이러한 제품들을 계속 검색하는 걸까요?** 쿠팡 가격이 가장 저렴하고 결제 과정도 편하고 배송도 빠르다는 신뢰가 있기 때문입니다. 편하게 결제하고 배송받고 심지어 맘에 안 들면 반품도 간편한 곳이라는 경험과 인상을 가지고 있는 거죠.

함정

이렇게 분명한 실마리가 존재했음에도 저는 왜 핵심 원인을 놓쳤을까요? 제가 경험했던 함정으로 작용한 요인은 크게 2가지였습니다.

1. **터널 시야 효과로 인해서**
   a. 정성/정량 고객 리서치가 능숙할수록 결과물에 강하게 의존하고
   b. 성공 경험이 쌓이면 고객 VOC와 행동 데이터를 과신하게 되는데
   c. 표면적인 VOC에서 머물고 깊이 있는 고객의 생각, 감정, 행동의 원인을 찾는 능력이 부족해 위 두 가지 요인으로 인해 지엽적인 원인을 핵심 원인으로 오판하게 되었다.
2. **선도사 벤치마크 과신으로**
   a. 선도사 벤치마크에서 비슷한 원인을 해결하는 기능을 보면 더 믿음이 강해지고

b. 핵심 원인에서 벗어난 원인도 뭔가 근거가 탄탄하고 중요해보이는 착시현상에 빠졌다.

터널 시야 효과

터널 시야 현상은 전투기 조종사가 비행기를 수직 급상승시킬 때 앞면 가운데를 제외한 주변부가 갑작이 시야에서 사라지는 현상을 말합니다. 전체를 보지 못하고 지엽적인 사항만 볼 때를 가리키죠. 핑계 같지만 사용자 경험 리서치*와 벤치마크 스터디를 종합하면 터널 시야 효과로 생긴 오판이 맞는 소리처럼 들립니다. 지엽적인 원인이 핵심 원인처럼 보이는 겁니다.

실제로 쿠팡 고객들은 쿠팡에서 본인에게 '맞는' 화장품인지 아닌지 정보를 얻을 수 없었습니다. 화장품은 제품군별로 다양한 구매 포인트가 있습니다. 립스틱이면 광택이 있는지 없는지, 아이샤도우는 어떤 피부톤에 잘 맞는지, 파운데이션은 발림성이 좋은지 나쁜지처럼요. 예를 들어 선크림에는 크게 2가지 유형이 있습니다. 무기자차와 유기자차. 무기자차는 지속력이 좋은 대신에 잘 씻기지 않고 바르면 허옇게 뜨는 백탁현상이 있습니다. 유기자차는 2시간 내외인 비교적 짧은 시간 동안 지속되는 대신에 쉽게 씻겨나가고 백탁현상이 없습니다. 오프라인 구매처에서는 이런 구매 포인트를 곧바로 확인할 수 있습니다. 매장 직원에게 물어보면 그자리에서 답을 주죠. 반면 온라인 쇼핑에서는 확인이 어렵죠. 성분이 적혀

---

*   User Experience Research, UXR

있어도 이런 특성까지 잘 설명되어 있지 않습니다.

실제로 "쿠팡 고객들은 쿠팡에서 본인에게 '맞는' 화장품인지 아닌지 정보를 얻을 수 없었다"라는 가설을 뒷받침하는 다음과 같은 정량적 근거가 있었습니다.

- 제품 상세 진입 대비 결제나 장바구니 전환율이 낮으며 장바구니 포기율이 높고
- 리뷰 페이지 진입율은 높은데 탐색 시간이 상대적으로 낮고
- 제품 상세페이지 탐독율은 비슷함

이 제품에 대한 정보 비대칭을 해결하려는 흔적이 타 고객의 리뷰 탐색 데이터로 남아 있었습니다. 다른 유사 카테고리 대비 구매 전환율이 낮은 상태였습니다. 이렇게 정량적 근거가 보이면 정량적 데이터의 What과 정성적 데이터의 Why가 퍼즐 조각처럼 딱딱 맞는다는 느낌을 받게 됩니다. 이제 주변에서 뭐라고 해도 (오해에서 비롯된) 이 핵심 원인을 풀어야겠다는 생각이 들게 되는 거죠.

선도사 벤치마크 과신

다른 회사의 제품 조직도 열심히 고객 문제를 발굴하고 가설을 세워서 검증하고 있었기에, 예를 들어 화해 같은 화장품 버티컬 카테고리 선도사에서 유사한 문제를 푸는 기능이 주요 기능으로 자리잡았다면, 고객 리서치를 통해 발견된 유사한 원인이 핵심 원인이라는 생각이 더욱 굳건해졌습니다. 즉 탐색/구매 여정에서 제품에 대한 정보 비대칭이 그 핵심 원인

이라는 오판이 더욱 굳건해진 겁니다.

화해는 고객 문제의 위 핵심 원인을 극복하기 위해, 사용자가 테스팅을 직접 안 해도 구매하기 전에 필수로 확인하고 싶은 정보를 확인할 수 있게 프로덕트를 구현했습니다. 제품의 특성에 따른 소구점이나 성분도 잘 설명되어 있고요. 그렇다면 **왜 화해 고객에게 필수적이고 본질적인 고객 문제가 쿠팡 고객에게는 부수적이거나 피상적인 문제였을까요?** 화해는

1. 신생 브랜드 제품이 많다 보니

   a. 인지도 높은 브랜드 제품들보다 주변에 쓰는 사람이나 후기가 흔하지 않고

   b. 오프라인 판매처에 흔치 않다 보니 새로운 구매를 온라인에서 하게 되어서

   c. 구매 포인트에 대해서 다른 고객의 리뷰가 구매 결정에 필수적이었다.

2. 또한 젊은 여성 고객군이 중심이어서

   a. 내추럴 성분이나 자연 친화적인 성분의 제품을 선호하는 고객 비중이 높고

   b. 꼼꼼히 구매 결정 전에 따져보는 여성 고객 비중이 높아서

   c. 성분을 세세하게 알려주고 풀어서 설명하는 게 필수적이었다.

고민될 때 : 고객 문제와 핵심 원인에 집중하세요

고객 인터뷰와 사용성 테스트 결과, 제품 주요 퍼널 데이터, 벤치마크 스터디 모두 구매 여정의 정보 비대칭이 쿠팡에서 화장품 구매 결정을 망설이는 핵심 원인이라고 가리키고 있었습니다. 왜 정품인지 의심한다는 핵심 원인은 찾지 못했을까요?

고객 VOC의 표면적인 말만 듣고 잠재 핵심 원인들을 정의했고, 이미 마음이

가 있는 원인에 대한 VOC들 위주로 귀를 기울였기 때문입니다. 사실 제품 특성적인 발림이나 성분에 대한 질문 외에도 VOC들이 있었습니다, "이 제품 원산지가 어디에요? 일본에서도 에스티 로더를 만드나요?", "이 앰플 원래 비싼데 가격이 엄청 싸네요! 혹시 유효기간은 얼마나 남은 거에요?" 이런 질문들의 근간에는 어떤 생각이 있을까요? 고객은 어떤 감정을 느끼고 있을까요? 고객은 화면에서 어떤 행동을 보이고 있을까요?

- 하는 말 : "이 제품 원산지가 어디에요? 일본에서도 에스티 로더를 만드나요?"
  - 생각 : 이거 짝퉁 아니야?
  - 감정 : 불안감
  - 행동 : 해당 제품 브랜드 샵 페이지에 들어가서 다른 제품은 뭐가 있는지 확인
- 하는 말 : "이 앰플 원래 비싼데 가격이 엄청 싸네요! 이게 가능해요?"
  - 생각 : 이거 짝퉁 아니야?
  - 감정 : 불안감
  - 행동 : 리뷰를 들어가서 별점 1점짜리 리뷰만 필터함

고객의 생각과 감정은 VOC를 관찰해 얻은 당시 고객의 행동을 제 주관으로 해석한 결과지만, 크게 사실과 다르지 않을 것 같습니다. **고객이 하는 말과 행동을 유심히 관찰하고 표면적인 말의 근간에 있는 생각과 감정을 깊이 있게 고민했다면,** 쿠팡에서 판매하는 화장품 품질에 대한 불신의 핵심 원인이 정품 여부에 대한 의심이라는 걸 발견했을 겁니다.

내가 만족하고 잘 쓰고 있는 화장품을 최대한 싸고 빠르게 내 손에 쥐고자 찾는 곳이 쿠팡 고객의 핵심 니즈라는 본질을 놓쳤을 때, 이미 핵심

원인을 제대로 알아볼 눈이 없었던 겁니다. 그나마 고객은 VOC를 통해 실마리들을 쥐고 있었지만 이미 터널 시야 효과에 빠지고 벤치마크 사례를 과신하면서 표면적인 내용만 듣고 한귀로 흘려들었죠. 그러므로 해결하려는 고객 문제가 어떤 니즈를 충족하는 데 방해되는지 항시 생각하고, 이 원인이 해결되면 과연 고객 문제가 풀리는지 비판적으로 바라봐야 합니다.

제 시행착오는 세 번째 단계인 실행에서도 이어집니다. 비록 필수적이고 본질적인 고객 문제는 아니었지만 품질 신뢰 이슈의 핵심 원인인 정품 여부에 대한 의심을 불식시킬 핵심 요건과 가설 수립이 미흡했던 사례를 말씀드리겠습니다.

PIC 3단계 : 실행

PIC 프레임워크의 세 번째 단계인 실행Execution 단계에서는 **"핵심 원인과 더불어 제한된 시간과 리소스를 고려해서, 이런 요건을 갖추어 1차 가설을 검증하자"**라는 말을 확신을 가지고 할 수 있어야 합니다. 그리고 이 말을 자신 있게 할 수 있기 위해 문제의 핵심 원인 해결에 어떤 기능이 필수일지 고민하게 되죠. 시간과 자원은 한정되어 있고 혁신의 속도에 따라 회사의 흥망성쇠가 결정되기 때문입니다.

2단계에서는 정보 비대칭이 지엽적인 원인임에도 핵심 원인이라고 오판하고 가설을 수립했습니다. 3번째 단계인 실행 단계부터는 핵심 원인을 신뢰성 부재에 있다고 제대로 판단했지만, 가설을 수립하는 과정에서 오판하고 실행하고 검정한 이야기를 다뤄보겠습니다.

오판

저는 이 단계에서 이렇게 말했어요. **"쿠팡이 직매입하는 정품이라는 사실과 편리한 반품 과정을 강조**하면, 품질 신뢰 고객 문제의 핵심 원인인 정품에 대한 의심과 불안감이 해소될 것이다." 결론부터 말씀드리면 **화장품 브랜드 본사 제품인 정품이라는 점과 브랜드 로고의 시인성을 높이는 피처들이 가장 큰 구매 전환율 증분을 가져다 주었습니다.** 쿠팡 직매입이고 반품이 편하다는 커뮤니케이션보다는 직매입 제품이라는 사실과 편리한 반품 과정을 강조한 피처도 구매 전환율 증분을 가져왔으나 비교적 낮았습니다.

왜 이런 결과가 나왔을까요? 크게 2가지 이유였습니다.

1. **쿠팡에서 판매하는 점 자체가 의심의 원인이었기 때문에.** 쿠팡에서 팔 것 같지 않은 브랜드 제품들인데다가, 가품 이슈는 아니지만 신뢰 이슈에 대해서 들어본 적이 있었다.

2. **반품이 잘되서 리스크가 낮아지는 건 구매해볼 이유가 아니었기 때문에.** 반품이 잘된다는 요인은 고객이 살지 망설이다가 사게 되는 안심요인이 아니다. 혹시나 내가 생각한 발색이 아니거나 발송 과정에서 파손이 있어도 쿠팡은 빠르고 손쉽게 돈도 물건도 환불과 반품이 된다는 점은, 정품 여부에 대한 의심을 해소해주지는 않는다.

그렇다면 왜 브랜드 본사 제품이라는 메시지 강조와 브랜드 로고 시인성은 불안감을 해소해주고 가장 큰 구매 전환율 증분을 가져다 주었을까요? 고가 화장품 브랜드들의 후광효과가 작용했기 때문입니다. 수십 또는

프로덕트 매니저 PM · PO 원칙

수백 년간 쌓아온 브랜드 이미지를 상징하는 로고가 제품이 진품이라는 인상을 주었고, 쿠팡이 아닌 브랜드 본사가 주체가 되어 정품임을 주장했을 때 주장에 신빙성이 실린 겁니다. 즉, 고가 브랜드 화장품을 평소에 쓰시는 분들은 브랜드를 믿고 사는 것이었습니다. 쿠팡에서 해당 브랜드 본사 제품을 팔고 있다고 탐색 여정 곳곳에 강조하고 해당 브랜드 로고가 떡하니 여기저기 눈에 띄게 보이니 안심이 되었던 겁니다.

함정

저는 왜 핵심 원인을 해결할 가장 적합한 가설과 해당하는 요건을 제대로 정의하지 못했을까요? 제 경험이 함정으로 작용한 요인은 크게 2가지였습니다.

1. **공급자 관점에서 가설을 수립**한 결과
   a. 고객이 고객 문제와 원인을 겪는 맥락에 대한 깊은 고민을 하지 않게 되고
   b. 고객이 공감하기 어려운 백로그가 로드맵에 올라오기도 한다.
2. **최대한 많은 정보 수집에 집중**한 결과
   a. 다양한 이해관계자와 고객 VOC 사이에서 방향을 못 잡게 되고
   b. 방향을 못 잡을 때 팀 내부적으로 힘이 실리는 가설로 첫 시도를 하게 된다.

공급자 관점에서 가설 수립

고객 문제와 핵심 원인에 집중하지 않으면 '나와 동료들의 주관대로

고객이 원하는 프로덕트와 기능을 정의한다'는 부작용이 발생합니다. 고객 문제와 핵심 원인에 대한 확신이 없을수록 뭔가 만들고 실험하는 행위를 통해 안정감을 찾게 되죠. 확신이 없을수록 문제와 원인에 대한 고민이 골치 아프기에 빨리 실행 단계로 넘어가고 싶어집니다. 그러면 고객이 공감할 수 없는 다음과 같은 가설들이 그럴듯하게 들리고 결국 실행 단계로 넘어가게 됩니다.

1. **가설 1** : 쿠팡은 고객이 안심하고 쿠팡 로켓 제품을 구매할 수 있도록 품질보증을 위해 매입, 재고관리, 배송, 환불, CS 응대를 모두 직접 한다는 사실을 더 강조해서 알려준다.

2. **가설 2** : 가격이 너무 싸면 고객이 정품인지 의심하니까 경쟁사 가격 대비 조금만 싸게 가격 책정 알고리즘을 바꾼다. 사업에서 운영하는 판촉과 할인 정책이 영향을 받겠지만 실험해볼 만하다.

1번 가설을 검증해본 결과 고객은 크게 관심 없었습니다. 공급자 관점에서 매우 신뢰간다고 느낄지 몰라도 고객은 관심 없었던 겁니다. 쿠팡이 직접 매입해서 판매하고 책임진다는 메시지는 쿠팡 직원들만 공감합니다. 고객 관점에서는 난 모르겠고 쿠팡에서 팔 것 같지 않고 사본 적도 없는데 가격도 진품이라기에 믿기 어려울 정도로 싸다는 겁니다. 쿠팡이 매입하고 책임진다는 건 신뢰 문제의 핵심 원인인 정품인지 의심되는 고객의 불안감을 해소하기에는 부족했습니다.

2번 가설은 다행히 검증까지 가지 못했습니다. 근시안적인 솔루션이기 때문입니다. 최저가를 유지하면서 제품이 정품이라고 신뢰할 수 있게 된다면 싼 가격은 핵심 경쟁력이자 고객 WOW 요소가 됩니다. 하지만 이 가설을 시도하면 정품이라 믿게 하는 데 성공하더라도, 사업과 제품 목표인 매출 극대화를 달성하지는 못할 겁니다. 약간의 가격차는 일시적인 프로모션이나 적립금 같은 변수로 인해 가격 경쟁력을 잃을 수 있고 다른 플랫폼에 락인lock-in된 고객을 획득하는 데 실패할 것이기 때문입니다. 물론 베블런 효과와 같이 가격이 높을수록 수요가 높아지는 현상이 존재하지만 이 경우에는 해당되지 않습니다.

최대한 많은 정보 수집에 집중

고객 문제와 핵심 원인에 집중하지 않았을 때 생기는 부작용 중 하나가 최대한 많은 정보 수집에 몰두한다는 겁니다. 고객 문제와 핵심 원인에 대한 확신이 없을수록 내가 모르는 엄청난 실마리가 어딘가 존재하고 숨겨져 있을 것 같습니다. 확신이 없을수록 추가 정보를 수집하는 행위를 통해 안정감을 찾게 되죠. 아무리 많은 정보를 모아도 깊은 고민, 분석 능력, 논리력이 뒷받침되지 않으면 표면적인 해석에 머무르게 됩니다. 오히려 부수적인 정보에 파묻혀 본질적인 문제와 핵심 원인에서 멀어지죠.

이럴 때 흔히 결정 권한이 있는 본인과 동료 사이에서 가장 선호하는 가설을 검증하게 됩니다. 고객의 니즈나 문제를 겪는 맥락이랑은 무관하게 인기투표가 되곤 하죠. 멀리해야 할 제품 개선 방식이고, 좋은 프로덕트를 만드는 방법은 민주주의가 아님을 명심해야겠습니다.

고민될 때 : 고객 문제와 핵심 원인에 집중하세요

쿠팡에서 화장품을 맘 편하게 사기 어려운 현실은 품질에 대한 신뢰를 가지지 못한다는 고객 문제에서 기인했고, 이 문제의 핵심 원인은 제품이 진품인지 믿기 어렵다는 것까지는 정의 내렸습니다. 실행 단계에서는 어떤 기능이 필수인지, 핵심 원인에 맞는지 문제-솔루션 적합성^{problem-solution} ^{fit}을 잘 판단하는 게 중요하죠. 이럴 때가 **동료들의 가설과 논리에 비판적이어야 합니다.** 그리고 반문해야 합니다. 이 가설에 대한 요건들이 고객이 정품이라고 확신하는 데 충분할까? 고객이 쿠팡에서 고가 브랜드 화장품을 안심하고 살 수 있게 하는 데 충분히 도움될까? 쿠팡이 직매입하는 정품이라는 사실과 편리한 반품 과정을 강조하면 안심할 수 있을까?

- 비판적 사고 1 : 쿠팡 직매입 제품이 정품이라고 신뢰하지 않을 만한 이유가 뭐가 있지? 아... 쿠팡에서도 가품 이슈가 있었지. 물론 직매입 제품은 아닌 입점 셀러 제품이였지만 고객의 눈에는 어쨌든 쿠팡에서 가품을 팔고 있다고 생각하겠지.
- 비판적 사고 2 : 반품이 된다고 해서 신뢰하지 않을 만한 이유가 뭐가 있지? 아... 기대하고 샀는데 정작 가품이 도착하면 실망이 크겠지? 그 실망을 상상하면 진품인지 믿음이 안 가는데 애초에 사지 않겠구나. 환불하는 과정이 아무리 편해도 뭔가 추가로 해야 하는 불편함이 따르고.

검증하려는 가설에 대해서 엄격한 잣대로 재단하고 틀렸을 가능성을 잊지 않으면, 어떤 기능을 우선순위로 두고 실행을 해야 할지 확신을 가지고 팀을 운영할 수 있게 됩니다.

프로덕트 매니저 PM · PO 원칙

PIC 4단계 : 가설 검증

PIC 프레임워크의 가설 검증hypothesis validation 단계에서는 **"사용자 문제가 해결되지 않았고, 그 결과 목표가 달성되지 않았다. 이유는 이러이러하니 다음엔 이렇게 하자"**라는 말을 확신을 가지고 할 수 있어야 합니다. 그리고 이 말을 자신 있게 할 수 있기 위해서 문제가 풀렸는지와 목표가 달성되었는지 확인하게 되죠. 문제가 풀렸는데 목표가 달성되지 않았다면 왜 그러한지, 문제가 풀리지 않았다면 왜 그러한지 검증하고 다음을 정하게 됩니다.

오판

저는 이 단계에서 이렇게 말했습니다. "브랜드 본사에서 인증한 정품이라는 점을 적극적으로 탐색과 구매 퍼널에서 커뮤니케이션하고 브랜드 로고의 시안성을 높임으로써, 고객이 브랜드 화장품 제품들을 정품이라고 안심을 하고 구매할 수 있게 해주었습니다. 그로 인해 구매 퍼널 전환율이 큰 폭으로 개선되었고 사업과 제품 목표 달성에 더 가까워졌습니다."

목표가 달성된 것도 아니고 미달했다는 것도 아니고 가까워졌다는 게 무슨 말이죠? 애매모호한 결론임에도 당시 제품 조직 내 평가는 그리 나쁘지 않았습니다. KPI로 삼은 구매 전환율이 확실히 작지 않은 폭으로 증분이 있었기 때문이죠. 사업 목표에 미달했다는 점은 부인할 수 없었습니다. 사업 목표치만큼 매출과 이익이 성장하지 못했기 때문이죠. 사업 입장에서는 목표 미달이고 문제의식이 컸을 겁니다. 하지만 제품 조직에 속한 저와 제 팀은 제품에서 설정한 KPI와 목표치는 별도로 존재했기 때문에 사업 목표에 미달한 점은 그리 크게 부각되지 않았습니다.

함정

왜 한배를 탄 사업과 제품 조직이 같은 목표를 설정했고 분명히 미달했음에도 제품 조직은 긍정적인 평가를 이 단계에서 내릴 수 있었을까요? 함정 요인은 크게 2가지였습니다.

1. 사업과 제품 조직이 따로 목표와 전략을 수립해서
   a. 사업은 사업이 풀려고 하는 고객 문제를 해결했을 때 기대매출을 목표치로 삼고
   b. 제품은 사업 전략을 목표로 삼지만 매출과 성공지표와의 연결을 짓지 않아서
   c. 사업 목표치를 달성하는 데 필요한 제품 KPI의 목표치가 불일치할 수 있기 때문에
2. 비율과 관련된 지표는 착시효과가 있어서
   a. 아주 낮은 기준선에서 시작하더라도 일정 수준으로 오르면 뭔가 잘해보이고
   b. 성과를 책임지는 PM 입장에서는 어떻게는 성공으로 포장하고 싶은 유혹이 생겼기 때문에

사업과 제품 조직이 따로 목표와 전략 수립

사업 조직 KPI 목표치와 제품 조직의 KPI 간 연관성은 있을지언정 목표치가 따로 노는 경우가 있습니다. 예를 들어

- 제품 조직은 전환율이나 빈도(frequency) 같은 그로스 퍼널 관점의 실험과 측정이 용이한 KPI를 목표로 하는 제품 전략을 선호한다(특히 초기 제품-시장 적합성*을 달성해서 빠른 성장 중이거나 성숙기로 가고 있는 제품 조직의 경우).
- 사업 조직은 판매수나 평균판매가** 같은 매출 절댓값에 직결되는 KPI를 목표로 하는 사업 전략을 선호하는 경향이 있다.

회사가 크면 클수록 점점 조직 간 플래닝 단계에서 유기적으로 소통하고 목표를 설정하는 일이 어렵습니다. 큰 축으로 보면 매출에 직접적인 영향을 끼치는 기능 조직은 몇 개 안 될 것 같지만, 쿠팡처럼 큰 규모의 회사는 마케팅 본부 하나에도 수많은 이니셔티브와 팀이 목표를 세우고 달성 계획을 짭니다. 따라서 수십 개의 조직이 유기적으로 모든 지표가 연결된 분기, 반기, 연간 계획을 세우는 게 생각보다 쉽지 않습니다.

비율 지표의 착시효과

또한 많은 제품 조직이 절대적인 매출목표를 세우는 사업 조직과 별개로 자체적인 전환율 중심의 KPI를 세우고 성공을 측정합니다. 제품 조직의 KPI가 전환율이고 목표치가 따로 놀면, 산술적으로 보았을 때 성공으로 포장하고 싶은 유혹에 빠지면 쉽습니다. 100원 매출에서 50% 증가율을 만들면 150원입니다. 반면 100원 매출에 100원 매출 증분이 있으면 200원이죠. 만약 100원 매출 증분을 만들 기회를 후순위로 두고 50% 증가

---

* Product Market Fit , PMF

** Average Sales Price, ASP

율을 만들 고객 문제를 먼저 해결하려고 시도하면 과연 좋게 볼 수 있을까요? 근데 50% 증가율이 딱히 나빠보이지 않는 게 문제입니다. 성과의 부담을 지고 있는 PM 입장에서 사업 목표상 안 좋은 성적표를 받아도 빠져나갈 구멍이 있다면 그 유혹을 뿌리치는 게 쉽지 않습니다.

고민될 때 : 고객 문제와 핵심 원인에 집중하세요

제품은 구매 여정의 전환율을 바라봤고. 제품 KPI는 결과가 나쁘지 않았습니다. 하지만 매출 성장이 사업목표 만큼 나오지 않았습니다. 어떻게 그럴 수 있었을까요? 제품 KPI와 주요 선행지표들의 목표치가 사업 목표와 불일치했기 때문입니다. 두 조직과 전사가 함께 한 방향으로 한 박자로 움직이는 데는 **고객 문제와 그 문제를 해결했을 때 움직일 행동지표부터 돈까지 연결되는 지표구조를 만드는 게 해결책이 될 수 있습니다. 그리고 합리적인 추론을 통해 사업과 제품의 노력이 합쳐져서 어느 정도 목표치까지 가능할지 함께 가정하는 거죠.**

고객과 풀려는 고객 문제에서 시작하되 돈과 지표로 환산해야 고객 가치와 사업 가치를 극대화하는 지점을 찾을 수 있습니다. 필수적이고 본질적인 고객 문제를 해결했을 때는 몇 퍼센트가 아니라 몇 배의 매출 성장이 따릅니다. 폭발적인 성장을 지향하는 스타트업이 점진적인 성장을 목표로 하는 사업 전략과 제품 전략을 채택한다면 계획 단계에서부터 문제가 있는 겁니다. 사업 조직과 제품 조직이 함께 몇 배 또는 수십 배의 매출 성장의 기회를 발굴하고 함께 전략을 세우고 전술을 펼쳐야 비로소 **"Solve the right problem and solve it right"**를 했다고 말할 수 있습니다.

"더 나은 프로덕트를 만드는 과정에서 고민이 될 때, 해결하려는 고객 문제의 본질과 그에 맞는 해결 방법을 되짚어봐야 한다"는 원칙을 소개하고, 이 원칙을 무시했을 때의 부정적인 결과를 공유드렸습니다. 더 나은 프로덕트를 만드는 과정에서 고객 문제와 핵심 원인을 비판적으로 바라보지 못했을 때 제가 내린 오판들을 통해 원칙의 중요성을 강조해드렸습니다. 제 사례가 우리에게 고객 중심의 접근 방식이 얼마나 중요한지를 상기시켜주었으리라 기대합니다. 고객 문제와 핵심 원인에 눈을 떼지 않고 집중하는 것이 곧 프로덕트의 가치를 높이는 실마리라는 사실을 명심해야 합니다. 따라서 PM과 프로덕트팀은 항상 고객의 목소리를 듣고, 그들의 필수적이고 본질적인 문제가 무엇인지 항상 염두해야 합니다.

• PIC의 단계와 단계별로 했던 오판(노랑색 글상자) •

	기회 포착	가설 수립	실행	가설 검증
목적	"고객은 이런 니즈가 있는데 불만족한다. **이 문제가 가장 시급**하고 해결하면 사업 목표 달성할 수 있다."	"가장 시급한 고객 문제의 **핵심 원인**은 이렇다. 이렇게 풀면 해결되고 기대 효과가 날 것이다."	"핵심 원인과 더불어 제한된 시간과 리소스를 고려해서, **이런 요건을 갖추어 1차 가설을 검증하자.**"	"**고객 문제가 해결/해결되지 않았고 목표가 달성/달성되지 않았다. 이유는 이러하니 다음엔 저렇게 해보자.**"
고민	• 어떤 문제가 가장 임팩트가 클까?	• 이 문제의 핵심 원인은 무엇일까?	• 어떤 기능이 문제해결에 필수일까?	• 문제가 풀렸나? 왜? • 목표가 달성 되었나? 왜?
원칙을 지키지 않은 결과				

품질 신뢰가 안 됨 → 품질 관련 정보 부족함 → 고객 리뷰와 제품 정보 보강 → 리뷰 탐색 ↑ & 결제 전환율 ↔ = 매출 유지

정품인지 의심됨 → 브랜드 로고와 쿠팡 직매입 사실 강조 → 제품 상세 진입률 ↑ & 결제 전환율 ↔ = 매출 소폭 증가

브랜드 본사에서 인증한 사실 강조 → 제품 상세 진입률 ↑ & 결제 전환율 ↑ = 매출 대폭 증가했으나 목표 미달

원하는 제품이 없음 → **최대 임팩트**

그림에 정리한 제 사례를 간략히 다시 요약해드리면, 쿠팡에서 판매하는 화장품을 사려고 할 때 고객이 품질에 만족할지 확신을 가질 수 없다는 게 필수적이고 본질적인 고객 문제가 아니었습니다. 쿠팡에서 화장품을 찾는 고객 대부분은 신선식품이나 생필품을 좋은 가격에 편리하게 구매하고 배송받은 경험을 바탕으로, 본인들이 항상 쓰는 다른 구매처에서 구매한 화장품을 쿠팡에 있는지 궁금해서 찾고 있었습니다. 이런 고객들은 이미 사서 써본 제품을 찾고 있었기 때문에 정보 비대칭이 존재할 수가 없었습니다.

퍼널 전환율의 최적화에서 기대되는 매출 증분이 과연 고객이 찾는 물건 구색을 갖추어 기대되는 매출 증분보다 높은지 왜 확인하지 않았을까요?

그 이유는, 그만큼 고민이 될 때 고객 문제에 대한 생각을 멀리하고, 본질에서 벗어난 고민들에 시간을 허비하며 안 좋은 판단들을 내렸기 때문입니다. 고민되는 순간을 맞이할 때마다, 해결하려는 고객 문제와 핵심 원인을 되짚어보았다면

1. 기회 포착 단계에서 고객의 핵심 니즈와 니즈를 충족하는 데 가장 큰 방해 요소로 작용하는 필수적이고 본질적인 고객 문제를 잘 정의 내렸을 거고

2. 가설 수립 단계에서 고객 문제의 핵심 원인을 명확히 알아볼 수 있었을 것이고

3. 실행 단계에서 어떤 가설과 피처에 우선순위를 높게 두고 실행해야 할지 확신을 가졌을 것이고

4. 가설 검증 단계에서 정말 필수적이고 본질적인 고객 문제를 해결하는 데 '가까워졌다고' 포장하지 않았을 겁니다.

부디 '더 나은 제품을 만드는 과정에서 고민될 때, 고객 문제와 핵심 원인에 집중해야 한다'는 원칙을 잊지 마시고 더 나은 프로덕트로 고객들에게 가치와 행복을 주는 경험을 만끽하시기 바랍니다.

• 원칙 준수에 도움이 되는 정보 •

	《린 스타트업》 불확실성이 높은 상황일수록 풀려는 고객 문제와 핵심 원인에 집중해서 끈질기게 반복적으로 시도해야 하는 이유와 효율적인 방법론을 잘 설명하는 책입니다.
	**《인스파이어드》** 고객 문제에 집중하고 집요하게 풀릴 때까지 물고 늘어질 수 있게 본인과 조직의 역량을 키우고 이끄는 방법론을 담고 있는 책입니다.
	**《훅 Hooked》** 사용자가 사용하고 싶고 계속 사용하고 싶은 제품의 특성을 알려줍니다. 고객 문제를 잘 이해함으로써 비로소 고객이 습관처럼 사용하는 제품을 만들 수 있다는 점을 잘 설명하는 책입니다.

《린 분석》

고객 문제가 풀리고 고객 니즈가 충족되었는지 측정하고 검증하는 방법을 알려줍니다. 제품의 단계별로 어떤 지표들이 적절한지 알려주고 A/B 테스트와 같은 신뢰할 수 있는 검증 방법론들을 알려줍니다. 고객 문제를 해결하려는 가설 검증을 신뢰도 높은 방법으로 효율적으로 할 수 있게 도와주는 책입니다.

《스프린트》

명확히 정의된 고객 문제를 풀기 위한 일련의 가설들을 어떻게 빠르게 프로토타이핑하고 검증할 수 있는지 알려줍니다. 5일이라는 기간 내 구체적으로 수행하는 방법을 세세하게 풀어내었습니다. 고객 문제 해결에 집중하는 데 부수적인 방해 요소를 걷어내고 문제 해결에만 집중할 수 있는 방법을 알려주는 책입니다.

《스티브 크룩의 사용성 평가, 이렇게 하라!》

프로덕트를 사용하는 데 어떤 불편한 점이 있는지 발견하는 방법론을 상세히 설명해줍니다. 기회 포착 단계와 실행 단계에서 활용도가 높은 책입니다. 기존 프로덕트의 불편함을 찾아내는 데도 유용하고, 검증하려는 가설의 솔루션에 사용성 문제가 없는지 찾는 데도 유용한 방법론을 알려줍니다.

'아하 모먼트'를 찾아서

황인혜 fany10202@gmail.com

현) 크몽 프로덕트 디렉터
전) 쿠팡 그룹 프로덕트 매니저
전) 롯데백화점 유통전략연구소 연구원

타고난 문과생으로 테크와는 거리와 멀던 제가 벌써 프로덕트 매니저로 10년째 프로덕트를 만들고 있습니다. 쿠팡에서 판매자부터 구매자, 오픈마켓부터 글로벌 앱 론칭까지 다양한 도메인과 프로덕트를 담당 후 현재는 서비스 오픈 마켓 플랫폼 크몽에서 프로덕트를 리드하고 있습니다. 프로덕트 커리어에 대해 고민하는 분들에게 도움을 드리기 위해 커리어 컨설팅 서비스를 하는 전문가로 크몽에서 활동하고 있습니다.

in linkedin.com/in/inne-732a3a9b
ⓒ kmong.com/@Productku

롯데백화점의 영업관리자ᶠˡᵒᵒʳ ᵐᵃⁿᵃᵍᵉʳ로 근무를 하던 시절 '집중 근무 시간'이라는 것이 있었는데, 이 시간은 관리자가 담당하는 층에 하루 세 시간 이상은 나가서 현장을 살펴보라는 취지에서 시작되었습니다. 당시에 신입사원이던 저는 답답하게 사무실에 앉아 있는 것보다는 매장을 돌아다니며 이것저것 구경할 수 있는 이 시간이 너무 신났습니다. 하루에 최소 세 시간을 제가 담당하는 매장 매니저분들과 담소를 나누고, 실제 구매를 하는 고객 행동 여정을 에스컬레이터부터 화장실까지 살펴보았습니다. 자연스럽게 매일 백화점을 찾아오는 충성고객과도 인사를 하게 될 뿐만 아니라, 특정 시간 또는 장소마다 다르게 발생하는 고객 행동을 자연스럽게 이해할 수 있게 되었습니다. 저는 이제 오프라인이 아닌 온라인 프로덕트를 관리하는 프로덕트 매니저 업무를 하고 있지만, 여전히 이 '집중 근무' 시간이 프로덕트 매니저들에게 필요하다고 생각합니다.

이제는 사무실 밖으로 나갈 필요가 없고, 사무실 안에서 손쉽게 고객과 전화나 온라인 미팅을 통해 만남을 가질 수 있습니다. 게다가 고객 행동 데이터 로그를 이용해 고객이 처음부터 끝까지 우리 프로덕트를 어떻게 이용하는지 확인해볼 수도 있습니다. 하지만 저는 여전히 실제 프로덕트를 사용하는 현장에서 고객을 관찰하고, 만나보는 것의 힘을 믿습니다. 고객을 만나보지 않고서는 '고객 관점'으로 프로덕트를 바라보고, 그들이 원하는 최고의 경험을 제공하기 어렵기 때문입니다. 우리 프로덕트의 문제점, 즉, 고객에게 진정한 가치를 주는 순간으로 이끌지 못하는 이유를 이해하는 가장 쉽고 정확한 방법은 우리 제품을 사용하는 고객과 이야기를 직접 나눠보는 겁니다. 그런 의미에서 프로덕트 매니저로서 가장 중요한 저의 첫 번째 원칙 'Working backwards from the customers 고객으로부터 항상 시작하기'를 소개합니다.

아마존의 업무 방식으로 유명한 이 원칙은 최고의 고객 경험을 먼저 정의하고, 최고의 고객 경험 달성이라는 목표를 향해 팀이 함께 달려가는 방법입니다. 단순히 말하자면 '손님은 왕이다'라는 말과 일맥상통할 수도 있습니다. 결국 고객은 프로덕트 매니저가 내리는 모든 결정의 시작과 끝의 매순간에 함께 해야 하기 때문입니다. 고객이 문을 열고 들어오는 순간부터 고객이 식사를 하고 나가는 순간까지 고객 행동과 감정 하나하나를 살펴보는 식당 주인과 같은 마음으로 프로덕트의 전 과정에서 고객의 경험을 책임지는 사람이야 말로 프로덕트 매니저의 본질이 아닐까요? 그래서 저는 항상 '제가 맡은 프로덕트 또는 우리 회사가 제공하는 서비스를 통해 어떻게 고객들의 삶을 더 좋게 변화시킬 수 있을까'부터 시작합니다. 이는 프로덕트 매니저로서 동기부여를 찾는 방법이기도 합니다.

쿠팡에 근무할 때 좋았던 점 한 가지는 쿠팡의 주요 타깃 고객 중 하나인 '아기 엄마'가 제 자신이라는 겁니다. 프로덕트 개선에 대해 길을 헤매던 시절 저와 같은 워킹맘 또는 아이를 둔 엄마들의 삶이 지금 내가 진행하는 프로덕트를 통해 얼마나 나아질지 구체적으로 고객의 삶과 연결해 상상해보는 것만으로도 엄청나게 설레고, 동기부여가 되었습니다. 그리고 이 상상을 현실로 만들 구체적인 방법이자 프로덕트 매니저의 도구로

저는 '아하 모먼트Aha moment'를 활용했습니다. '고객의 삶을 우리 프로덕트로 더 나아지게 하자'라는 애매모호한 비전은 PM 자신을 비롯해 메이커들에게도 쉽게 와닿지 않기 때문입니다. 그래서 저는 새로운 프로덕트 또는 도메인을 만날 때마다 우리 회사의 프로덕트가 고객에게 제공하는 또는 고객이 깨닫고 있는 '아하 모먼트'를 먼저 정의합니다. 그다음으로는 프로덕트 개발에 참여하는 개발자, 디자이너와 같은 메이커, 유관부서와 더불어 리더십 모두 이 '아하 모먼트'의 중요성을 이해하고, 집중할 수 있도록 우리 프로덕트의 '아하 모먼트'를 널리 알리기 위해 노력합니다.

　'아하 모먼트'는 고객이 우리 프로덕트를 사용하면서 우리 프로덕트가 정말 도움이 되어, 프로덕트의 가치를 갑자기 느끼는 순간을 말합니다. 그 순간은 물론 고객마다 다를 수도 있고, 주관적인 감정이기 때문에 전환율과 같은 객관적 지표로 수치화하기 어려울 수도 있습니다. 그래서 때로는 '아하 모먼트'를 찾고 정의하는 데 오랜 시간이 걸리기도 합니다. 하지만 고객의 깨달음의 순간을 결국에 구체적으로 수치화한 '아하 모먼트'는 프로덕트를 만드는 모두가 같은 북극성 지표를 보고 달려갈 수 있도록 하는 힘을 가지고 있습니다. 그래서 저는 우리 프로덕트의 '아하 모먼트'를 만나기까지의 고객 여정과, 이후의 또 다른 넥스트 '아하 모먼트 어게인'을 만들어내기 위해 끊임없이 달리는 여정이야말로 프로덕트 매니저의 가장 힘들지만 동시에 보람 있는 여정이지 않을까 합니다.

고객으로부터 항상 시작하기

프로덕트 개선 방안 논의 미팅에서 누군가가 정의한 고객 문제, 가설 및 검증 등이 맞지 않거나, 무엇인가 이상할 때 세 가지 질문을 합니다. 이 질문들은 프로덕트에서 무엇인가 놓치고 있다고 생각할 때 제 자신에게도 되물어보기도 합니다.

- 우리 고객은 누구인가요? 고객들을 직접 만나 얘기했나요?
- 고객은 어떤 문제를 해결하기 위해 우리 프로덕트를 사용하고 있나요?
- 고객 행동을 검증할 만한 데이터가 있었나요?

이 세 가지 질문 중 가장 중요한 키워드는 실제 우리가 만들어낸 프로덕트를 사용하는 '고객(또는 사용자)'입니다. 누군가 저에게 "가장 최악의 프로덕트 매니저는 어떤 사람이냐"고 물어본 적이 있었는데, 순간 떠오른 대답은 '고객 만남에 게으른 프로덕트 매니저'였습니다. 때로는 너무 바쁘다는 핑계로 저 자신이 최악의 프로덕트 매니저가 된 적들도 있었습니다. 이렇게 바쁘다는 핑계로 고객을 만나지 못하면, 결국은 바쁜 일들이 해결되지 못하거나, 잘못된 방향으로 진행됩니다. 왜냐면 고객을 만나지 않고, 스스로 고객 문제를 정의하고, 데이터 검증 없이 해결 방안으로 바로 점프했기 때문입니다. 내 프로덕트를 이용하는 고객에 대해 프로덕트 매니저인 내가 가장 잘 안다고 생각하고, '나 = 고객'으로 생각하는 우를 범하기도 합니다. 그래서 저는 더 많은 고객을 만나보려고 더 노력합니다. 고객을 만나, 내가 미처 발견하지 못한 그들의 숨겨진 니즈 또는 불편

　　　　　　　　　　　프로덕트 매니저 PM · PO 원칙

함에 대해 끊임없이 고민해야 하기 때문입니다.

아마존에 'Working Backwards'라는 프로덕트 업무 방식이 있습니다. 제공하고자 하는 최고의 고객 경험을 먼저 정의하고, 최고의 고객 경험 달성이라는 목표를 향해 팀이 함께 달려가는 방식입니다. 이를 위해 아마존의 프로덕트 매니저들은 최초 기획 단계에 먼저 언론보도 자료인 'PR'이라는 문서와 내외부 고객이 자주 묻는 질문을 미리 예상해서 작성한 'FAQ'를 작성합니다. 실제 쿠팡에서 주니어 시절에 함께 일했던 아마존 출신 시니어 프로덕트 리더들은 이와 유사한 문서를 작성해 회의 때 공유하곤 했는데, 당시에 아마존의 업무 방식이 한국에 알려지지 않았던 터라 신선한 충격을 받았습니다. 저는 무엇보다 프로덕트 매니저가 기획 시 작점에서 '기술' 또는 '회사의 이익' 관점이 아니라, '고객 관점'에서 고객에게 최고의 경험을 제공하고자 노력을 할 수 있다는 점이 인상 깊었습니다.

- **회사 이익 관점** : 우리 회사 수익을 늘리려면 어떻게 해야 할까?
- **기술 활용 관점** : 우리가 기술을 가지고 있으니, 이 기술로 고객의 불편함을 해결하자
- **고객 관점** : 고객에게 최고의 경험을 제공하려면 어떻게 해야 할까?

과거 쿠팡에서 다양한 도메인의 프로덕트를 담당하면서, 그리고 현재 크몽에서 프로덕트를 리드하면서 저의 가장 중요한 업무 원칙은 '고객으로부터 항상 시작하기'입니다. 이를 위해 프로덕트 개발 과정에서 고객의 목소리와 행동을 바탕으로 프로덕트를 지속적으로 개선해나가는 3가지

노력을 하고 있습니다.

1. 프로덕트 개발의 전 과정을 고객과 함께 하기

저는 프로덕트 개발의 전 과정에서 고객을 최대한 많이 만나려고 노력합니다. 전체 과정에서 프로덕트 매니저로서 세운 가설을 실제 고객 행동과 소리와 데이터로 검증하지 않는다면 고객이 원하지 않는 또는 고객의 불편함을 해결하지 못하는 프로덕트를 만들 수 있기 때문입니다. 고객과 항상 가까이 있는 CS팀과 함께 고객 컴플레인 콜을 받아보거나, 상담원 옆에 앉아서 양쪽의 보이스를 들어보기도 합니다. 우리 고객은 프로덕트를 어떻게 사용하는지, 그리고 최근 론칭한 기능을 어떻게 생각하는지 듣기 위해 유저 인터뷰만큼 좋은 방법은 없습니다.

최소 1달에 한 번은 고객을 직접 만나고자 매월 첫째 주 금요일 캘린더에 미리 일정을 잡아둡니다. 프로젝트를 진행하다 보면, 개발 비용과 일정의 제약으로 고객에게 가치를 제공하는 MVP가 아니라 반쪽자리 MVP를 론칭하는 경우가 적지 않게 생깁니다. 궁극적으로 프로덕트의 전 과정에서 가장 중요한 하나의 목표는 결국 우리가 제공하는 프로덕트가 고객에게 최고의 경험을 제공해야 한다는 원칙에서 벗어나게 되는 겁니다. 그러면 안 됩니다. 전 과정에서 스스로에게 우리 프로덕트가 무엇을 할 수 있는지 묻지 말고, 우리 프로덕트로 고객이 무엇을 할 수 있는지 물어봅시다.

2. 데이터로 고객의 이야기를 완성시키기

고객과 직접 나눈 이야기를 데이터로 확인하는 순간이야 말로 프로덕트 매니저로서 가장 큰 희열을 느낍니다. 그런데 희열을 느낄 만큼 고객의 스토리와 데이터가 일치하는 순간을 자주 만날 수 있는 것은 아닙니다. A/B 테스트를 매일 수백 개 이상 진행하는 것으로 유명한 북킹닷컴은 십중팔구 실험이 (기존 안으로) 롤백된다고 합니다. 그만큼 가설의 실패 확률이 높다는 이야기입니다. 그러므로 반드시 가설을 데이터 기반으로 검증하고, 기존 데이터에 없다면 A/B 테스트를 진행해 반드시 검증해야 합니다. 내부뿐만 아니라, 외부 데이터를 통해 가설을 검증할 수 있는 힌트를 찾으려 노력하다 보면 어떻게든 데이터로 검증할 수 있게 됩니다. 특히 데이터로 검증하려는 노력을 실행함으로써 내 가설에 대해 스스로 5 Why*를 실천하면서 프로세스에서 가치를 찾아야 합니다. 그러면 어느 순간 프로덕트 매니저로서의 감^{gut}이 생기게 되고, 이렇게 생긴 감을 활용한 데이터로 검증하면 성공할 확률도 높아집니다.

3. 고객의 '아하 모먼트'를 찾고 전파하기

마지막 노력은 '아하 모먼트'입니다. '아하 모먼트'는 프로덕트 매니저로서 반드시 알아야 하는 프로덕트 디자인 및 개발과 관련된 중요한 개념입니다. 사용자 경험을 개선하고 프로젝트의 가치를 강조하기 위해 사용

---

*   '왜'를 다섯 번 물어보며 문제의 근본적인 원인을 찾는 방법

되는 '아하 모먼트'는 프로덕트 성공을 좌지우지할 만큼 중요합니다. 이제부터 자세하게 알아보겠습니다.

'아하 모먼트'를 찾아서

자기 전에 누워서 핸드폰을 만지작 거리다가 인스타그램 피드에서 무심코 클릭한 광고 랜딩 페이지를 둘러보다가 나도 모르게 갑자기 일어나서 앱을 다운로드해본 적 있나요? 누워있다가 갑자기 벌떡 일어나게 할 정도로 프로덕트를 사용하는 사용자가 가치를 깨닫고 다시 돌아올 준비를 하는 순간을 '아하 모먼트Aha! Moment'라고 합니다. '아하 모먼트'는 말 그대로 사용자가 그동안은 느끼지 못했으나, 어느 날 갑자기 가치를 알게 되어 "아하!"라고 외치는 깨달음의 순간입니다. 토종 한국인으로서 저는 "아하"대신 "아, 어머, 대박"의 순서로 깨달음을 외치는 편입니다. 진심으로 '대박'의 깨달음을 외치게 되는 앱을 발견하면, 앱을 제 핸드폰의 첫 화면으로 이동시킵니다.

아래는 제 핸드폰 첫 화면을 차지하는 글로벌 프로덕트들의 '아하 모먼트'입니다.

- **페이스북** : 가입 후 신규사용자가 10일 이내 최소 7명 이상의 친구 연결하기
- **슬랙** : 워크스페이스의 팀 구성원과 메시지를 2,000개 전송하기
- **넷플릭스** : 회원가입 또는 로그인 후 최소 30초, 최대 90초 내에 시청할 콘텐츠를 찾아 클릭하기

'아하 모먼트'를 정의하지 않는 회사가 더 많지만, 각 회사가 제공하는 서비스 또는 프로덕트의 비전이나 전략에는 각자 추구하는 고유한 '아하 모먼트'가 있습니다. 그리고 프로덕트 매니저로서 우리는 고객이 이 순간을 발견하고, 우리 프로덕트를 다시 찾아올 수 있도록 해야 합니다. 즉, 리텐션retention을 높이는 노력을 해야 합니다. 이를 위해서는 첫 번째로 지금 우리 프로덕트의 주기에 맞는 '아하 모먼트'를 고객 인터뷰와 데이터 검증을 통해 정의해야 합니다. 두 번째로는 우리 프로덕트를 만드는 데 참여하는 모든 이해관계자와 메이커들이 이 '아하 모먼트'에 집중할 수 있도록 간단하게 기억할 수 있는 한 문장을 만들어내야 합니다. 간단하고, 수치화된 목표가 포함된 단 한 문장을 만들어내는 것은 '아하 모먼트'를 정의하는 것만큼이나 중요합니다. 특히 조직의 규모가 커지면서 방향을 잃기 쉬운데, 이때 '아하 모먼트'의 정의는 조직 전체가 고객을 해당 지점으로 이끄는 북극성 역할을 하게 도와줍니다.

저는 페이스북의 비활성 사용자가 된 지 몇 년이 됐고, 메타의 인스타그램이 첫 화면에 위치하고 있지만, 페이스북은 '아하 모먼트'를 조직적으로 잘 활용한 사례로 잘 알려진 기업이기 때문에 위의 예시로 넣어보았습니다. 페이스북 그로스팀의 리더였던 차마스 팔리하피티야*는 페이스북의 성장 비결로 팀원들이 모두 "7 Friends in 10 days 10일 이내 최소 7명 이상 친구 연결하기"라는 '아하 모먼트'의 목표에 집중한 것을 손꼽기도 했습니다. 그는 매일매일 모든 회의에서 이 문장을 매일 외칠 정도였다고 합니다.

제가 몸담았던 쿠팡 또한 이커머스의 쇼핑 경험 과정에서 '아하 모먼

---

*   Chamath Palihapitiya

트'를 고객이 물건을 주문한 시점부터 실제 물건을 배송받기까지의 '배송 리드 타임'으로 정의했고, 고객의 주문 다음날 바로 도착하는 로켓 배송을 도입해 이커머스 시장에서의 혁명을 일으켰습니다. 특히, 쿠팡은 막연하게 배송 리드 타임이라고 지표를 설정하기보다는, 고객 관점에서 구체적으로 PDD*라는 '아하 모먼트' 지표를 정의했습니다. 그리고 "PDD=100%"라는 정말 단순하지만 달성하기 어려운 목표를 모든 조직에 전파했습니다. 그 결과 프로덕트 매니저, 개발자, 디자이너를 비롯한 메이커뿐만 아니라, 실제 물류에서 물류 운영을 담당하는 운영 담당자, 고객과의 배송 접점에서 라스트 마일 배송 경험을 책임지는 쿠팡맨**까지 이 북극성 지표에 집중하도록 했습니다.

만약 고객에게 쿠팡이 약속한 배송일자를 지키지 못할 때에는 해당 주문에 관여된 모든 담당자에게 이메일이 매일 발송되고, PDD=100%의 적신호를 올리기도 했습니다. 이 '아하 모먼트'의 특징은 우리가 '고객'에게 약속한 날짜이기 때문에, 그 날짜의 중요함을 고객과 연계해 강조한 겁니다. '고객에게 약속한 것을 무조건 지켜야 한다'는 문장을 간단한 수치인 "100%"로 설정함으로써 고객 중심의 '아하 모먼트'를 전사적으로 100% 이상 발휘한 사례였다고 생각합니다. 그리고 더 나아가 "PDD=100%"를 성취해나가는 과정에서, 모든 팀원들이 100%를 달성하는지에 대한 현황을 지속적으로 업데이트 및 리마인드함으로써 모두가 하나의 목표를 향해 달려갈 수 있도록 했습니다.

---

*   Promised Delivery Date. 쿠팡이 고객에게 약속한 배송 완료 날짜

**   지금은 '쿠팡친구'로 바뀌었습니다.

프로덕트 매니저 PM · PO 원칙

'아하 모먼트'와 '리텐션'

사용자가 '아하 모먼트'를 경험하면 재방문하게 되는 유지율, 즉 리텐션이 높아질 확률이 높습니다. 그렇다면 "아하 모먼트를 경험한 유저는 반드시 활성화 유저가 되나요?"라는 의문이 생길 겁니다. 예외는 존재할 수 있습니다. '아하 모먼트'는 전환율, 유지율 등과 같은 객관적인 고객 행동을 기반으로 만든 프로덕트 지표와 달리 고객이 느끼는 감정적인 부분을 포함하고 있기 때문입니다. 하지만 오너쉽을 가지고 있는 프로덕트의 '아하 모먼트'에 대해 알게 된다면, 이를 활성화 지표의 기본으로 활용할 수 있습니다. 예를 들어 슬랙은 한 워크스페이스에서 2천 개 이상의 메시지를 보낸 구성원 중 93%가 슬랙의 활성화 유저로 남게 된다고 밝힌 적이 있습니다. 활성화 지표를 '2천 개의 메시지 전송'이라는 '아하 모먼트'와 결합한 겁니다. 반면에 페이스북은 10일 이내 친구 7명을 연결하기가 '아하 모먼트'입니다. 여기서 중요한 것은 '10일', '7명', '2,000개'라는 수 자체가 아니라, '아하 모먼트'라는 긍정적인 감정의 경험을 가진 유저들이 활성화 유저가 될 수 있다는 겁니다. '아하 모먼트'는 고객 관점에서 고객이 이용한 프로덕트의 가치를 발견하는 순간이며, '활성화'는 회사의 관점에서 사용자 가치를 판별하는 데 사용됩니다. 그리고 이 활성화 지표는 '아하 모먼트'를 만났을 때야 말로 우리 프로덕트를 사용하는 고객의 경험까지 반영할 수 있게 되는 것이 아닐까 합니다. 단순히 활성화 고객을 30% 이상 유지해야 한다는 명령의 지표가 아니라, 고객이 '아하 모먼트'라는 최고의 경험을 가지게 된다면, 결국 고객들은 우리 프로덕트에 다시 돌아오게 될 것이라는 희망의 지표니까요.

저는 프로덕트 매니저로서 고객 인터뷰를 할 때 우리 앱이 고객의 데스크톱 환경 또는 스마트폰의 첫 화면 어디에 있는지를 먼저 확인합니다. 이것만으로도 해당 고객이 우리 프로덕트에서 '아하 모먼트'를 경험했는지, 아닌지를 대략 짐작해볼 수 있습니다. 물론 데이터를 통해 이미 충성 또는 이탈 고객에 대한 검증을 마친 후 고객 인터뷰를 하는 경우가 많지만, 한 번 더 검증을 하는 겁니다. 충성고객이라면 의심할 여지 없이 첫 화면과 같이 바로 보이는 위치에 앱이 있습니다. 반면 신규 고객 또는 이탈된 고객은 그렇지 못합니다.

유튜브, 인스타 등의 광고 채널을 통해 특정 모바일 웹사이트에 랜딩한 이용자가 해당 사이트에 대해 계속 탐색을 이어나 갈지 아니면 바로 떠날지를 결정하는 데 3초도 안 걸린다고 합니다. '광고 랜딩 페이지를 마케팅, 디자인팀과 내가 얼마나 열심히 글자 하나하나, 이미지 하나하나 고민해서 만들었는데...' 이런 이야기를 들으면 프로덕트 매니저로서 굉장히 슬픕니다.

우리 플랫폼에 방문한 모든 고객이 '아하 모먼트'를 경험하고 계속 프로덕트를 이용하는 충성고객이 된다면 좋겠지만, 현실은 더 냉혹합니다. 일반적으로 모바일 앱 사용자의 77%는 며칠 이내에 다운로드했던 앱을 다시 방문하지 않거나, 해당 앱을 삭제한다고 합니다. 실제로 구글 플레이 스토어에서 발표한 자료에 따르면 대부분 앱은 처음 며칠 동안 신규 사용자의 77%를 잃으며, 심지어 이 수치는 30일 이내에 90%로 증가한다고 합니다. 물론 실제로 어떤 산업, 어떤 유형의 앱이냐에 따라 리텐션(유지율)은 달라질 수 있겠지만요. 소셜미디어나, 게임 앱과 같은 일부 앱은 유지율이 30% 이상인 경우가 많다고 합니다.

이 리텐션 수치들은 고객이 '아하 모먼트'를 경험하는 것이 얼마나 어려운 일인지를 단적으로 보여줍니다. 특히 SaaS^Software as a Service 또는 B2B 프로덕트는 더 어렵습니다. 플랫폼이 더 복잡하고 추가 온보딩 교육이 필요할 뿐만 아니라, 상대적으로 더 복잡하고 많은 문제를 해결하기 때문입니다.

사용자가 프로덕트와 처음으로 상호작용을 하는 온보딩 단계에 '아하 모먼트'가 발생하면 가장 좋습니다. 물론 온보딩 과정 외에 고객이 프로덕트를 통해 경험하는 다양한 여정 단계에서도 발생할 수 있습니다. 앞서 언급한 것처럼 '아하 모먼트'는 고객이 주관적인 감정을 느끼는 순간이기 때문에 데이터만으로 확실하게 찾아내기 어려운 면이 있습니다. 그럼에도 찾아야 합니다. 저는 새로운 프로덕트나 비즈니스 도메인을 담당하게 되었을 때 3가지 방법을 통해 '아하 모먼트'를 찾습니다. 그리고 마침내 찾은 '아하 모먼트'를 프로덕트를 만드는 메이커와 이해관계자에게 고객 관점에서 전파하려고 노력합니다.

고객 여정 지도로 '아하 모먼트' 찾기

'고객 여정 지도^Customer Journey'는 우리가 제공하는 프로덕트를 사용하는 고객 관점에서 프로덕트를 다시 객관적으로 바라볼 수 있도록 도와줍니다. 고객 여정 지도는 고객 이탈 또는 '아하 모먼트'가 발생하는 위치를 직접적으로 포인팅해서 알려주지는 않지만, 쉽게 찾을 수 있게 힌트를 알려줍니다. 고객이 다음 퍼널로 전환하는 데 숨겨져 있는 진입장벽들을 찾을 수 있기 때문입니다. 진입장벽을 찾았다면 없애서 고객이 '아하 모먼트'를 바르게 경험할 수 있도록 해야 합니다. 프로덕트가 단순할수록 사용자가 '아하 모먼트'에 도달하는 경로와 시간이 줄어든다는 것을 명심해야 합니다.

고객의 아하 모먼트는 고객 여정에서 가장 강력하고 기억에 남는 부분일 겁니다. 이 '아하 모먼트'를 찾는 시작점에서 가장 중요한 덕목은 프로덕트 매니저의 시각으로 바라보는 '아하 모먼트'는 고객의 '아하 모먼트'와 다를 수 있음을 인지하는 겁니다. '나는 이 프로덕트의 전문가이나, 이 프로덕트의 고객은 아니다'라고 쐐기를 박는 마음을 가져야 합니다. 프로덕트 매니저로서의 '아하 모먼트'가 프로덕트의 모든 순간이 되기를 바라는 마음을 내려놓고, 고객 관점으로 프로덕트의 온보딩 시점부터, 퍼널의 마지막 순간까지 고객에게 가치를 주는 순간을 찾아봐야 합니다. 또한 '아하 모먼트'는 모든 사용자에게 동일하지 않을 수도 있다는 사실을 잊지 말아야 합니다. 프로덕트의 특징에 따라 '페르소나' 등으로 다양한 사용자 세그먼트를 분류하고, 세그먼트별 각 깨달음의 순간으로 이어지는 다양한 여정을 준비할 수도 있습니다. 따라서 모든 사용자가 같은 과정을 통해 '아하 모먼트'에 도달하기를 바라기보다는 그들의 여정을 각자의 상황과 니즈에 맞게 '개인화'하려는 노력이 필요합니다. 넷플릭스나 유튜브는 개인화를 통해 고객이 앱을 열자마자 보고 싶은 콘텐츠를 찾아 플레이하게 만드는 '아하 모먼트'의 좋은 예시입니다. 효과적인 개인화를 통해, 우리 프로덕트를 사용하는 더 다양하고 많은 사용자가 각자의 경로를 따라 깨달음의 순간에 도달하도록 도움을 줄 수 있습니다.

그럼 고객의 '아하 모먼트'를 제대로 알아내려면 어떻게 해야 할까요? 앞서 강조했듯이 역시나 고객을 많이 만나봐야 합니다. 무엇보다 이제 막 우리

프로덕트 매니저 PM · PO 원칙

프로덕트를 사용하기 시작한 14일 이내의 신규 유저들을 자주 만나봐야 합니다. 신규 유저이야 말로 우리 프로덕트의 '아하 모먼트'를 가장 잘 기억하거나, '아하 모먼트'가 될 수 없었던 우리 프로덕트의 단점을 가장 잘 기억합니다. 따라서 그 순간이 언제 일어났는지, 왜 일어날 수 없는지 들을 수 있습니다. 우리가 매일 사용하는 많은 글로벌 프로덕트는 프로덕트에 최초 인입된 유저들이 빠른 시간 내에 '아하 모먼트'를 경험하고 다시 돌아올 수 있도록 설계되어 있습니다. 저는 쿠팡에서 크몽으로 이직을 하면서 곧바로 고객 30명을 만나보았습니다. 지난 3개월간 신규 가입 후 유지(활성) 고객, 이탈고객, 마지막으로 지난 1년 데이터를 기준으로 크몽에 충성도(리텐션)가 높은 충성고객을 각 10명씩 총 30명을 만나 인터뷰했습니다.*

유지(활성) 고객은 가장 우리 프로덕트에 충성도가 높은 고객입니다. 그들의 고객 여정을 들어보면 그들이 프로덕트를 처음 경험하는 동안 공통적으로 무엇을 했는지 알게 됩니다(물론 데이터로 다시 검증을 해야 하긴 합니다). 반대로 이탈 고객과 인터뷰를 하면서 공통적으로 무엇을 하지 않았는지 알아보면 좋습니다. 유지 고객이 공통적으로 했던 행동을 기준으로 이탈한 사용자와 같은 고객 여정을 반복해서 질문하고, 데이터로 다시 한번 확인하면 이탈 원인을 알 수 있게 됩니다. 크몽에는 서비스를 제공하는 전문가와 이용하는 고객 집단이 있습니다. 인터뷰 결과 두 집단 간의 차이를 발견할 수 있었습니다. 그덕분에 크몽 고객에 대한 이해와 크몽의 '아하 모먼트'에 대한 힌트를 얻을 수 있었습니다. 이처럼 설문

---

* 이커머스는 보통 7~14일을 추천하지만 크몽은 회사의 로고 디자인 또는 웹사이트 제작 등 상대적으로 긴 시간을 요하기 때문에 3개월이라는 비교적 긴 기간을 적용했습니다.

조사나 전화 인터뷰도 좋지만, 고객의 생생한 목소리를 들으며 감정과 행동을 관찰할 수 있는 화상 인터뷰나 오프라인 인터뷰를 추천합니다. 듣고 관찰하고, 이어서 인터뷰를 통해 생각과 감정을 더 구체적으로 확인할 수 있기 때문입니다. 고객에게 다음과 같은 질문을 하면 좋습니다.

- 어떤 기능이 당신의 관심을 끌었나요?
- 우리 프로덕트가 당신에게 어떻게 도움이 되었나요?
- 구매를 결정하게 된 결정적인 이유는 무엇입니까?
- 우리 프로덕트를 막 시작했을 때 (앱 또는 사이트를 방문하자마자) 길을 잃었다고 느끼셨나요?
- (주요 기능에 대해) 얼마나 빨리 이해하셨나요?

일찍 이탈한 사용자, 즉 '아하 모먼트'에 전혀 도달하지 못한 사용자에게 집중하는 것이 가장 중요합니다. 이탈한 고객이기 때문에, 이들과의 인터뷰를 잡기도 어렵고, 데이터가 없기 때문에 데이터 분석이 더 어렵습니다. 게다가 내가 함께 메이커들과 만든 프로덕트에 대해 쓴소리를 들어야 하니 인터뷰를 들으며 얼굴이 붉어지는 순간을 마주해야 하기도 합니다. 하지만 이들은 유지 고객과 같은 사용자 경험을 겪었으나, 우리 프로덕트가 유용하다고 생각하지 않은 사람들입니다. 이탈은 안타까운 일이지만, 무엇이 잘못되었는지 배울 수 있는 너무나 좋은 기회이기도 합니다. 그래서 저는 가끔 주위에서 "나 너네 회사 앱 이용했는데 이게 별로여서 그만뒀어"라고 말하는 지인을 만나면 우울해지면서도, 금방 가슴이 두근거립니다. 이탈한 고객의 스토리를 필터 없이 들어볼 수 있으니까

프로덕트 매니저 PM · PO 원칙

요. 이탈 사용자들은 주로 우리 프로덕트가 그들이 원하는 프로덕트가 아니었거나, 경험의 장벽으로 인해 기대했던 가치를 찾지 못한 겁니다. 특히, 후자인 때에는 장벽을 찾아내서 반드시 제거해야 합니다. 한 번은 신규 유저의 인입이 많은 카테고리의 확장을 위해 신규 유저들을 인터뷰하고 동시에 인입 경로 데이터를 살펴보았습니다. 네이버, 구글과 같은 외부 검색 플랫폼에서 광고를 통해 크몽 모바일 웹페이지로 랜딩은 잘 이루어졌습니다. 그후 신규 유저들이 마음에 드는 전문가를 발견해서, 구매 전에 메시지를 통해 문의하기까지, 다음과 같이 7단계 여정을 거쳐야 했습니다. 이 과정에서 많은 고객이 이탈한다는 사실을 알게 되었습니다.

1. 모바일웹 회원가입
2. 앱 다운로드(설치)
3. 앱 로그인
4. 검색(다시 모바일 웹에서 검색했던 전문가의 서비스 검색)
5. 상세페이지에서 [문의하기] 클릭
6. 핸드폰 본인인증(최초 1회)
7. 메시지 작성 및 발송

이어서 팀원들과 함께 고객 경험의 장벽을 제거할 방법을 가장 첫 번째 우선순위로 두고 프로덕트 개선 논의를 시작했습니다.

데이터로 다시 한번 검증하기

고객의 답변을 보완하는 가장 좋은 방법은 관련 데이터와 결합하는 겁니다. 이 전략은 고객 여정에 대한 전체 그림을 제공하고 필요한 통찰력을 제공하는 데 도움을 줍니다. 따라서 프로덕트 데이터를 사용해 사용자가 언제 전환했고, 왜 전환했는지 이유를 알아봐야 합니다. '아하 모먼트'를 포착하기 위해 데이터로 고객의 목소리를 한 번 더 검증해야 합니다. 특히 과거 나의 프로덕트 감gut에 기대어 고객 데이터를 등한시하는 일이 없어야 합니다. 고객 인터뷰와 같은 정성적인 리서치와 정량적인 고객 행동 패턴 데이터 분석은 프로덕트 관리자가 가진 가설을 세우거나, 검증하는 데 매우 중요한 근본이 됩니다. 만약 고객이 내뱉은 말과 행동을 분석한 데이터가 일맥상통한다면 가설을 확신하고 프로덕트 개선 과정에 박차를 가할 수 있게 됩니다.

이 과정에 '코호트 분석'을 사용하게 되는데, 이는 사용자 행동을 그룹으로 나눠 지표별로 수치화한 뒤 분석하는 기법입니다.* 이 코호트 분석은 크게 획득acquisition 코호트와 행동behavior 코호트로 나뉩니다. 전자는 단순하게 특정 시작날짜를 기준으로 사용자를 그룹화한 것이며, 후자는 유저가 앱 또는 웹사이트에서 수행한 특정 액션을 기반으로 사용자를 그룹화한 겁니다. '아하 모먼트'는 이중 후자에 해당하는 '행동 코호트' 분석을 통해 특정 행동을 수행한 횟수 또는 기간에 따라 리텐션이 어떻게 변

---

* 저는 데이터 분석 전문가는 아니다 보니, 앰플리튜드와 같은 데이터 분석 도구를 통해 간단하게 1차 시뮬레이션을 돌려본 이후에, 더 정확한 데이터 분석을 위해 전문가인 데이터 분석팀에 도움을 요청합니다. 여러분도 데이터 분석에 도움을 받는 것을 추천드립니다!

프로덕트 매니저 PM · PO 원칙

화하는지 확인합니다. 4단계로 어떻게 행동 코호트 분석을 수행했는지 크몽에서 예시를 곁들여 소개해보겠습니다.

1. 리텐션에 해당하는 활성화 고객의 유지율 추적을 통해 고객 구매 여정의 어떤 부분이 우리 프로덕트의 가치를 효과적으로 전달하는지 확인할 수 있습니다.
   - **크몽 예시** : 리텐션이 높은 고객은 전문가에게 문의를 한 이후 빠른 시간 안에 긍정적인 답변을 전문가에게 받은 고객이었습니다.

2. 반대로 이탈률을 측정해 이탈한 사용자가 프로덕트에 지속적으로 시간을 투자하는 데 충분한 가치를 느끼는 못하는 순간들을 찾아내고, 그 순간에 어떤 고객 경험의 장벽이 존재하는지, 제거해야 할 고객 경험의 장애요소는 무엇인지 파악할 수 있습니다.
   - **크몽 예시** : 전문가에게 첫 문의 메시지를 작성하기 전까지 신규 유저에게 강제했던 여러 퍼널들이 이 장벽에 해당했습니다.

3. 그다음으로는 서비스의 주요 고객 행동의 전환(예를 들어 주문, 유료 멤버십 가입 등)으로 이어지는 고객 행동을 찾기 위해 전환하지 않은 사용자와 데이터를 비교해봅니다. 전환한 사용자와 그렇지 않은 사용자 간의 주요 차이점을 여러 번의 데이터 분석을 통해 발견할 수 있습니다.
   - **크몽 예시** : 메시지를 보낸 이후에 전문가의 답변이 아예 없거나, 너무 늦게 오는 경우 또한 구매 전환에 있어 큰 장벽이었습니다. 반면에 문의한 전문가에게 빠른 시간 안에 긍정적인 답변을 받은 고객은 구매로 전환이 잘 이어졌습니다.

4. 마지막으로 이 데이터를 바탕으로 '아하 모먼트'가 어디에 있는지 어느 정도 검증했다면, 마침내 사용자의 리텐션을 높일 수 있는 사용자 행동 기반의 가설을 세울

수 있게 됩니다.

- 제가 맡았던 프로덕트의 고객 행동의 주요한 '전환'은 모두 '구매'에 해당하므로, 아래는 '구매'라는 고객 행동을 '전환'으로 가정했습니다. 그리고 저 또한 고객 인터뷰와 데이터 검증을 통해 이 질문에 대한 답변을 찾다 보니 크몽에서는 맡기려는 서비스(예를 들어 회사의 로고 디자인)를 제공하는 전문가에게 메시지를 문의한 이후 특정 시간 이내에 긍정적인 답변을 받는 것이 가장 중요하다는 사실을 알게 되었습니다.

마지막으로 데이터를 통해 고객 경험을 검증할 때는 다음과 같은 질문에 대한 답을 찾아보면 좋습니다.

- 고객이 구매로 전환할 때 온보딩 경험이 얼마나 중요하나요?
- 우리 프로덕트가 제공하는 주요 기능과 상호 작용해 전환된 고객은 몇 명인가요?
- 고객이 구매로 전환하기 전에 우리 프로덕트를 몇 번이나 다시 방문했나요?
- 고객이 구매로 전환하기 전에 마지막으로 상호작용한 것은 무엇이었나요?

'A/B 테스트' 진행하기

데이터 기반으로 가설을 세웠다면 반드시 테스트해야 합니다. A/B 테스트는 사용자를 두 그룹으로 나누고, 각 그룹에 '아하 모먼트'를 향한 다른 고객 여정을 동시에 제시합니다. 회사에 따라서는 기간별로 나눠서 진행하는 경우도 있습니다. 저는 모든 기능이 반드시 A/B 테스트를 거쳐야 한다는 A/B 매니아는 아니지만, 우리 프로덕트의 활성화 지표를 좌지우지하는 '아하 모먼트'를 찾는 과정에서는 꼭 써야 한다고 생각합니다. 예를 들어 전환율 또는 리텐션이 높은 고객이 사용하는 특정 기능을 발견했다고 가정해봅시다. 예를 들어 이커머스 쇼핑몰의 장바구니 담기 기능이라고 하죠. 무작정 특정 위치로 옮길 것이 아니라 장바구니 담기 기능을 현재 위치와 또다른 위치에 두어 A/B 테스트를 진행해 전환율을 확인해야 합니다.

- A 안(기존 안/대조군) : 고객이 검색 후 상세페이지에서만 마음에 드는 아이템을 1개씩 장바구니에 넣을 수 있음
- B 안(개선안/실험군) : 고객이 검색 결과 화면에서 바로 마음에 드는 아이템을 상세페이지 방문 없이 바로 장바구니에 여러 개를 넣을 수 있음

이렇게 테스트하는 동안은 외부 요인을 차단해야 하므로 통제 그룹을 유지해야 합니다. 예를 들어 앱을 방문한 모든 고객이 아니라 검색 결과 페이지에 접근한 고객에게만 A/B 테스트가 노출되어 50:50으로 트래픽이 분배되게 해야 합니다. 테스트는 얼마나 많은 사용자가 전환에 도달하는지 알아내는 데 집중해야 합니다. 이때 테스트의 주요 목표는 가능한 한 많은 기능을 단기간에 론칭하는 것이 아니라는 것을 명심해야 합니다. 고객의 '아하 모먼트'를 향한 경로가 더 나은 고객 경험이 되게 하는 것이 최종 목표입니다.

'아하 모먼트'까지 가는 가장 빠르고 쉬운 길

'아하 모먼트'를 정의한 이후에는 '아하 모먼트'를 널리 알리고, 고객이 '아하 모먼트'까지 쉽고 빠르게 갈 수 있도록 고객 경험을 최적화해야 합니다. 그리고 마지막으로는 온보딩, 구매 이전, 구매 이후와 같이 여러 단계에 걸쳐서 고객이 '아하 모먼트'를 여러 번 경험할 수 있도록 만들어야 합니다. 가장 중요한 '아하 모먼트'가 하나이더라도, 강약이 다른 '아하 모먼트'가 여럿일 필요는 있습니다.

'아하 모먼트'를 널리 알리기

'아하 모먼트'를 찾았다면 곧바로 이해관계지와 메이커에게 전파해야 합니다. 가장 쉽게 이를 전파하는 방법은 우리 회사 또는 프로덕트의 리더십에게 '아하 모먼트'에 공유하고, 리더십을 통해 빠르게 전파하도록 하는 겁니다. 이때, 왜 이것이 '아하 모먼트'이고, 어떤 검증을 통해 정해진 것인지 구성원들에게 스토리를 전파해야 합니다. 지표로 만든 '아하 모먼트'는 모두가 이해할 수 있을 정도로 쉬워야 합니다. 그래야 누구나 외칠 수 있는 '유지율, 전환율'이 아닌 '유지율을 높이기 위해 X일 동안, Y라는 고객 행동의 증가'와 같은 구체적이고 실현 가능한 뾰족한 목표를 통해 모두가 하나의 북극성 지표를 바라보고 업무를 할 수 있게 됩니다. 그래야 '아하 모먼트'와 관련된 개선 사항의 우선순위가 높다는 사실을 모두가 알게 될 것이고, 왜 우리가 개선에 투자해야 하는지에 여러 번 반복해서 설득하는 노고도 줄일 수 있습니다. 이를 통해 '아하 모먼트'

가 우리 프로덕트의 주요 고객 경험의 원칙이 되는 순간을 경험하게 됩니다.

고객이 '아하 모먼트'에 가장 쉽고 빠르게 도달할 수 있는 방법을 고민하기

때로는 이 '아하 모먼트'에 집착해 큰 그림을 보지 못하고, 나무만 보게 되는 실수를 범하게 됩니다. 고객 여정 초기 단계에 발생할 수 있는 최악의 일은 장벽을 스스로 세우는 겁니다. 우리 프로덕트를 처음 사용하는 사용자의 온보딩 경험에 마찰이 되는 장애물과 어려움이 적으면 적을수록 좋습니다. 심지어 바로 패스할 수 있는 무언가를 제공하면 가장 멋진 경험을 제공하게 될 겁니다. 고객이 '아하 모먼트'를 더 빨리 찾을 수 있도록 불필요한 장벽을 제거하고, 다음 단계로 고객이 자연스럽게 나아갈 수 있도록 도와줘야 합니다. 예를 들어 10년 전만 해도 쇼핑몰 회원가입 시에 주소, 직업, 성별 등 불필요한 정보를 필수 정보로 수집했습니다. 지금은 상상할 수도 없는 일이지요. 고객이 우리 프로덕트의 '아하 모먼트'까지 쉽고 빠르게 도달하는 데 방해가 되는 불필요한 장벽을 제거하기 위해, 저는 다음과 같이 고객 입장에서 '아하 모먼트'를 점검하는 노력을 하고 있습니다.

1. 고객을 세그먼트로 나눠 다양한 경로와 여정을 이해하기(예 : 구매자, 판매자)
2. 고객여정을 와이어프레임 또는 화이트보드에 붙여서 직접 눈으로 전체 여정을 확인하기

3. 고객이 사용하는 같은 디바이스로 직접 고객 플로우를 체크하기. 인비전 등의 툴을 이용해서 반드시 직접 앱과 유사한 UI/UX 환경에서 확인하기

아하 모먼트 어게인

'아하 모먼트'는 프로덕트 가치가 사용자에게 '처음으로' 떠오르는 순간이기 때문에, 전체 고객이 우리 프로덕트를 사용하는 전 여정에서 가장 중요한 한 순간이라고 볼 수 있습니다. 구체적으로 장기적인 고객 행동에 영향을 미칠 수 있는 즉, 활성화 지표에 영향을 미치는 순간입니다. 고객이 감정적으로 느끼는 '아하'의 강도나 중요성은 다를 수 있지만, 프로덕트가 단 하나의 '아하 모먼트'를 갖는 경우는 많지 않습니다. '아하 모먼트'는 고객이 프로덕트를 사용하는 과정에서 여러 번 발생할 수 있으며, 실제 고객 세그먼트, 여정 단계 등에 따라 상황의 유형이 다를 수도 있습니다. 물론 고객 경험 측면에서 가장 우선순위 높은 '아하 모먼트'를 정의하는 것이 가장 중요한 업무지만, 그렇다고 해서 '아하 모먼트'를 하나의 순간으로만 정의해야 한다고 생각하면 안 됩니다. '아하 모먼트'의 세기는 다를 수 있으나, 고객이 프로덕트를 사용하는 전 과정에서 지속적으로 나타나야 더 우리 프로덕트를 사용하는 여정을 더 신나게 즐길 수 있기 때문입니다. 따라서 가장 중요한 '아하 모먼트'를 달성한 이후에는 또 다른 '아하 모먼트 어게인'을 제공해야 합니다.

프로덕트 매니저로서 프로덕트 성장의 핵심은 지속적으로 우리 프로덕트를 찾는 충성고객을 확보하는 거라고 생각합니다. 그러려면 '아하 모먼트 어게인'으로 고객 여정 전반에 걸쳐서 사용자의 지속적인 참여를 이끌

어내야 합니다. 쿠팡이 로켓 배송 리드 타임에만 만족했다면 지금의 모습으로 성장할 수 있었을까요? 앱 홈 화면에서부터 결제 완료 시점까지 지속적으로 고객에게 '아하 모먼트'를 제공하는 노력했기 때문에 하루에도 몇 번씩 찾는 충성고객이 늘어나 가능했다고 봅니다. 저 역시 쿠팡을 퇴사했지만 객관적인 고객 관점에서 사용하면 할수록 더욱 더 쿠팡의 충성고객이 되어가고 있습니다. 특히, 홈이나 검색창 상단 화면에 나오는 '자주 구매하는 상품 추천'은 클릭 번거로움을 해소하는 '아하 모먼트'를 매번 강력하게 주고 있습니다. 다음날 새벽 배송도 중요하지만 재검색과 주문하는 과정을 생략하는 기능이야말로 바쁜 직장인에게 강력한 '아하 모먼트'가 되어주지 않았을까 생각해봅니다.

지금까지 '고객으로부터 항상 시작하기'의 실천 방안으로써 '아하! 모먼트'를 살펴보았습니다. '아하! 모먼트'는 고객의 경험을 개선하는 과정에서 고객에게 진정한 가치를 제공하는 '유용성'과 쉽게 프로덕트를 이용할 수 있는 '사용성'을 함께 제공해야 한다는 원칙을 잊지 않도록 해줍니다. 특히, 고객이 우리 프로덕트를 처음 접하는 '온보딩' 시점의 사용성은 너무나 중요하다는 사실을 잊지 않았으면 좋겠습니다. 너무나 당연한 회원가입, 로그인 또는 앱 설치 후 처음 고객이 만나게 되는 첫 화면 등이 '아하 모먼트'로 가는 여정을 가로막는 장벽이 되면 안 되니까요.

마지막으로 프로덕트 매니저로서 '아하 모먼트'라는 순간을 찾아내고, 모먼트에 가기까지 최고의 고객 경험을 만들어내고자 노력하는 프로덕트 매니저의 집착이 가장 중요하다는 것을 잊지 않았으면 좋겠습니다. 그리고 '아하 모먼트'를 찾은 이후에 혼자만 알고 있지 말고, 프로덕트 개발에 참여하는 모두에게 전파하는 것도요!

마지막으로 '고객중심'으로 업무를 시작하고, 고객의 '아하! 모먼트'를 찾아내는 다섯 가지 체크 리스트를 공유하며 글을 마칩니다.

☑ **고객 중심으로 디자인되어 있는가?** 프로덕트를 사용하는 고객의 요구와 니즈에 대한 이해를 바탕으로 고객이 프로덕트를 사용하는 전 과정이 디자인되어야 합니다. 프로덕트의 모든 퍼널을 고객 중심으로 디자인했는지 고객의 시각으로 다시 한번 직접 모든 과정을 체크해보세요. 특히, 우리 프로덕트에 대해 잘 모르는 신규 유저의 온보딩 과정에 집중해야 합니다. 그들이 쉽고 빠르게 프로덕트의 가치를 파악하고 활용할 수 있도록 만드는 것이 프로덕트 매니저의 최우선순위가 되어야 합니다.

☑ **고객에게 정말로 도움이 되는 기능인가?** 우리가 제공하는 프로덕트는 궁극적으로는 고객에게 유용성을 제공해야 합니다. 아무리 뛰어난 사용성을 가지고 있더라도 유용성을 가지지 못하는 프로덕트는 고객에게 가치를 제공하지 못하기 때문에 '아하 모먼트'를 제공할 수 없게 됩니다. 유명한 디자인 어워드를 수상했지만 고객에게 외면받은 앱들이 세상에 얼마나 많은지 알게 되면 이 유용성이 얼마나 중요한지 알 수 있게 됩니다. 먼저 유용한 기능을 확보해야만 고객에게 '아하 모먼트'를 제공할 수 있습니다.

☑ **원활한 사용자 경험을 제공하는가?** 유용성을 먼저 확보했다면, 이제 사용성에 집착해야 합니다. 유용성만을 가지고서는 고객에게 '아하 모먼트'를 제공하기 어렵습니다. 고객 입장에서 고객이 프로덕트를 쉽게 이해하고 활용할 수 있게 하는 데 집착해야 합니다. 우리 프로덕트를 이용하는 데 겪고 있는 어려움을 찾고, 장벽을

프로덕트 매니저 PM · PO 원칙

제거해야 합니다. 만약 법적인 제도나 비즈니스 상황으로 인해 제거할 수 없다면, '안 된다'라고 포기하지 마세요. 최대한 장벽의 높이를 낮추세요. 정말 좋은 사용성을 가진 프로덕트는 프로덕트 매니저가 말로 구구절절 설명할 필요가 없이, 한 번에 고객 스스로 다음 퍼널로의 전환 액션을 끌어낼 수 있는 디자인을 가지고 있습니다.

☑ **데이터 분석을 통해 사용자의 행동을 분석하는가?** 고객 행동을 모니터링하고 데이터를 분석해 고객이 '아하'를 언제 외치는지 파악해야 합니다. 반대로 '아하'를 외치지 못하고 이탈한 사용자들이 언제, 어떤 화면에서 떠나는지도 파악해야 합니다. 이를 위해 고객 행동 데이터를 분석할 수 있는 각 퍼널에 대해 정의 및 로그를 심어놔야 합니다. 이는 가장 기본적이지만 가장 중요한 프로덕트 매니저 업무 중 하나입니다. 각 순간의 데이터를 모니터링하고 분석해 프로덕트를 지속적으로 개선하고 '아하 모먼트'로 가는 길을 최적화하세요.

☑ **사용자 교육을 제공하는가?** 사용자 교육 없이 직관적으로 우리 프로덕트를 사용하도록 프로덕트를 개발하는 것이 궁극적인 목표지만, 때로는 우리 프로덕트의 유용성 또는 사용성을 쉽게 발견할 수 있게 교육을 제공할 필요가 있습니다. 예를 들어 신규 기능을 출시했을 때 툴팁 또는 모달 팝업 등을 사용해 해당 기능을 고객이 쉽게 발견하고 사용할 수 있게 하는 것도 교육에 해당합니다. 특히 SaaS나 B2B 프로덕트는 사용자에게 프로덕트의 기능과 이점을 설명하고 가르쳐주는 교육 자료나 가이드를 반드시 제공해야 합니다. 수십 페이지의 PDF 다운로드는 부가적으로 필요하겠지만, 실제 고객이 해당 프로덕트를 사용하는 순간 화면에서 바로 알려줘야 합니다. 고객은 교육을 제공해도 잘 안 봅니다. 그러므로 고객이 프로덕트에 처음 온보딩하는 순간에 집착해야 합니다. 우리 프로덕트에 호기심과 관심이 가장 많을 때이기 때문입니다.

《START WITH WHY》

프로덕트에 관한 책은 아니지만, 프로덕트 매니저인 우리는 왜 '고객'으로부터 프로덕트를 시작해야 하는지 이 책을 읽어보면 '아하! 모먼트'를 무려 열 번 넘게 깨달을 수 있게 될 겁니다. "Why는 오히려 현재 위치와 정반대 방향을 바라볼 때 드러난다. Why는 발명이 아니라, 발견을 해나가는 과정이다"

《린 스타트업》

프로덕트 매니저로서 반드시 읽어봐야 할 책으로 추천합니다. 기본적으로 알아야 할 MVP, 고객 피드백 수집 및 피벗을 통한 프로덕트 전략 수정 등을 다양한 사례와 함께 다룹니다. 책을 읽다 보면, 실패를 통한 학습을 통해 지속적으로 도전하는 용기를 낼 수 있게 될 겁니다.

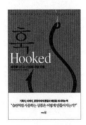

《훅 Hooked》

'아하 모먼트'를 통해 리텐션을 높일 수 있는 방법을 고민하다 찾은 책입니다. 계기-행동-보상-투자'라는 4단계로 나눠지는 반복적 패턴인 'Hook'을 적용해 우리 프로덕트를 사용하는 고객 습관을 만들어내는 글로벌 기업들의 구체적인 방법을 엿볼 수 있어 재밌습니다.

《설득의 심리학》

프로덕트 매니저는 매일 메이커들과 이해관계자들에게 왜 우리가 지금 이 업무를 이렇게 해야 하는지 설득합니다. 이 책에서 언급하는 설득의 7가지 원칙을 익혀보세요. 우리 프로덕트의 성공을 위한 '아하 모먼트'를 전파하는 커뮤니케이션 역량이 쑤욱 개선될 겁니다.

06

의심하고 또 의심하라.
악마도 천사처럼 웃는다

강형모 sexyflash@gmail.com
현) 엔카닷컴 프로덕트 오너 리드
전) 네오랩 컨버전스 응용S/W 센터장
전) NCSOFT Japan 게임 개발
전) 이모션, 펜타브리드 개발 리드

대략 10년은 개발 리드를 했고, 대략 10년간 PO 리드로 일하고 있습니다. 프로덕트 구축은 기술적 업적이지만, 고객의 마음을 움직이는 것이 그 여정의 본질이라고 생각합니다. 사랑하는 아내와 두 딸 하윤이 하음이의 아빠이면서 주말엔 몰래 코딩합니다.

 facebook.com/sexyflash

20년 전 디지털 에이전시에서 근무했습니다. CGV와 롯데시네마 예매 시스템, 코카콜라 사이트 개발, 나이키 프로젝트에 참여했습니다. '나이키 에어조던95, 에어맥스98 신발처럼 시간이 흘러도 사람들이 기억하고 찾는 서비스를 만들어야지.' 아직은 혈기가 왕성한 개발자로서 옹골진 목표를 세워 개발에 임했습니다. 그런 생각으로 열심히 임해 개발한 덕분인지 서비스가 하나하나 공개될 때마다 좋은 소식이 날라왔습니다. FWA, 코리아 웹 어워드Korea Web Awards, 아시안 스마트폰 앱 어워드Asian Smartphone App Awards 등을 수상하고, 매크로미디어Macromedia, 어도비Adobe 스페셜 리스트로 호평도 받았습니다. '잘하고 있구나.' 밤낮 없이 최선을 다해 개발한 결과가 좋은 반응을 얻어서 기분이 좋았고, 그 성공에 어깨를 으쓱했습니다.

그런데 실제 사용자들의 평가는 달랐어요. 어떤 커뮤니티에서 "뭐가 달라진 건지", "예전 서비스가 더 편했다"는 부정적인 평가를 보았을 때 정말 놀랐죠. 한 편으로는 상을 받으면서도 다른 한편으로는 부정적인 피드백을 받으니, 무엇이 문제인지 고민하게 됐어요.

10년 이상 개발자로 일하며 깨달은 것은, 프로덕트 성공이 기술을 넘어 사용자 반응과 피드백에 의존한다는 점입니다. 이 발견은 사용자 피드백을 통해 프로덕트의 성장 잠재력을 파악하는 데 큰 도움이 되었습니다. 그 후로 10년 넘게 프로덕트 책임자로서 트래픽 관리와 사용자 경험을 연구하는 일에 집중해왔습니다. 현재는 중고차 O2O 플랫폼인 엔카닷컴에서 이러한 업무를 계속 이어가고 있습니다.

프로덕트 성장을 위해서는 사용자 행동 지표가 중요합니다. 처음 프로덕트 책임자로 일을 시작했을 땐, 문제를 규정하는 것도 서툴렀고, 자꾸만 개발자 관점에서 문제를 풀려고 했습니다. 하지만 경험이 쌓이며,

사용자의 필요와 경험을 중심에 두는 방향으로 사고를 전환하게 되었습니다. 이제는 매일 쌓이는 데이터를 통해 고객의 행동 패턴을 면밀히 분석하고 있습니다. 예를 들어 어떤 위치와 메시지에 사용자가 어떻게 반응하는지, 고객이 어떤 기대를 가지고 유입되는지, 그들이 얼마나 오래 머물렀으며, 전환율과 이탈률은 어떠한지 등을 파악합니다. 이러한 지표들은 사용자의 행동과 선호를 더욱 잘 이해하는 데 중요한 역할을 합니다.

프로덕트가 성장하는 과정에서, 유입 증가와 이탈률 감소는 중요한 지표입니다. 하지만 이 변화들을 긍정적인 측면으로만 해석하는 것은 적절하지 않습니다. 예를 들어 사용자 유입이 증가했다면 이것이 자연스러운 성장의 결과인지, 아니면 퍼포먼스 마케팅의 영향인지를 분석하는 것이 중요합니다. 또한 이탈률이 줄었다면 프로덕트의 개선 때문인지, 외부 요인의 영향 때문인지를 정확히 파악해야 합니다.

데이터를 해석하고 결론을 도출하는 과정에 신중함이 필요합니다. 서둘러 결론을 내리면 잘못된 판단을 할 수 있습니다.

거센 파도는 현상입니다. 파도 뒤에 불어오는 바람을 봐야 합니다. 지표만 보고 판단해서는 안 됩니다. 반대로, 지표가 떨어지고 있다고 해서 곧바로 낙심할 필요는 없어요. 일시적인 변동일 수도 있고, 다른 요인이 작용하고 있을 수도 있습니다. 때로는 의도적인 트래픽 감소가 오히려 운영에 도움이 될 수도 있습니다. 득과 실은 작은 그림과 큰 그림 모두를 확인하고 검증한 결과이어야 합니다.

쉽게 단정 지어서는 안 됩니다. 신중해야 합니다. 의심하고 또 의심해야 해요. 빨리 이해관계자에게 개선 소식을 알리고 싶은 마음은 이해하지만, PO는 더욱 신중해야 합니다. 한마디로 팀 전체의 방향이 달라질 수 있으니까요. 기억하세요.

지표 : 확실하지 않으면 승부를 걸지 마라

우리가 살아가고 있는 지금 세상은 눈 깜짝할 사이에 새로운 현상이 일어나고 기존의 것들이 사라지는 곳입니다. 새로운 아이디어가 샘솟는 것은 책을 펼치기도 전에 일어나며, 관심 있는 주제를 북마크하는 순간 다음 트렌드가 그 자리를 차지하고 있습니다. 오늘 발견한 혁신이 내일이면 이미 일상의 일부가 되어버리죠. 빠르게 변화하는 현실 속에서, PO는 세밀한 변화에 주목하고, 데이터에 기반한 신속한 의사결정으로 이 변화의 물결을 넘나들어야 합니다.

고객들이 어떤 서비스에 반응하는지, 재방문이 높은 고객의 특징은 어떠한지, 어느 시간대에 리드가 집중되는지 등의 정보는 매우 중요한 지표가 되죠. 이런 지표에서 뽑아낸 인사이트는 서비스 구성, 프로모션 기획, 마케팅 전략을 짜는 데 큰 도움을 줍니다.

이제부터 월간 활성 사용자Monthly active users 1000만에 가까운 엔카닷컴에서의 지표를 분석해 인사이트를 찾는 여정을 떠나보겠습니다. 비즈니스에 중요한 지표를 어떤 관점에서 바라봐야 하는지 알아보겠습니다. 그 과정에서 실패 후 의심하고 또 의심해 성공이 이끄는 과정을 보게 될 겁니다.

시대적 유입과 이탈

중고차 가격은 언제 상승하고, 언제 하락할까요? 연초와 상여금을 받는 3~4월에 구매하려는 수요가 증가하여 가격이 소폭 상승하는 경향이 있으며, 휴가철이나 연말에는 수요가 다소 감소하는 경향이 있습니다. 하지만 이러한 계절적 트렌드만으로 중고차 시장의 유입 트래픽을 전적으로 예측하기는 어렵습니다.

코로나19 팬데믹 시절, 반도체 수급 부족과 공장 셧다운 등으로 신차 출하가 늦어졌어요. 오늘 신청해도 1년에서 2년 후에 받을 지경이라 거의 신차 수준의 중고차에 대한 수요가 급증했습니다. 중고차 수출 업자까지 시세 상승을 견인하며, 중고차 값이 신차 값을 추월하는 진풍경도 연출됐죠.

하지만 팬데믹이 막을 내리고 미국에서 인플레이션이 시작되면서, 저금리 시대에서 고금리 시대로 전환되었습니다. 금리 상승에 따른 할부 구매의 이자 부담이 커지자 이번에는 고가 중고차에 대한 수요가 줄었어요. 또한 신차 구매를 희망하던 고객들이 구매의사를 철회하면서 신차 공급이 빨라지고 중고차 가격이 하락하는 풍선효과가 발생했습니다.

가격이란, 정기적인 패턴과 예측 불가능한 요소들이 뒤섞여 오르내리는 거죠. 넷플릭스를 예로 들어볼까요? 팬데믹으로 인한 글로벌 봉쇄가 이끈 회원수 급증. 하지만 이는 넷플릭스의 능력이 아닌 외부 요인에 의한 결과였죠. 팬데믹이 종식되자 성장세도 한풀 꺾이고 있습니다. 중고차 시장과 넷플릭스 사례를 통해 알 수 있듯, 외부 변화는 기회가 될 수도 있고 위기가 될 수도 있어요. 이러한 변화에 어떻게 대응하느냐가 서비스의 지속 가능성을 좌우한다는 사실을 잊지 말아야 합니다.

프로덕트 매니저 PM · PO 원칙

기간 관점에서의 트래픽 변화

기간별 트래픽 변화를 분석하면 흥미로운 패턴이 드러납니다. 예를 들어 벚꽃 축제나 명절, 공휴일 같은 특별한 시즌에는 우리가 흔히 보던 트래픽의 흐름이 완전히 달라지죠. 이처럼 다채로운 요인들이 뒤섞여, 플랫폼 방문자 수는 예측하기 힘든 변동성을 보여줍니다.

차량 검수 결과를 유료로 제공하는 파일럿 테스트 사례를 예로 들어 보겠습니다. 세 가지 상품, 즉 '프리미엄'(가장 비싼 가격), '스탠다드'(중간 가격), '라이트'(가장 저렴한 가격) 상품을 고객에게 제안했습니다. 테스트가 시작되자 '프리미엄' 상품은 60%의 관심을 받았습니다. '라이트' 상품은 30%, '스탠다드' 상품은 10%의 관심만을 얻었습니다. 연말 크리스마스 시즌 이후에는 '프리미엄' 상품과 '라이트' 상품의 선호도가 각각 50%와 40%로 바뀌었습니다. 이러한 결과를 얻고 나서 비용 대비 효율이 더 좋은 '라이트' 상품에 더 많은 리소스를 할당하기로 결정했습니다. 이에 '라이트' 상품 중심으로 페이지를 개편했지만, 놀랍게도 '라이트' 상품에 대한 유입률은 20%로 감소했습니다. 최초 출시했던 '라이트' 상품의 40% 유입률 버전으로 되돌렸지만, 유입률은 여전히 20%에 머물렀습니다.

변화는 특히 연말연시와 같은 특별한 시즌이 끝나고 일상으로 돌아간 이후에 두드러졌습니다. '라이트' 상품에 대한 초반 관심이 급격히 떨어진 반면, '프리미엄' 상품은 꾸준히 선호도를 유지했습니다. 이 경험을 통해 특정 기간에 쌓인 데이터만으로 판단하면 위험할 수 있음을 깨달았습니다.

결국, 초기에 가장 인기 있었던 '프리미엄' 상품에 집중하여 추가 테스트를 진행한 결과, 테스트 종료 시점에는 '프리미엄' 상품의 선호도가 80%에 달하는 성과를 얻었습니다. 단순히 지표가 바뀌었다고 해서 낙심하거나 낙관하면 안 됩니다. 고객의 반응과 트래픽 지표를 종합적으로 분석하여, 지속적인 서비스 개선과 고도화를 추구해야 합니다.

기술통계를 통한 분석

기술통계는 프로덕트 및 서비스의 전략을 설계하고 분석하는 데 핵심적인 역할을 합니다. 데이터를 살펴볼 때 일별부터 주간/월간에 이르는 활성 사용자 패턴은 물론 재무/품질/마케팅 지표까지 매우 다양한 측면을 관찰하고 분석하게 되죠. 트렌드 분석, 경로 분석, 속성 분석, 코호트 분석, 유지 분석, 퍼널 분석 등의 방법을 활용합니다. 기술통계 분석이 단순한 해석을 넘어, 서비스의 전략적 방향성을 규명하는 데 결정적인 역할을 한다는 사실을 깨닫게 된 사례가 있었습니다.

내 차 팔기 서비스 신청 퍼널*을 개선하는 작업을 맡았을 때였죠. 고객이 서비스의 어느 지점에서 이탈하고 어떤 행동을 보이는지 정밀하게 기술통계를 활용해 분석했습니다. 페이지 체류 시간과 유사한 행동 패턴을 보이는 사용자 그룹을 세밀하게 분류함으로써 고객들이 서비스에서 어

---

* 서비스 신청 퍼널은 사용자가 특정 디지털 서비스를 신청할 때 거치는 연속적인 단계를 의미합니다. 이 퍼널은 사용자의 움직임과 선택을 추적하며, 이를 통해 전환율이나 이탈률 같은 중요한 지표를 측정할 수 있습니다. 퍼널의 각 단계는 서비스 신청의 성공 확률을 높이는 개선점을 도출할 수 있는 중요한 데이터를 제공합니다.

디에 관심을 보이고, 어떤 지점에서 답답함을 느끼는지 명확히 파악할 수 있었습니다. 이 과정에서 발견된 흥미로운 사실은, 고객들이 입력 인터페이스의 복잡함에도 불구하고 전환율은 예상과 달리 안정적으로 유지되었습니다. 대신, 많은 이들이 결제 단계까지 도달한 뒤에 차량 정보 입력 페이지로 돌아가 정보를 다시 확인하는 패턴을 반복했고, 이러한 행동이 이탈률에 중요한 영향을 미쳤습니다.

여러 가설을 세우고 이를 검증하는 과정을 거친 결과, 단계별 전환율은 약간 상승했지만, 결제 전환율에는 크게 변화가 없었습니다.

이에 플랫폼과 고객 간의 상반된 우선순위에 대해 깊이 고민하게 되었습니다. 플랫폼에서는 결제 전환율이 사업의 성공을 가늠하는 핵심 지표였지만, 고객들에게는 차량 정보를 신중하게 입력하는 과정이 중요했습니다. 이 과정에서의 신중함이 고객들을 서비스 신청 과정에서 멀어지게 만들었고, 복잡한 절차는 이해하기 어려운 난관으로 다가섰습니다.

이 문제를 해결하기 위해 기존의 '로그인 → 정보 입력 → 상품 결제 → 광고 등록'이라는 전통적인 서비스 절차를 '로그인 → 상품 결제 → 광고 등록 → 정보 입력'순으로 재설계했습니다. 이 변경은 플랫폼 중심적인 이기적인 결정처럼 보이지만, 실제로는 고객에게 큰 심리적 안정감을 제공하는 전략이었습니다. 고객들은 결제를 먼저 진행하고 나면 '구매 결정'이라는 큰 결심을 마치고, 이후 차량 정보를 입력하는 단계에 더 집중하고 신중할 수 있게 됩니다. 이는 '선택 후 정당화'*라는 심리학적 기법을 활용한 겁니다.

---

*   choice-supportive bias. 자신의 결정이나 선택을 정당화하려는 심리학적 경향

이러한 순서의 재설계는 고객들이 결제 후에 차량 정보를 더 세심하게 검토하고 입력할 수 있도록 도와, 결제 전환율과 고객 만족도를 상승시켰습니다. 이 전략적인 조정은 플랫폼의 수익성 향상과 고객의 심리적 안정감을 동시에 고려한 성공적인 사례로 남게 되었습니다.

트래픽의 재발견

트래픽을 큰 물줄기로 생각해봅시다. 물줄기는 강이나 호수로 흘러가며 여러 갈래로 나뉠 수 있어요. 중요한 것은 이 물줄기가 어디로 흘러가는지를 제어하는 겁니다. 물이 쓸모 있는 곳으로만 흘러가게 만들어야 합니다. 때로는 흘러가는 물의 양을 조절해야 합니다. 너무 막으면 꼭 필요한 물까지도 막게 될 수 있습니다. 물을 마치 댐이나 수문이 제어하듯, 서비스에서는 사용자 경험을 '퍼널'이 제어합니다.

비즈니스에서는 고객이 어떤 선택을 할지, 혹은 어떤 문제에 부딪힐지 미리 예측하는 것이 중요합니다. 예를 들어 이탈하지 않고 서비스를 이용하면서 다른 항목을 선택하는 고객의 행동은 여러 옵션에 관심을 가지고 있다는 신호입니다. 이러한 고객에게 '이 서비스도 확인해보실래요?' 같은 메시지를 즉시 띄워주면, 고객의 이목을 집중시킬 수 있습니다.

엔카 실시간 비교견적 프로덕트를 예로 들어볼까요? 비교견적 신청 과정 중 이탈하는 트래픽이 있죠. 이 중 일부는 다른 판매 방식에 관심을 가지고 플랫폼 내에서 이동합니다. 비교견적 프로덕트 입장에서는 이탈이지만 플랫폼 전체 입장에서는 이들을 단순한 이탈로 보지 않고, 거래에 가까운 새로운 유입으로 보는 섬세한 접근이 필요합니다.

비교견적 트래픽 관리에 있어서도 신중함이 필요합니다. 모든 신청 트래픽을 받는 것도, 무작정 좁혀서도 안 됩니다. 신청을 무분별하게 받으면, 딜러들은 비효율적인 입찰에 시달리고, 운영팀은 서비스 품질 관리로 과도한 리소스를 소모하게 되죠. 그러면 고객도 만족스러운 가격을 받지 못하는 악순환이 이어집니다.

그렇다고 거래 결정을 못한 고객에게 부정적인 메시지를 직간접적으로 보내 이탈을 유도하는 것도 문제가 있어요. 플랫폼에서는 트래픽이 내부적으로 유지되어야 하고, 서비스 확장에도 도움이 되어야 하니까요.

트래픽 관리, 어떤 전략이 필요할까요? 서두에 설명한 것과 같이 트래픽을 마치 물줄기처럼 효과적으로 이끌 필요가 있죠. 중요한 건, 트래픽이 무분별하게 분산되지 않게 하는 겁니다. 여기서 '의도된 이탈 지점'이라는 개념이 등장합니다. 마치 물길을 이끄는 데 필요한 여러 수문과 같죠. 이 지점들은 트래픽을 적절하게 분류하고, 필요한 곳으로 유도하는 역할을 합니다.

이렇게 설정된 지점들을 통해, 거래에 가까운 고객은 마지막 단계까지 잘 도달하게 되고, 아직 결정을 내리지 못한 고객들은 다른 채널로 유도됩니다. 이 과정은 트래픽의 소실을 최소화하며, 각 고객의 여정을 더 세심하게 관리하게 해줍니다. '의도된 이탈'은 바로 이런 전략적 접근의 핵심이죠. 고객이 각 단계에서 자연스럽게 이탈하거나 새로운 경로로 유도되어 궁극적으로는 플랫폼과 서비스의 효율성을 높일 수 있습니다.

트래픽 이탈은 크게 플랫폼 이탈과 서비스 이탈로 나뉩니다. 플랫폼 이탈이 문제라면, 고객과의 연결고리 유지에 중점을 두어야 합니다. 이를 위해선 고객을 식별할 수 있는 인프라 작업의 중요성이 강조됩니다. 여기에 서비스 이용 동의와 약관 관리는 필수입니다. 고객이 다시 연락을 받아들일 준비가 되었는지 확인하는 과정이죠. 또한, 고객에게 어떤 메시지로 접근하는지도 중요합니다. 불편함을 주지 않으면서도 효과적으로 접근해야 합니다.

예를 들어 플랫폼을 이탈한 고객에게는 아웃바운딩 전략으로 카카오톡이나 SMS를 통해 '타사 견적과 비교해보세요'나 '직접 광고를 등록해 더 높은 수익을 챙기세요' 같은 메시지를 보낼 수 있습니다. 이는 고객에게 가치를 제시하면서 플랫폼으로의 재방문을 유도하는 거죠.

서비스, 즉 프로덕트 이탈의 경우에는 인바운딩 전략으로 고객의 서비스 여정 속 활동 로그를 분석하여 적절한 순간에 슬라이딩 팝업 메시지나 챗봇을 활용해 '견적 결과가 만족스럽지 않나요?' 혹은 '다른 판매 방식을 제안드릴까요?' 같은 메시지를 보낼 수 있습니다. 고객의 감정과 상황을 고려하여 다시 서비스로 유도하는 전략입니다.

이렇게 전략적으로 유입 트래픽을 관리하고, 의도된 이탈 지점을 설정함으로써, 우리는 진성 사용자에게 더욱 집중할 수 있게 됩니다. 그 결과, 고객 만족과 운영 효율성 두 마리 토끼를 동시에 잡을 수 있는 거죠.

결론적으로 트래픽은 단순한 숫자 이상의 가치를 지닙니다. 이를 세심하게 관리하고 활용하지 않으면, 기회비용은 물론 플랫폼의 지속 가능성까지 위협할 수 있습니다. 완전한 이탈이 일어난 경우에도 포기해서는 안 됩니다. 이 고객에게 새로운 서비스를 제안하거나 특별한 혜택을 주어 이탈한 트래픽을 새로운 기회로 바꾸는 것이 결국은 플랫폼의 지속 가능성을 높이는 방법입니다.

정말 중요한 건 단순히 업데이트되는 지표만 보는 것이 아닌, 그 **지표가**

전략적인 방향과 일치하는지, 숫자 뒤에 숨겨진 진짜 의미는 무엇인지 생각해야 한다는 겁니다. "이 숫자가 맞나? 트래픽이 이상한 건 아닌가?" 결론을 내리기 전에는 계속 의심해야 하며, 너무 쉽게 결론에 도달하면 실수할수 있습니다. 확신이 들어도 또 의심해야 한다는 점을 명심하세요.

인터뷰 : 니즈 파악하기

고객의 니즈와 기대를 이해하는 중요한 수단으로 고객 인터뷰가 있습니다. 프로덕트의 미래를 더 잘 이해하고 가치를 제공할 수 있는 방향을 찾을 수 있는 효과적인 고객 인터뷰는 대화와 통찰의 과정에서 생깁니다. 구체적인 분석에 앞서 니즈를 파악하는 효과적인 도구로서 인터뷰를 집중 조명해보겠습니다.

일반적인 질문 vs 목표 지향적 질문

인터뷰를 설계할 때 질문의 성격을 잘 설정해야 합니다. **일반적인 질문**과 **목표 지향적 질문** 사이에서 균형을 찾아야 합니다. 예를 들어 진학을 고민하는 학생과 선배 간의 대화를 떠올려봅시다.

예를 들어 "선배님, 인생을 어떻게 살아왔나요?"같은 일반적인 질문은 깊은 통찰력을 얻을 수 있지만 때로는 모호한 답변만 돌아올 수 있어요. 반면 목표 지향적 질문, 예를 들어 "선배님, 1번부터 3번까지 학교 중 어떤 학교를 선택해야 할까요?" 같은 질문은 특정 목표에 대한 구체적인 조언을 얻기 좋지만, 전체 상황과 세부 사항을 놓칠 위험이 있죠.

구분	일반적인 질문	목표 지향적 질문
예시	선배님, 인생을 어떻게 살아왔나요?	선배님, 1번부터 3번까지 학교 중 어떤 학교를 선택해야 할까요?
장점	통찰력 얻기 좋음	특정한 목표에 대한 조언 얻기 좋음
단점	모호함, 질문의 의도를 담기 어려움	전체 상황과 세세한 것을 놓칠 위험

　두 가지 접근법을 적절하게 혼합해 "선배님, 이 중 어떤 학교를 선택해야 할까요? 기준으로 세운 학교 외에 추천해주실 학교가 더 있을까요?"라고 질문을 하면 어떤가요? 한 번의 질문으로 깊이 있는 답변을 유도하고, 여러 선택지를 고려할 수 있는 방법으로 보입니다. 스무고개를 기다려주는 선배는 없어요.

　고객 인터뷰에서도 이 두 가지 접근법을 적절하게 혼합해야 해요. 초기에는 고객의 전반적인 의견을 듣기 위해 일반적인 질문을, 세부 조언을 원하면 목표 지향적 질문을 하면 됩니다. 자동차 구입을 고려하는 고객 인터뷰 상황을 가정해볼게요.

　"어떤 종류의 차량을 찾고 계신가요?"라는 일반적인 질문은 고객의 전반적인 선호도와 필요를 파악하는 데 도움을 줍니다. 고객은 자신이 원하는 차종, 스타일, 기능 등을 자유롭게 이야기할 수 있습니다.

　이어서 "주로 도시 주행을 하실 건가요, 아니면 장거리 주행을 자주 하시나요?"처럼 고객의 사용 패턴에 초점을 맞추며 목표 지향적 질문을 하면, 답변에 따른 구체적인 차량 추천이 가능해집니다.

　두 가지 접근법을 혼합하여 구성한다면 "평소 운전하시는 환경을 생각해볼 때, 차량 선택에 가장 큰 영향을 주는 것은 무엇인가요? 연비, 크기,

안전성, 디자인 등 중에서, 어떤 것이 가장 중요하다고 느끼시나요?"가 되겠죠. 그러면 고객의 일상적인 운전 환경, 고객의 우선순위, 중요하게 여기는 차량 기능에 대한 정보를 한 번에 얻을 수 있습니다. 이 과정에서 고객이 피드백을 주는 시점에서 A/B 테스팅을 활용해 더 구체적인 정보를 얻을 수 있습니다.

이런 방식으로 인터뷰를 진행하면 고객의 생각, 기대, 실제 필요를 더 잘 이해할 수 있고, 프로덕트의 개선 방향과 가치 제공을 더욱 선명하게 만들 수 있습니다.

설문 문항 설계하기

인터뷰는 단순한 대화 수단이 아니라 고객과 기업 간의 깊은 관계를 형성하는 중요한 도구 역할을 하기도 합니다. 따라서 '고객의 생각'을 바탕으로 설문 문항을 설계하는 것이 중요합니다. 일반적으로 'MECE'*를 지켜야 하는데, 이 원칙은 각 항목이 상호 배타적이면서 전체적으로 완전해야 함을 의미합니다.

예를 들어 중고차 판매 서비스 신청에 주저하는 고객의 마음을 이해할 때, 차량의 필요성, 거래 과정, 가격 선정, 딜러 대면, 추가 견적의 필요성 등 다양한 요소를 고려해야 합니다. 각 요소는 고객의 불안과 혼란을 일으킬 수 있습니다. 거래 과정의 복잡성이나 딜러 대면의 불편함 등은 고

---

* MECE (Mutually Exclusive, Collectively Exhaustive)는 문제 해결과 분석에서 자주 사용되는 원칙. 'Mutually Exclusive'는 각 카테고리가 서로 겹치지 않아야 함을 의미하며, 'Collectively Exhaustive'는 모든 가능한 경우를 고려해야 함을 의미합니다.

객의 망설임을 더욱 크게 만들 수 있는 점 또한 고려해야 합니다. 이런 과정을 거쳐 고객의 중고차 판매 망설임에 대한 근본적인 원인과 패턴을 파악하는 설문 문항을 설계해야 합니다.

· 고객의 생각을 파악하는 설문 문항 설계 예시 ·

유형	고객 인식	질의
차량의 필요성	• 출퇴근 어려움 • 여행 계획 제한 • 이동 시간 증가 • 이동 경로 제한 • 대중교통에 의존해야 함	지금 팔면 차가 없어서 불편해요.
거래 과정	• 계약서 이해 어려움 • 흥정 능력 부족 • 법률 지식 부족 • 보험 선택 혼란 • 딜러 신뢰도 문제	거래 과정이 복잡해보여요.
가격 선정	• 가격에 대한 불안감 • 흥정 경험 부족 • 시장 가격 미파악 • 총 비용 계산 어려움 • 잔금 관리 두려움	가격(감가)을 흥정하는 것이 부담돼요.
딜러 대면	• 시간 조율 어려움 • 장소 선택 고민 • 딜러와 의사소통 불편 • 딜러 신뢰성 불확실 • 거리적 장벽	딜러를 만나는 것이 불편해요.
추가 견적의 필요성	• 정보 수집 어려움 • 견적 비교 혼란 • 최적 해 선택 고민 • 딜러 서비스 비교 어려움 • 선택의 어려움	다른 견적도 받고 싶어요.

인터뷰 프로세스

인터뷰 단계에서는 목적을 명확히 정의하고 대상 고객을 선정하며, 다양한 상황에 따라 적절하게 반정형 인터뷰*와 정형 인터뷰Structured Interview** 방법 선택해야 합니다.

• 정형 인터뷰과 반정형 인터뷰 비교 •

	정형 인터뷰	반정형 인터뷰
특징	• 사전에 정해진 질문들을 모든 응답자에게 동일하게 물어봅니다. • 질문의 순서와 표현이 일정합니다. • 데이터의 비교와 분석이 쉽고, 일관성이 높습니다.	• 기본적인 질문은 준비되어 있지만, 인터뷰 중에 질문을 추가하거나 변경할 수 있습니다. • 응답자 또는 상황의 답변에 따라 대화의 방향이 바뀔 수 있습니다. • 더 깊이 있는 정보와 개인적인 경험을 얻을 수 있습니다.
적합한 사용 예시	• **대규모 조사** : 많은 사람을 대상으로 조사할 때 일관된 데이터를 수집하기 위해 사용합니다. • **객관적 데이터 수집** : 통계적 분석이나 수치화가 필요한 경우에 적합합니다. • **기준이 명확한 상황** : 예를 들어 직원 선발 과정에서 특정 기준에 대한 응답자의 일관된 반응을 확인할 때 사용할 수 있습니다.	• **개별적인 경험 이해** : 사용자 인터뷰나 사례 연구에서 개인의 경험이나 생각을 이해할 필요가 있을 때 유용합니다. • **탐색적 연구** : 연구 주제에 대한 사전 정보가 제한적일 때 더 넓은 관점을 얻을 목적으로 사용합니다. • **문화적, 사회적 연구** : 사회적 현상이나 문화적 관점을 탐구할 때, 개인의 다양한 의견을 듣는 데 유용합니다.

---

* 반정형 인터뷰(Semi-Structured Interview)는 인터뷰 참여자에게 질문하는 내용과 질문의 순서를 포함하는 방법으로 구조화된 인터뷰와 비구조화된 인터뷰의 중간에 있는 인터뷰 유형입니다. 사전에 준비된 질문 목록을 사용하여 지원자의 기술과 경험을 확인하고, 지원자의 생각과 아이디어를 더 자세히 알아보기 위해 자유롭게 질문을 이어가는 방법을 말합니다.

** 정형 인터뷰는 일관성과 비교 가능성이 중요할 때 주로 사용되며, 반정형 인터뷰는 더 깊이 있는 이해나 개인적인 경험을 탐색할 때 유용합니다. 각각의 상황에 맞게 적절한 인터뷰 방식을 선택하는 것이 중요합니다.

예를 들어 인터뷰의 목적이 하반기 프로덕트 개발을 위한 과제 선정이라면, 서비스 이탈 고객을 대상으로 하여 그들이 겪는 문제와 니즈에 대한 심도 있는 분석이 필요합니다. 이를 통해 새로운 개발 과제의 방향성을 정할 수 있습니다.

고객의 니즈와 문제점을 이해하기 위한 인터뷰 프로세스는 **목적 정의 → 대상 고객 선정 → 인터뷰 가이드 준비 → 인터뷰 방법론 선택 → 인터뷰 실시 → 데이터 분석 → 인사이트 도출 → 결과 적용** 단계로 구성됩니다.

· 인터뷰 단계 ·

인터뷰 단계	구체적인 예
목적 정의	하반기 신규 프로덕트 개발 과제 선정을 위해
대상 고객 선정	우리 서비스 이탈 고객
인터뷰 가이드 준비	반정형 인터뷰 가이드 작성
인터뷰 방법론 선택	서비스 이탈 시점 팝업 레이어 사용
인터뷰 실시	실시간 응답 모니터링 및 기록
데이터 분석	텍스트 분석 및 패턴 인식
인사이트 도출	중고차 판매의 주요 망설임 요인 도출
결과 적용	하반기 개발 과제 적용

목적을 명확하게 설정하는 것이 첫 단추입니다. 신규 프로덕트를 개발한다면 어떤 고객 문제점을 해결할 것인지 먼저 생각해야 합니다. 명확한 목적 설정이 중요한 이유는 그래야 고객으로부터 필요한 정보만을 집중적으로 수집할 수 있기 때문입니다.

이어서 **대상 고객 선정** 과정이 진행됩니다. 예를 들어 서비스를 이탈한 고객을 대상으로 인터뷰를 진행한다면 특정 고객 그룹의 니즈나 문제점을 좀 더 깊게 이해할 목적인 겁니다.

다음 단계는 **인터뷰 가이드 작성**입니다. 반정형 인터뷰 형태로 진행되기 때문에, 고객이 중고차 판매를 망설이는 이유나 서비스 이탈의 주요 원인 등에 관한 질문을 미리 구조화해둡니다. 이 과정을 통해 분석하기 용이한 데이터를 수집할 수 있게 됩니다.

이제 준비가 끝났다면 **인터뷰 방법을 선택**합니다. 여러 방법이 있겠지만 이번에는 서비스 이용 중 대상 고객에게 팝업 레이어를 활용하여 서비스 이탈 시점에서 고객의 직접적인 피드백을 수집하는 경우로 한정지어서 생각하겠습니다. 이 방식을 선택한 이유는 고객이 서비스를 이탈하는 순간에 바로 그 원인을 파악하기 위함입니다.

인터뷰가 시작되면, 실시간으로 응답을 모니터링하고 기록합니다. 이렇게 수집된 데이터는 고객의 니즈와 문제점을 정확하게 파악하는 근거가 됩니다.

마지막으로 **인터뷰 데이터를 분석**합니다. 텍스트 분석과 패턴 인식을 진행해 고객이 중고차 판매에 망설임을 느끼는 근본적인 이유를 찾아냅니다. 이 결과를 바탕으로 하반기의 신규 프로덕트 개발 과제를 결정하게 됩니다.

이렇게 인터뷰 프로세스를 수행하고 나면 고객의 니즈와 문제점을 체계적으로 파악할 수 있습니다.

진실의 순간에 도달하기

인터뷰를 시작하기 전에 때때로 답변이 어느 정도 예상 가능한 경우가 있습니다. 그걸 뛰어넘는 통찰적인 이해를 얻어야 인터뷰가 의미가 있습니다. 중고차 판매에 대한 망설임이라는 주제에서 대다수가 가격 문제를 지적할 것으로 예상되지만, 더 복잡하고 다양한 원인을 밝혀내야 합니다. 깊은 통찰을 얻는 방안으로 다중 선택을 들 수 있습니다.

• 단일 선택 vs 다중 선택 •

단일 선택 방식이 고객의 복잡한 의사결정을 단순화하여 제한하는 반면, "판매가 망설여지는 이유 2가지를 선택해주세요"라는 다중 선택 접근은 스웨덴의 마케팅 학자 리처드 노만이 이론화한 '진실의 순간*'에 더욱 접근할 수 있습니다. 다중 선택은 고객의 다층적인 심리와 요구를 더욱 정밀하게 획득할 수 있기 때문에, 여기에는 명백한 이점이 있습니다.

이 다중 선택 전략은 단순히 '가장 큰 문제점은 무엇인가?'를 넘어, '가격, 딜러 대면, 거래 복잡성 중 어떤 것들이 고객을 더 망설게 하는가?'를 파악할 수 있게 해줍니다. 이런 방식은 중고차 판매의 망설임이 단순히 가격에만 국한되지 않고, 차량의 필요성, 거래의 복잡성, 딜러와의 인터랙션 등 다른 요소에 의해도 크게 영향을 받을 수 있음을 고려한 접근입니다.

또한, 설문 문항의 순서를 랜덤화하면 고객이 의사결정 과정에서 겪는 선택 편향을 최소화할 수 있습니다. 단순히 상위에 위치한 옵션에 무의식적으로 중요성을 부여하는 경향을 완화함으로써, 더 정확한 고객 인사이트를 얻게 되는 겁니다. 이러한 다양한 측면을 고려한 다중 선택 방식은 프로덕트의 개선 방향과 전략을 설정하는 데 있어 신뢰성 있는 데이터를 제공할 겁니다.

---

* '진실의 순간(Moment of Truth)'은 고객과 브랜드 또는 제품 사이에서 발생하는 중요한 상호 작용을 지칭하는 마케팅 용어입니다. 이는 고객이 실제로 브랜드나 제품에 대한 의사결정을 내리는 순간을 말하며, 이때 얻은 인사이트는 제품이나 서비스의 개선에 큰 도움을 줄 수 있습니다.

분석 : 사용자 행동으로 찾는 '아하 모먼트'

프로덕트를 성장시키려면 끊임없이 개선의 여지를 찾아야 합니다. 이 과정에서 과제를 선정하고 우선순위를 정하는 데 백로그의 활용이 매우 중요합니다. 하지만 지금 우리가 작성하는 백로그backlog가 정말 중요한 과제가 맞는지, 아니면 단순히 우리의 선호와 욕심으로 만든 것은 아닌지 반드시 의심해봐야 합니다. 복잡한 기능일수록 구현 시간이 길어집니다. 꼭 맞다는 보장도 없습니다. 진짜로 집중해야 할 것은 '이 백로그가 얼마나 큰 효과를 가져올지, 그리고 이를 구현하는 데 얼마나 적은 리소스가 들어가는지'입니다. 리소스를 잘 사용했다 해도 더 중요한 일이 생길 수 있어요. 유연하게 대응할 수 있어야 합니다. 덩치가 큰 에픽*은 때론 독이 될 수 있어요. 업무 스위치가 말처럼 빠르게 전환되는 게 아니니까요.

이번에는 엔카닷컴 앱의 검색 기능을 개선하는 사례로 사용자 행동으로 아하 모먼트**를 찾는 과정을 소개하겠습니다.

검색 숙련도 단계 확인하기

중고차 구매는 복잡한 일입니다. 가격부터 연식, 모델, 옵션, 스타일까지 모두 고려해야 합니다. 그런데 처음 유입된 고객이 정확하게 이런 요소를

---

*   Epic. 에자일 개발 프로세스에서 큰 티켓 아이템이나 큰 작업 단위를 이르는 용어

**   사용자가 서비스나 프로덕트의 가치를 처음으로 깨닫는 순간입니다. 갑작스런 인식의 변화로 긍정적인 인상이나 감정을 유발하는 시점이죠. 사용자 경험 디자인에서는 이 아하 모먼트를 통해 사용자가 프로덕트를 빠르게 이해하고 받아들일 수 있게 유도하는 것이 중요하며, 이는 프로덕트의 성공에 결정적인 역할을 할 수 있습니다.

프로덕트 매니저 PM · PO 원칙

정하고 검색하는 건 쉽지 않습니다. 각 차량은 일물일가(一物一價·Law of one price)로 차마다 가격이 다르기 때문에 원하는 차량을 찾으려면 검색을 여러 번 시도해야 하죠. 사용자들은 검색 결과 수에 민감합니다. 결과가 많으면 '선택 과부하' 때문에 떠나버리고, 결과가 적으면 선택의 여지가 없다며 이탈하게 됩니다. 검색 결과가 많다면 아직 뭘 구매할지 정하지 못해서일 수 있습니다. 반면, 검색 결과가 줄어든다면? 조건을 좁혀가는 신호로 볼 수 있습니다. 이런 사용자의 검색 행태를 바탕으로 검색 숙련도를 **인지 → 호기심 → 탐색 → 결정 → 행동**으로 나눌 수 있습니다.

· 검색 숙련도 ·

단계	특징	머무는 시간	사용자 행동	검색 성숙도에 걸리는 기간
인지	다양한 차량 살펴보기	짧음	검색 결과 : 5,000대 이상, 선택장애 가능성	초기 단계
호기심	구체적인 차량 찾기 시작	중간	검색 결과 : 2,000대 이상, 많은 정보에 어려움	약 25일
탐색	검색 기능 이해 및 특정 차량 찾는 방법 학습	중간	검색 결과 : 약 500대, 찾는 차량 명확하게 인식	약 35일
결정	원하는 차량 종류 확실히 알기	길음	검색 결과 : 50개 미만, 필터 기능 적극 활용	약 50일
행동	적합한 차량 선택 및 구매	길음	검색 결과 : 20~30개 유지	약 55일

처음에 사용자는 **인지 단계**에 있어요. '어떤 차를 살까?'하며 다양한 옵션을 둘러봅니다. 선택지가 5,000대나 되니, 선택 과부하가 찾아올 수 있죠. 이때 중요한 것은 사용자가 선택지의 바다에서 길을 잃지 않게 하는

겁니다. 다음은 **호기심 단계**입니다. 사용자가 좀 더 구체적인 차량을 찾기 시작해요. 여전히 2,000대가 넘는 검색 결과가 있지만, 조금씩 좁혀나가는 중이죠. '이 차는 어떨까?' 사용자가 점점 목표를 선명하게 그려나갑니다. **탐색 단계**로 넘어가면, 검색 결과는 500대로 줄어들어요. '아, 이런 차를 찾고 있었어!' 사용자는 원하는 차량을 좀 더 분명히 알게 됩니다. **결정 단계**에서 사용자는 필터 기능을 활용해 선택지를 50대 미만으로 좁힙니다. '이 중에서 골라야겠다.' 이 단계에서 사용자는 자신이 원하는 차를 더욱 구체적으로 파악해요. 마지막으로 **행동 단계**에 도달합니다. 20~30대의 차량 중에서 최적의 선택을 하죠. '이 차로 결정했어!' 구매를 결정하는 순간이죠.

• 아하 모멘트 관계 •

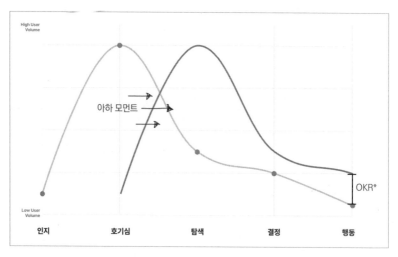

---

*   Objectives and Key Results. 목표와 핵심 결과

                                         프로덕트 매니저 PM · PO 원칙

이 전체 과정은 약 55일이 걸리지만, 이를 더 빠르게 진행할 수 있다면, 플랫폼에게는 큰 이익을 가져다주게 됩니다. 더 많은 고객을 만족시키고, 플랫폼의 효율성을 높이죠.

개발 개선과 인지 개선 고려하기

어떻게 하면 사용자들이 검색 기능을 더 빠르게 숙달할 수 있을까요? '개발 개선'과 '인지 개선' 두 방법을 비교해보겠습니다.

• 핫 버튼 선택지 •

구분	개발 개선	인지 개선
UI		

기능	• 고객 선호 중심 필터링 • 범위 조정 시각화 • 주요 서비스 강조 • 인기 옵션 하이라이트	• 필터 사용 안내
개발 리소스	3개월	3시간
기대	사용자의 검색 체류 시간 증가 및 필터 활용도 향상	기본 활용을 독려하고 필터 이용 촉진

개발을 아는 입장에서, **인지 개선** 방법으로 팝업 하나 띄우는 것과 같은 작업은 하찮은 것으로 생각했습니다. '단순한 팝업 안내가 사용자 행동에 무슨 변화를 가져다주겠어. 흔한 광고로 치부하고 무의식적으로 팝업 닫겠지'라는 생각이 들었죠. 오히려 사용자 경험을 실질적으로 개선할 수 있는 검색 기능 개발에 더 집중해야지라는 생각을 했었죠. 당시 **개발 개선**에 더 몰입했고, 2가지 방법을 모두 적용할 수도 있었지만, 배포 리소스와 기회 비용을 고려해 한 가지 과제에만 집중해야 했습니다.

하지만 고민을 거듭하다 보니, 의문이 하나 떠올랐어요. 기존에 없던 기능을 추가한다고 해서 정말로 사용자의 검색 행태나 숙련도가 변할 수 있을까요? 기존에 있는 기능도 사용을 못하는데? 더 깊숙이 파고들어야 할 문제는 있어요. 바로 이 기능이 전하고자 하는 가치와 사용자에게 필요한 도움이 무엇인지를 성찰하는 것이죠. 문제 해결을 위해 새로운 기능에만 치중하다 보니, 정작 중요한 사용자의 목소리를 놓치고 있었던 건 아닌가 싶어요. 만약 여러분이 담당 PO라면 어떻게 하겠습니까?

'아하 모먼트'로 해결하기

저는 '아하 모먼트'로 과제를 해결하려 했어요. 검색 숙련도를 높이기 위한 접근이 필요했죠. 페이스북, 슬랙, X(트위터)에서 '배운 몇 번의 액션으로 활성 사용자가 되는' 접근 방식 대신, 적절한 지식과 타이밍을 기반으로 사용자가 단번에 성공감을 경험하고 활성화되도록 유도하는 전략을 구사했습니다. 사용자가 기본 기능을 제대로 활용하지 못할 때 정확한 시점에 필요한 안내를 제공함으로써 추가 개발 없이 '검색 기능의 효과적인 사용을 깨닫게 해 활성 사용자로의 전환을 촉진한다'는 가설을 설정했습니다.

• 아하 모먼트 분석 항목 •

분석 항목	지표	인사이트
검색 후 재검색 주기	검색 결과에 머물 수 있는 시간	검색 결과에서 사용자를 잡아둘 수 있는 시간
검색 결과 수	검색 결과 수에 따른 사용자 숙련도 분류	인지와 행동 단계 사용자 분포
유효 클릭 존	검색 결과의 유효 클릭의 변곡점	검색 결과의 상품 노출 크기와 정보 제공 범위

실험을 해야 했습니다. 어떤 사용자에게 언제 메시지를 보낼 것인지 알아보기 위해서죠. 실험은 재검색 주기, 검색 결과 수, 리스트에서의 유효 클릭 존을 기준으로 이뤄졌어요.

실험군에게 안내한 메시지가 특별했습니다. "쉽고 빠른 차량 찾기! 검색 필터를 사용하세요."라는 메시지를, 검색 결과가 50대 이상일 때, 40번째 상품이 노출되는 시점에 전달한 것이죠.

• 핫 버튼 성과 분석 •

항목	대조군(안내 팝업 미노출)	실험군(안내 팝업 노출)
안내 팝업 노출 조건	–	검색 결과가 50대 이상인 경우, 40번째 상품이 노출되는 시점
안내 메시지	–	"쉽고 빠른 차량 찾기! 검색 필터를 사용하세요."
검색 숙련도 기간	약 55일	약 25일
서비스 활용도	낮음	높음
리드 지표	낮음	높음
보조 지표	낮음	높음

실험 한 달 후 흥미진진한 결과가 나왔어요. 안내 팝업을 받지 않은 대조군은 행동 단계 사용자로 전환되는 데 55일이 걸렸지만, 안내 팝업을 받은 실험군은 단 25일 만에 행동 단계에 도달했습니다. 더욱 놀라운 것은 실험군이 빠르게 활성 사용자로 전환된 겁니다.

개발에 몰두하는 것이 흔한 일이지만, 작은 개선이 때로는 큰 차이를 만들 수 있다는 것을 기억하세요. 이러한 작은 변화가 사용자 경험을 향상시키고 비즈니스 가치를 증대시키는 데 효과적입니다.

이 실험 결과는 최적의 해결책을 찾을 때 직관에만 의존하지 말라는 것을 보여줍니다. 때로는 검색 기능 자체를 개발하는 것보다 사용자에게 기능의 사용법을 안내하고 그 효용성을 깨닫게 하는 것이 더 중요할 수 있습니다. 직관을 의심하고, 다양한 방법으로 접근하며 발전해나가야 합니다.

가설 & 실험 : 생각하고 행동하라

실험을 시작할 때 '일단 해보자'는 태도는 피해야 해요. 가설 없이 실험하면 결과 해석과 의사결정이 어려워집니다. 가설 설정은 실험의 출발점으로, 결과에 상관없이 효율적인 의사결정을 가능하게 합니다. 가설 트리를 활용하면 이해도가 향상됩니다.

좋은 가설 vs 나쁜 가설

작은 변화도 중요할 수 있으나 명확한 전략 없이는 큰 이점을 얻기 어렵습니다. 미래 의사결정을 위해 다양한 시나리오를 고려하고 적절한 가설을 설정하는 것이 중요합니다.

MAU 1000만 명의 고객이 있다면 이들이 어떤 순서로 이탈하고 전환될지 다양한 시나리오를 고려해야 합니다. 각 시나리오에 따른 가설 설계는 결정 과정을 더욱 선명하게 만들어줍니다. 예를 들어 '웹사이트에서 사용자가 찾는 정보의 접근성을 높이기 위해 검색 기능을 개선하면, 사용자 평균 체류 시간이 10% 증가할 것이다'라는 가설을 세웠다고 합시다. 사용자 평균 체류 시간 10% 증가라는 구체적인 목표와 검색 기능 개선이라는 명확한 전략을 제시하고 있어 좋은 가설로 보입니다.

가설	설명
웹사이트에서 사용자가 찾는 정보의 접근성을 높이기 위해 검색 기능을 개선하면, 사용자 평균 체류 시간이 10% 증가할 것이다.	사용자 평균 체류 시간 10% 증가라는 구체적인 목표와 검색 기능 개선이라는 명확한 전략을 제시하고 있습니다.
앱 시작 화면에 프로모션 메시지를 배치하면, 프로모션 상품 구매율이 15% 상승할 것이다.	프로모션 메시지를 앱 시작 화면에 배치하는 명확한 개입과 프로모션 상품 구매율 15% 상승이라는 예상 결과를 명시하고 있습니다.
사용자 대시보드의 UI를 개선하면, 사용자의 일일 활동 수치(DAU)가 20% 증가할 것이다.	사용자 대시보드의 UI 개선이라는 뚜렷한 행동과 사용자의 일일 활동 수치 20% 증가라는 결과를 연결시켜줍니다.

그렇다면 '웹사이트를 개선하면 사용자들이 더 행복해질 것이다'라는 가설은 어떤가요? '개선'이라는 개념이 너무 추상적이며, '행복'이라는 결과를 측정하기 어려워, 구체적인 목표나 전략을 제시하지 않고 있습니다. 나쁜 가설입니다.

가설	설명
웹사이트를 개선하면 사용자들이 더 행복해질 것이다.	'개선'이라는 개념이 너무 추상적이며, '행복'이라는 결과를 측정하기 어려워, 구체적인 목표나 전략을 제시하지 않고 있습니다.
프로덕트의 성능을 높이면 더 많은 사람이 사용할 것이다.	'성능 높이기'와 '더 많은 사람이 사용한다'는 내용이 매우 모호하고 정량화하기 어렵게 되어 있습니다.
사용자들에게 더 많은 기능을 제공하면, 우리의 앱이 성공할 것이다.	'성공'이라는 개념이 매우 주관적이며, '더 많은 기능 제공'이라는 행동과 직접적으로 연결되지 않고, 가설 검증을 위한 명확한 측정 지표가 없습니다.

좋은 가설과 문제 정의 예시

구체적인 목표와 기능을 명시한 좋은 가설을 세우고 나면, 예상되는 시나리오와 의사결정을 위해 문제를 어떻게 정의할지 생각해볼 수 있죠. 이 과정은 성공적인 실행을 위해 필수적인 단계입니다.

• 좋은 가설과 문제 정의 예시 •

가설	핵심 문제 정의	도출된 전략
사이트 로딩 속도를 20% 향상시키면 페이지 뷰 수가 10% 증가할 것이다. 그러나 이를 위해 필요한 서버 용량 증가로 인한 운영 비용이 5% 증가할 것으로 예상된다.	• 사이트 로딩 속도 개선과 페이지 뷰 증가의 관계 • 서버 용량 증가에 따른 운영 비용 증가	• 로딩 속도 최적화를 위한 효율적인 리소스 관리 • 클라우드 서비스를 활용한 가변적 서버 용량 조정
가입 프로세스를 단순화하면, 회원 가입률이 30% 상승할 것이다. 그러나 간소화된 가입 과정으로 인해 사용자 정보 수집이 감소해 향후 맞춤형 서비스 제공에 제약이 생길 수 있으며, 이는 장기적으로는 사용자 유지율에 영향을 줄 수 있다.	• 가입 프로세스 단순화와 회원 가입률 상승의 관계 • 사용자 정보 수집과 맞춤형 서비스 제공의 상호 관계 • 맞춤형 서비스 제공 제약과 사용자 유지율의 관계	• 단계별 가입 과정 단순화 • 필수 정보와 선택 정보 분리를 통한 사용자 정보 수집 전략 • 가입 후 추가 정보 제공을 통한 맞춤형 서비스 개선
유저가 찜한 상품에 대한 재고 부족 알림 메시지를 보내면, 구매 전환율이 10% 상승할 것이다. 그러나 과도한 알림 메시지 발송은 사용자의 스팸 신고 확률을 3% 상승시킬 수 있으며, 이는 사용자 이탈률에 영향을 줄 수 있다.	• 재고 부족 알림 메시지와 구매 전환율 상승의 관계 • 알림 메시지 발송 빈도와 사용자 이탈률의 관계	• 찜한 상품에 대한 재고 상태를 실시간으로 확인하는 시스템 개발 • 사용자의 메시지 수신 선호도를 반영한 알림 발송 전략 도입 • 스팸 신고 확률 감소를 위한 알림 메시지 최적화

좋은 가설 예시의 실제 르노 자동차의 웹 성능 최적화 사례를 살펴보겠습니다. 르노 자동차는 웹 성능을 개선하고 사용자 경험을 향상시키기 위해 주요 메트릭인 LCP*와 전환율 간의 상관관계를 분석했습니다.

• LCP(2.5초 미만)를 경험하는 방문자 수 •

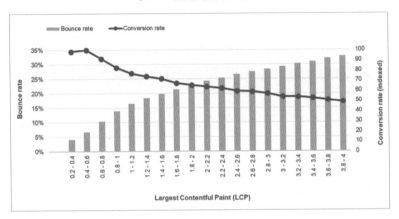

이런 분석은 더 빠르게 로드되는 웹페이지를 제공하면 사용자가 더 많은 시간을 사이트에서 보내고, 결국 더 많은 제품을 구매할 것이라는 르노의 가설을 뒷받침했습니다. 르노는 이를 실현하기 위해 여러 웹 최적화 전략을 채택했으며, 결과적으로 LCP를 2.5초 미만으로 줄이는 데 성공했습니다. 이로 인해 초기 5개 유럽 시장에서 방문자 수가 평균 22% 향상되었습니다.

르노의 사례는 웹 성능 최적화가 단순히 사용자 만족도를 높이는 것뿐

---

*   Largest Contentful Paint. 사용자가 페이지를 로딩한 후 가장 큰 콘텐츠 요소(예 : 이미지, 비디오 프레임, 대형 텍스트 블록 등)가 화면에 완전히 표시되기까지의 시간. 페이지의 '빠름' 또는 '느림'을 실질적으로 느끼는 데 중요한 요소입니다.

                           프로덕트 매니저 PM · PO 원칙

만 아니라 실제로 비즈니스 성공을 가져올 수 있음을 증명합니다. 이런 경험은 앞서 제시한 가설의 실용성과 효과성을 확인하며, 웹 성능 최적화와 비즈니스 성공 사이의 중요한 연결고리를 제공합니다.

• 르노 자동차 사례 •

가설	핵심 문제 정의	도출된 전략
• 웹페이지의 LCP 지표가 개선될수록 사용자는 페이지에 더 쉽게 접근하고, 이로 인해 전환율은 상승할 것이다. • LCP의 개선하면 사용자가 페이지에 더 오래 머무를 가능성이 높아지고, 이는 방문 후 즉시 이탈률을 줄이는 효과가 있을 것이다.	• 1초 이하의 LCP를 달성 • SPA* 구조 웹페이지에서 CWV** 측정	• 서버 사이드 렌더링을 활용하여 사용자에게 더 빠르게 콘텐츠를 제공한다. • 반드시 필요한 자바스크립트와 CSS만 로딩 페이지에 제공한다. • CDN*** 및 리소스 캐싱을 사용하여 사용자에게 더 빠르게 콘텐츠를 제공한다. • 지연 로딩을 활용하여 사용자가 실제로 볼 콘텐츠만 그때 그때 제공

PO의 역할은 현재 없는 것을 보고 미래를 상상해 과제를 만들어야 합니다. 그러므로 실험 결과가 없어도 추론하고 검증하며 청사진을 볼 수 있는 능력이 필요합니다. 맹목적인 A/B 테스트와 같은 나쁜 실험 방식은 피해야 합니다. "두 가지 중 어떤 것이 좋을지 해보자"는 접근법은 실패할 확률이 높고, 실험은 단순한 시도가 아닌 확신에 기반한 검증을 목표로

---

*   Single Page Application

**   Core Web Vitals

*** Content Delivery Network

해야 하죠. 무작정 실험하는 것은 의미 있는 결과를 얻기 어려우므로, 제대로 된 가설과 전략 수립이 중요함을 잊지 말아야 합니다.

PO로서 우리의 중요한 임무는 고객의 요구가 어떻게 프로덕트에 반영되는지 지속적으로 평가하는 겁니다. 이를 위해 우리는 끊임없이 의심하고, 더 깊이 파고들며, 각종 해결책을 신중하게 평가해야 합니다.

원칙 "의심하고 또 의심하라. 악마도 천사처럼 웃는다."

고객이 진정으로 원하는 것을 꿰뚫어보길 원한다면 이 원칙을 상기하세요. 고객의 말을 너무 쉽게 받아들이거나, 겉으로 나타나는 정보에만 의존해 판단하지 마세요. 질문과 탐구를 멈추지 마세요. 고객의 진실된 요구를 파악하는 것은 단순히 프로덕트를 개선하는 것을 넘어서, 신뢰와 깊은 관계를 구축하는 기반이 됩니다.

PO의 일상은 예측 불가능한 도전과 실험의 연속입니다. 린 스타트업 원칙과 OKR을 활용하여 실패를 빠르게 수용하고, 임팩트에 집중하는 것이 중요합니다. 이는 '만들고 부수는' 접근법을 요구하는 과정입니다. 실패를 두려워하지 말고, 변화를 받아들이며 고객과 시장의 피드백에 민첩하게 반응해야 성장할 수 있습니다.

'디자인 싱킹', 'AARRR', 'MoSCoW', '로지컬 싱킹'과 같은 용어들이 우리의 사고와 행동에 영향을 미치는 것은 사실이지만, 이들에 지나치게 집착하면 본질을 잃어버릴 수 있습니다. 데이터 사이언스에 몰두해야 할지, 풀스택 개발자처럼 전반적인 능력을 키워야 할지, 조직 구조에 대한 질문들, 예를 들어 '우리는 K-애자일 조직인가?', '지금의 툴이 구식인가?' 등과 같은 단기적인 질문들은 고객 경험을 향상시키는 핵심 임무에서 멀어지게 합니다. 모든 트렌드는 시간이 지나 바뀔 수 있지만, 고객의 문제를 해결하고 가치를 제공하는 우리의 본질적인 역할은 변하지 않습니다.

PO로서 우리의 목표는 유행에 휩쓸리지 않고 현재에 집중하는 겁니다. 실패를 두려워하지 말고, 실험적인 접근법을 받아들이세요. 고객의 반응과 시장의 피드백을 적극 활용하여 프로덕트의 변화와 성장에 기여하십시오. 이것이 PO로서 우리가 지향해야 할 바입니다. 새로운 것에 대한 호기심은 유지하되, 현재에 집중하고 역할에 충실하게 실행하는 것이 진정한 성장의 기반이 됩니다. '결과를 의심하고, 또 의심하라.' 이 태도가 PO로서 우리가 추구해야 할 핵심 원칙입니다.

《인스파이어드》

우리에겐 정석과 같은 책으로 설명이 필요 없는 프로덕트 매니징 가이드북으로, 기술 프로덕트 개발에 필요한 깊이 있는 내용과 생각할 거리를 제공합니다.

《시스템 관리자를 위한 시간관리 전략》

전문 용어가 많은 것 같지만 예시와 비유가 많아 읽기 좋습니다. 시간을 효율적으로 활용해 시스템을 관리하는 법을 배울 수 있습니다.

《일을 잘한다는 것》

'성과'에 대한 새로운 시각을 제시하며, 기술적인 능력만큼 감각적인 면도 중요하다는 주장을 합니다. 여러 기술 중심의 사고방식을 가진 사람들에게 새로운 시각을 제공합니다.

《리더는 마지막에 먹는다》

리더십에 대한 독특하고 실질적인 접근법을 제시하는 사이먼 사이넥의 작품입니다. 리더가 우선적으로 팀을 챙기고 자신은 마지막에 먹는다는 원칙을 통해 리더의 역할과 태도를 이해하는 데 도움이 됩니다.

'왜 안 되는가'에 집중하라

서점직원 fbrudtjr1@nate.com
프리랜서

그림 그리는 걸 좋아하지만 실력이 형편없어 미대를 가지 못했고 소프트웨어 공학과를 졸업했
지만 개발에 대한 자질이 부족해 기획자가 된 10년 경력의 기획자입니다. 우리나라 특성에 맞는
UI/UX 연구에 관심이 많습니다.

brunch.co.kr/@fbrudtjr1

10년 정도 업계를 떠돌아다니며 많은 프로젝트를 경험했고 많은 사람을 만났습니다. 그중에는 감탄할 만큼 업무 능력이 뛰어난 소위 일잘러도 몇 명 있었는데요. 성향이나 업무 스타일은 달랐지만 일잘러들의 공통적인 특징이 하나 있습니다. 일잘러들은 문제의 원인을 파악하는 능력이 누구보다도 뛰어났습니다.

서비스를 만들고 운영하다 보면 다양한 문제와 마주하게 됩니다. 그중에 적지 않은 문제가 이미 알고 있지만 인력과 비용 같은 현실적인 문제로 우선순위에서 밀렸거나 구조적인 문제로 개선이 불가능한 경우에 듭니다.

도메인 지식이 부족한 시니어나 신입은 이 문제들을 끄집어냅니다. "내가 보기에 이건 불편해", "이렇게 바꾸면 훨씬 좋을 텐데 너희들은 타성에 젖어 변화를 등한시하고 있어" 같은 생각으로 본인은 혁신적인 해결 방안이나 아이디어를 가지고 있다고 생각합니다. 다들 알고 있지만 이유가 있어 해결하지 못하는 문제점을 내가 마치 대단한 발견을 했다 착각하죠. '불편하다'라는 단어에 매몰되어 현상을 다각도로 바라보지 못하고 일차원적으로만 생각하기 때문입니다. 더 다차원에서 '왜 이렇게 해야 했을까?'라는 원인을 생각했다면 본인의 해결 방안이 현실에 맞지 않다는 걸 알게 될 텐데, 아이디어 하나에 꽂히면 다른 건 안 보입니다. 앞으로만 달려가는 경주마처럼요.

안 되는 것은 안 되는 분명한 이유가 있습니다. 문제에 직면했을 때 제일 먼저 해야 할 일은 해결 방법을 찾는 것이 아니라 **'왜 안 되는 것인가'**에 대한 이유를 찾는 겁니다. 안 되는 이유를 알아야 올바른 해결 방법을 찾을 수 있습니다. 문제 해결은 거기서부터 시작합니다.

안 되는 것에는 분명한 이유가 있습니다. 이유를 알아야 해결 가능한 것인지 아닌지 알 수 있습니다.

비즈니스에 대한 이해 없이 프로덕트를 만들면 생기는 문제

몇 년 전 모 노트북 제조사의 쇼핑몰 개편 프로젝트를 수행할 때 일입니다. 당시 신설된 고객구매여정팀 팀장 K는 유명 커머스 업체에서 스카웃된 디자이너 출신 UI/UX 전문가였습니다. 그는 조악하고 느리고 일관성 없는 쇼핑몰 UI에 많은 불만을 가지고 있었고 멋진 사용자 경험과 UI를 가진 쇼핑몰을 만들고 싶어 했습니다.

프로젝트 진행 상황을 보고하는 첫 번째 발표 지리. K는 기존의 상세페이지와 180도 다른 모던하고 세련된 디자인의 상세페이지를 임원들 앞에 선보였습니다. "전문가는 다르구만", "역시 자네야" 같은 칭찬을 기대했던 K. 그런데 사장님 입에서 처음으로 나온 말은 전혀 뜻밖이었습니다.

사장님 : 우리 노트북이 램을 교체할 수 있나?

K가 그린 상세페이지 시안에는 램 용량을 선택할 수 있는 옵션 기능이 있었습니다. 원래 기존 상세페이지에서는 램 용량을 선택할 수 있는 기능이 없습니다. K의 의도는 이랬습니다.

K   : 사용자에 따라 SSD나 램 용량을 늘리고 싶은 사람도 있을 거야. 상세페이지
       에서 램 용량을 선택할 수 있게 옵션을 추가하면 사용자의 선택권도 늘어나
       고 만족도도 높아지니 구매전환율과 매출이 높아지겠지?

이론적으로 맞는 얘기입니다. 그런데 K가 간과한 사실이 하나 있었는
데요. 노트북은 제조 프로세스상 램 용량을 늘리거나 추가하는 게 불가
능합니다. 일반적인 가전제품은 제품을 먼저 생산한 뒤 창고에 쌓아놨다
가 소비자의 주문이 들어오면 판매하는 선제작 후판매 방식을 사용합니
다. 보통 선제작 방식은 생산관리의 효율을 위해 스펙을 통일시키는 경우
가 많습니다. 'A 모델의 램은 16기가' 이런 형식으로 말이죠. 그런데 맥북
은 조금 다릅니다. 공홈에서 상품을 주문하면 공장에서 주문한 스펙에 맞
춰 주문 생산하는 MTO^{Made to order} 방식을 사용합니다. 그래서 소비자가 자
기가 원하는 대로 램과 SSD 용량을 자유롭게 추가하거나 변경할 수 있죠.
평생 맥북만 쓴 K는 이 차이를 알지 못했습니다. '노트북을 주문할 때 당
연히 램과 SSD를 추가하거나 변경할 수 있다'가 K의 노트북 주문 경험이
었고 상식이었죠.
  맥북도, 윈도우 노트북도 사본 적이 있던 저는 생산공정의 차이로 생기
는 스펙 변경 불가에 대한 문제점을 알고 있었습니다. K에게 램 옵션 선
택 기능을 제거하자고 제안했죠. 저의 제안에 K는 이렇게 대답했습니다.

K   : 고객이 램과 SSD를 선택하지 못하는 건 불편하잖아요. 생산공정을 애플처럼
       바꾸면 안 되나요?

서점군 : 고객이 직접 슬롯을 열어서 램을 추가할 수 있어요. 아니면 램을 사가지고 A/S센터로 가면 소정의 공임비를 받고 램을 설치해주기도 하고요.

K : 아니 그건 너무 불편하잖아요. 애초에 만들 때부터 램을 선택할 수 있게 하면 고객이 A/S센터까지 가지 않아도 되잖아요. 고객의 불편함을 바로잡는 게 혁신 아닌가요?

K의 주장은 램을 선택하지 못하는 건 고객이 불편하니 생산공정을 바꾸든 제품 라인업을 다변화하든 해서 램을 선택할 수 있게 바꿔주자는 거였습니다.

많은 기획자가 고객편의의 함정에 빠져 중요한 것을 잊곤 합니다. 생산공정을 바꾸는 데 드는 돈과 생산공정을 바꿔서 얻는 고객만족으로 얻는 편익 중 어느 것이 더 높을까요? 고객이 램을 선택할 수 있게 자율성을 주는 것이 시간과 비용을 들여 생산공정을 통째로 들어엎을 만큼 중요한 일일까요?

서비스를 만들다 보면 가끔 과하게 목표지향적인 사람들이 있습니다.

"너희들은 너무 고정관념과 편견에 사로잡혀 있어. 그래서 프로덕트가 발전이 없는 거야!"
"기존의 틀을 꿀 만한 파괴적인 혁신이 필요해!"

'파괴적인 혁신' 좋은 말입니다. 그런데 혁신을 하지 못하는 이유는 고정관념과 편견에 사로잡혀 있어서가 아닙니다. 보통은 구조적인 문제죠.

프로덕트 매니저 PM · PO 원칙

- 극복할 수 없는 구조적이고 근본적인 시스템의 문제 50%
- 비용대비 편익이 높지 않아서 40%
- 현실적으로 해결 가능하지만 우선순위에서 밀린 것들 10%

문제점 중 해결 가능한 것들은 보통 10% 안팎에 불과합니다. 대부분 문제점이 한 번쯤 논의되었으나 구조적인 문제로 해결이 불가능하거나 비용대비 편익이 높지 않아 진행되지 못했던 것들이죠.

위 사례에서 '왜 우리 노트북은 램을 변경할 수 없는 걸까?', '애플만 램 변경이 가능하고 다른 노트북은 램 변경이 안 되는 이유가 뭘까?'라는 질문을 스스로 던지고 깊게 고민했다면 램 변경이 왜 불가능한지 이유를 찾을 수 있었을지도 모릅니다. 그런데 '램 변경이 불가능하네. 사용자 입장에서 얼마나 불편할까'라는 현상에 매몰되면 과정을 객관적으로 바라볼 수 없게 됩니다. 모든 문제에는 분명한 원인이 있습니다. 문제 해결의 첫 단추는 정확한 원인 파악입니다.

프로덕트를 만들 때 비즈니스에 대한 이해가 중요합니다. 비즈니스를 고려하지 않고 UX와 고객여정을 설계하면 현실에 맞지 않은 공상과학 같은 기획이 되기 때문입니다.

비용대비 편익의 문제

2014년 산후조리원 홈페이지를 만들 때 일입니다. 제작을 의뢰했던 담당자는 호텔 같은 온라인 예약 시스템을 만들고 싶어 했습니다. 요구사항을 처음 들었을 때 대수롭지 않게 생각했죠.

"뭐 그냥 호텔 예약하듯이 객실 나열하고 날짜 선택하게 하면 되지 않을까?"

예약 시스템 플로우 차트를 그리던 서점군. 문득 중요한 사실을 하나 알게 됩니다.

"출산예정일은 예정일이잖아. 예정일에 출산을 안 하면 어쩌지?"

제왕절개를 제외하고 실제 출산 예정일에 정확히 출산을 하는 경우는 많지 않습니다. 하루 이틀 차이 정도야 괜찮겠지만 조산 등으로 인해 일주일, 심하게는 한두 달씩 차이가 나버리면 문제가 심각해지죠. 최악의 경우 객실이 다 차 있는데 한 달 뒤에 예약되어 있던 산모가 조산으로 일찍 아이를 출산하면 산모와 아이는 오도가도 못하는 신세가 되어버릴 수 있으니까요.

산후조리원 예약 시스템 설계가 까다로운 이유는 예약하는 모든 산모의 예약일이 변경될 가능성이 있기 때문입니다. 예를 하나 들어볼까요.

오른쪽 그림에서 객실1의 산모는 8월 21일이 예정일입니다. 2주의 사용기간과 하루의 청소 기간을 대비해 9월 5일부터 새로운 예약을 받을 수 있습니다. 이 상황에서 두 가지 변수가 있죠.

- **변수 1** : 원래 예약했던 산모1이 예정보다 늦게 출산했을 경우
- **변수 2** : 원래 예약했던 산모11이 예정보다 일찍 출산했을 경우

프로덕트 매니저 PM · PO 원칙

예약일		객실1	객실2	객실3	객실4	객실5	객실6	객실7	객실8	객실9	객실10
8월	20일										
	21일										
	22일										
	23일										
	24일										
	25일										
	26일										
	27일	산모1									
	28일		산모2							산모9	
	29일			산모3							
	30일						산모6				산모10
	31일					산모5					
9월	1일								산모8		
	2일										
	3일										
	4일	클리닝			산모4			산모7			
	5일		클리닝							클리닝	
	6일			클리닝							
	7일						클리닝				클리닝
	8일					클리닝					
	9일	산모 11							클리닝		
	10일										
	11일				클리닝			클리닝			
	12일										
	13일										
	14일										
	15일										
	16일										

산모1의 출산이 예정일보다 늦어지면 뒤에 예약이 잡혀있는 산모11의 예약과 겹치게 됩니다. 반대로 산모11의 출산이 예정일보다 빨라지면 산모1의 예약과 겹치게 되죠.

날짜가 확정되지 않고 항상 변동 가능성이 있다니! 시스템을 설계하는 입장에서 최악의 조건입니다. 시스템을 설계할 때는 모든 변수를 고려해서 설계하거나 변수를 최대한으로 줄여야 하는데 날짜가 변경될 수 있으면 고려해야 하는 경우의 수가 너무 많거든요. 실현 가능성은 낮지만 일어날 가능성이 1%라도 존재하는 최악의 시나리오까지요.

"예약일 앞뒤로 여유 기간을 두면 되나?"

"일정 비율의 객실을 공실로 잡으면 돌발상황에 대응이 되려나?"

"객실 하나하나가 매출인데 몇 프로나 공실을 잡아야 하는 거지?"

이리저리 머리를 굴려봤지만 예약일이 겹치지 않으면서 돌발적인 출산일 변경에 대응할 수 있는 예약 시스템을 어떻게 만들어야 할지 감이 오질 않았습니다. 결국 최후 수를 쓰기로 한 서점군. 예비 아빠로 가장해 산후조리원에 전화를 걸어 정보를 캐보기로 합니다.

서점군 : 안녕하세요. 홈페이지 보고 연락드렸는데요.

상담원 : 네네 아버님. 출산 예정일이 어떻게 되시죠?

서점군 : (대충 2달 후 날짜를 계산해서) 10월 15일이요.

상담원 : 어머 예정일이 얼마 안 남으셨네요. 저희 산후조리원은 어쩌구 저쩌구

서점군 : 저기 근데 제가 궁금한 게 하나 있는데요...

상담원 : 네네 아버님 말씀하세요.

서점군 : 아기가 출산 예정일보다 늦게 나오거나 일찍 나오면 어쩌죠? 딱 그 날짜에 낳는다는 보장이 없는데... 그러면 예약이 취소되나요?

상담원 : 어머 아버님 걱정하지 마세요. 예정일이 맞는 경우가 거의 없어서 저희가 전체 객실의 20%는 항상 비워둬요!

서점군 : !!!!!!

해결책은 의외로 간단했습니다. **전체 객실의 20%를 공실로 잡고 변칙적인 예정일 변경에 대응**하는 건데요. 서점군이 파악한 산후조리원의 예약

프로세스는 이랬습니다.

1. 고객이 예약 문의
2. 예약 담당 직원이 출산 예정일을 확인해 예약률이 80%를 넘지 않으면 예약 접수
3. 출산 예정일이 일주일 전부터 예약 담당 직원이 산모에게 전화를 걸어 경과 확인
4. 산모가 출산이 임박했을 때 산후조리원에 전화를 걸어 출산 사실을 알림
5. 산후조리원은 출산일에 맞춰 예약 스케줄을 조정하고 객실 준비

    프로세스를 이해하고 나니 산후조리원에 예약 전담 직원이 필요한 이유, 객실 지정이 불가능한 이유, 산후조리원 홈페이지 중 온라인 예약을 지원하는 곳이 단 한 곳도 없는 이유를 이해할 수 있었습니다. 출산 예정일이 일주일 남은 시점부터 산모들에게 매일 안부 전화를 돌려 예정일이 당겨지거나 미뤄질 경우 예약 스케줄을 실시간으로 조정해야 하기 때문에 예약 전담 직원이 필요한 것이고 예약을 해도 산모들이 언제 출산을 할지 정확한 날짜를 알 수 없으니 호텔처럼 객실 지정이 불가능한 겁니다 (그 날짜에 어떤 객실이 빌지 모르니까). 이처럼 복잡한 프로세스는 온라인 관리보다 수기 관리가 더 편하기 때문에 산후조리원은 온라인 예약 기능이 없었던 것이죠.

    수기로 작업하는 시스템을 온라인화하려면 명분이 필요합니다. 명분은 보통 둘 중 하나죠.

1. 전산화 시 관리 리소스가 줄어들어 업무 효율이 높아지고 인건비를 아낄 수 있다.
2. 전산화를 하면 고객 편의와 만족도가 높아진다.

산후조리원 예약 시스템은 프로세스가 정형화되어 있지 않고 항상 변동 가능성이 존재하며 예약 전담 직원 개인의 경험과 운영 노하우에 전적으로 의존하는 구조입니다. 이렇게 정형화할 수 없는 시스템은 전산화한다고 업무 효율이 향상되지 않습니다. 오히려 전산화가 업무 부담을 가중시킬 가능성이 높죠.

고객 편의와 만족도도 마찬가지입니다. 산후조리원은 호텔처럼 단순히 잠만 자는 게 아니라 산모와 아이에게 종합적인 케어를 제공하는 곳이기 때문에 홈페이지에서 바로 예약하기보다 시설을 방문해 설비와 운영 프로그램을 살펴보고 다양한 루트를 통해 후기를 검증한 뒤 예약 여부를 결정합니다. 그래서 대부분의 산후조리원이 방문 신청 기능은 있어도 온라인 예약 기능은 제공하지 않는 거고요.

애초에 로직 구현에 애로사항이 발생한 이유는 담당자가 산후조리원의 특성을 몰랐기 때문이었습니다. 대형병원 마케터 출신으로 새로 생기는 산후조리원의 시스템 구축 및 운영을 맡게 된 PM은 병원이나 호텔처럼 예약 시스템이 있으면 좋지 않을까라는 생각으로 예약 시스템을 기획한 겁니다.

산후조리원 온라인 예약 시스템을 만들려면 최소 중형차 한 대 값 정도의 예산이 필요합니다. 그 비용을 들여서 우리가 얻을 수 있는 가치가 무엇인지, 비용대비 편익과 손익분기점을 고려했을 때 과연 그 정도 돈을 들일 만한 가치가 있는가를 따져봐야 합니다. 산후조리원의 예약시스템은 가치도, 비용대비 편익도 떨어집니다.

기획자는 기능을 구현할 때 항상 비용대비 편익을 고려해야 합니다. 예산과 인력은 한정적이고 할 일은 많은데 어떤 것을 먼저 만들어야 할지 우선순위를 정하기 어려울 때 비용대비 편익은 우선순위를 정하는 훌륭한 지표가 될 수 있습니다.

비용대비 편익 계산법

비용대비 편익을 어떻게 고려해야 하고 어떻게 계산해야 하는지 간단한 예제를 통해 알아볼까요?

CS 담당 직원 S는 프로덕트팀에 회원탈퇴 기능 제작을 요청했습니다. 현재 서비스 구조상 회원이 직접 탈퇴를 할 수 없고 문의게시판에 회원탈퇴 요청글을 작성하면 CS팀에서 해당 내용을 확인 후 관리자 페이지에서 수동으로 해당 회원을 탈퇴 처리해야 하는데요, 이걸 회원이 직접 [탈퇴] 버튼을 눌러 탈퇴할 수 있도록 기능을 만들어달라는 요청입니다.

- 한 달에 회원탈퇴를 요청하는 사람 : 5명
- 회원탈퇴 처리를 위해 CS팀에서 사용하는 시간 : 한 명당 30분
- 회원탈퇴 기능을 개발하기 위해 투입되는 리소스 : 작업자 3명 2주 / 1.5MM
- 작업자의 1달 인건비 : 400만 원(CS/프로덕트 팀 동일)

위 기준으로 비용 대비 편익을 계산하면

- 회원탈퇴 기능을 개발하는 데 필요한 비용 = 400만 원 * 1.5개월 = 600만 원
- 회원탈퇴 요청을 처리하기 위해 사용하는 CS 비용 = ((400 / 22) / 16) * 5
- 손익분기점 = (600 / 5.7) = 8.77년

계산식을 간단하게 설명하면 회원탈퇴 요청을 처리하기 위해 CS 담당자가 사용하는 시간이 30분이니 30분에 대한 인건비를 산출한 후 한 달에 회원탈퇴를 요청하는 인원수를 곱하면 한 달에 회원탈퇴 CS를 처리하는 데 드는 인건비를 산출할 수 있습니다. 한 달을 22일로 잡고 한 달 인건비 400만 원에 22를 나누면 하루 인건비를 계산할 수 있습니다. 하루 8시간 근무를 가정해 30분 인건비는 하루 인건비를 16으로 나누면 계산할 수 있습니다. 여기에 한 달 회원탈퇴 요청인 5를 곱하면 한 달에 회원탈퇴 요청을 처리하는 데 드는 비용을 계산할 수 있죠. 약 5만 7천원입니다. 마지막으로 개발비를 CS 비용으로 나누면 얼마 동안 이 기능을 사용했을 때 투입된 개발비를 뽑을 수 있냐를 계산할 수 있습니다.

　물론 계산법에는 다양한 변수가 있습니다. 서비스가 커지면 회원탈퇴를 요청하는 사람도 늘어날 테니 CS 비용도 점점 증가할 테고 반대로 회원탈퇴 기능을 새로 만들었기 때문에 영향도에 따라 추가 개발 비용이 발생할 수도 있습니다. 하지만 어떤 변수를 대입해도 회원탈퇴 기능은 비용 대비 편익이 높지 않기 때문에 개발 우선순위를 제일 뒤로 미루거나 논의 대상에서 제외시켜야 하는 기능입니다.

　세상에 해결할 수 없는 일이란 없다고 생각합니다. 단지 돈이 들 뿐이죠. 상당수의 문제점은 개선은 할 수 있지만 비용대비 편익을 고려했을 때 효과가 크지 않아 보류되거나 우선순위에서 밀린 것들입니다. 이런 기능을 해결할 수 있는 방법은 새로운 기술이나 솔루션이 개발되어 개발 비용이 획기적으로 줄었을 때뿐입니다. 문제점을 발견했을 때 한 번쯤 생각해보는 건 어떨까요? 나의 사수, 상사, 전임자는 정말 이 문제를 몰랐을지, 알면서도 해결하지 않은 건지, 근본적인 원인이 무엇인지 말이죠.

　　　　　　　　　　　　　프로덕트 매니저 PM · PO 원칙

주객이 전도되었을 때 생기는 문제

살다보면 가끔 '저걸 무슨 생각으로 만든 거지' 싶은 결과물을 만날 때가 있습니다. 그런 것들은 보통 이런 과정으로 만들어집니다.

담당자 : 이런 이런 게 요즘 핫하다고 합니다. 이런 걸 만들면 어쩌구 저쩌구 이런 효
        과를 기대해볼 수 있습니다.
결정권자 : 재밌겠네. 진행시켜.

이런 과정에 의해 탄생한 결과물들은 현장의 목소리를 반영하지 않았거나 염불보다 잿밥에 관심이 많은 속칭 주객이 전도되었을 때 탄생하는 경우가 많습니다. 최근 대표적인 예가 바로 중고거래존이죠.
중고거래존은 보통 이런 의사결정 과정을 통해 만들어졌을 겁니다.

담당자 : 요즘 중고거래 시장이 날로 성장하고 있습니다. MZ 세대들이 많이 이용하는
        서비스라 제대로 공략하면 MZ 세대를 사로잡을 수 있습니다. 중고거래에 사
        건사고가 많이 발생한다는데 우리가 중고거래존을 만들어서 거기서 중고거
        래를 시키면 사람들이 안심하고 중고거래를 할 수 있으니 사회공헌도 되고
        거기에 홍보효과도 아주 좋을 겁니다.
결정권자 : 좋아. 진행시켜.

회의 자리에 있는 사람 중 중고거래에 빠삭한 누군가가 "아니 중고거래를 누가 중고거래존까지 가서 합니까?"라는 말을 한마디만 했어도 이런

불상사는 벌어지지 않았을 겁니다.

당근마켓의 발표에 따르면 23년 3~6월 경찰 수사협조 요청을 받은 사기 피해 사례의 87%가 비대면 택배 거래에서 발생했습니다. 중고거래 피해 대부분이 택배 거래에서 발생하므로 사기 피해를 방지하려면 안전한 직거래 장소가 아니라 택배 거래 사기 피해를 미연에 방지하는 게 더 중요합니다. 그런데도 중고거래존이 생기는 건 필요에 의해서가 아니라 성과를 만들기 위해서이기 때문입니다.

중고거래존이 활성화되지 못하는 이유는 직거래의 특성에 있습니다. 직거래는 구매자가 판매자가 있는 곳으로 가는 것이 암묵적인 룰처럼 자리 잡고 있습니다. 직거래는 보통 판매자의 집앞이나 지하철역 같이 번화하고 누구나 알 만한 곳에서 이루어집니다. 판매자의 입장에서 귀찮음을 무릅쓰고 우리 집 앞이나 근처가 아니라 중고거래존까지 가서 거래해야 할 이유가 있어야 되는데 중고거래존에는 그런 동기나 이점이 없습니다. 구매자 입장도 마찬가지인데 안전한 거래를 원하면 사람이 많은 번화가를 이용하면 되고 더 안전한 곳을 원하면 어느 동네에나 있는 파출소나 지구대를 사용하면 됩니다.

"수많은 중고거래존이 생겨났지만 왜 중고거래존을 이용해야 하는가?", "중고거래존은 우리 집 앞에 비해 어떤 차별화된 서비스와 가치를 제공하는가?" 이 질문에 대한 답변은 아마 중고거래존을 만든 사람도 할 수 없을 겁니다. 현장을 모르는 탁상공론에 의해 탄생한 결과물이기 때문입니다.

기능은 필요에 의해 만들어져야 합니다. 반대로 기능을 먼저 만들어놓고 활용법을 고민하면 어떻게 될까요? 시작이 잘못되었으니 제대로 된 활

프로덕트 매니저 PM · PO 원칙

용법이 있을 리 없고 확신이 없으니 남의 말에 쉽게 휘둘립니다. 그렇게 확신 없이 이것저것 좋아 보이는 기능을 갖다 붙이면 프로덕트의 정체성이 흔들리죠. 망가지는 프로덕트의 흔한 루트입니다.

감과 직관이 아니라 현장과 데이터로

"역시 현장이지 말입니다."

– 드라마 미생 中

제가 서비스를 만들 때 가장 먼저 하는 일은 현장체험입니다. 면세점 홈페이지를 만들 때는 면세점에 가보고 채용 플랫폼을 기획할 때는 채용박람회에 가봅니다. 소비자 눈높이에서 서비스를 객관적으로 바라보고 체험해볼 수 있는 곳은 현장뿐입니다. 책상머리에 앉아서 탁상공론만 해서는 전혀 알 수 없는 생생한 목소리가 현장에는 있습니다. 현장 확인은 기본 중에 기본이지만 생각보다 많은 사람이 이 기본을 지키지 않습니다. 현장의 목소리보다는 자신의 경험과 지식, 때로는 감으로 서비스를 설계하는 거죠.

자신의 경험과 지식으로 서비스를 설계할 때 어떤 문제점이 일어날 수 있는지 예를 한 번 살펴볼까요? 몇 년 전 면세점의 멤버십 앱을 만들 때 일입니다. 앱 다운 및 회원가입 시 공항 면세점 안내부스에서 신라면 소컵을 주는 이벤트를 진행했는데요. 원래는 종이 쿠폰을 발급하고 이걸 부스로 가져가면 신라면 소컵을 교환하는 안이었는데 이걸 앱에 쿠폰으로 만들면 모객 효과도 뛰어나고 관리 리소스도 줄일 수 있으니 앱에 쿠폰

발급 및 관리 기능을 개발해달라는 게 마케팅 담당자의 요청사항이었습니다. 처음 이 요구사항을 들었을 때 반신반의했습니다.

'엥? 출국할 때 바빠죽겠는데 해외 여행씩이나 갈만큼 돈 많은 사람이 천원짜리 컵라면 하나 받겠다고 앱을 다운로드받고 부스까지 찾아와서 신라면을 받아 가는 귀찮은 짓을 한다고?'

처음에는 담당자가 자기 업무를 줄이고 싶은 욕심에 말도 안 되는 이유를 붙여가며 기능 개발을 요구하는 거라고 생각했습니다. 쿠폰 기능은 개발 리소스가 많이 들어가는 일이고 신라면 증정 이벤트가 아니라면 쿠폰 기능을 만들 필요가 없었기에 이 기능을 개발 업무 범위에 포함시켜야 될지 여부를 놓고 고민했습니다. 제 상식과 경험으로는 말도 안 되는 일인데 마음 한구석에 찜찜함이 남아 있었거든요.

'에이 그래 혹시 모르니까 사람들이 진짜 신라면 쿠폰을 들고 와서 신라면을 받아가는지 한 번 보고 오자'

결국 시장 조사를 명분 삼아 비행기 티켓을 끊고 공항 면세점으로 가서 사람들이 얼마나 신라면을 받아 가는지 알아보기로 했습니다. 공항 면세점 인포메이션 부스 앞에 쪼그려 앉아서 관찰하길 한 시간여... 관찰 결과는 놀라웠습니다.

'와 생각보다 신라면을 엄청 많이 받아가잖아!'

AM 6시부터 7시까지 한 시간 동안 쿠폰을 내고 컵라면을 받아 간 사람은 총 17명. 수치상으로는 3.5분에 한 명꼴로 받아간 건데요. 마케팅 담당자의 말처럼 컵라면의 모객 효과는 굉장했습니다. 그 면세점은 공항의 가장 후미진 구석에 있었는데 사람들이 컵라면을 받기 위해 일부러 그곳에 방문하면서 겸사겸사 면세점 물건을 구경하고 구입까지 하는 경우도 있었습니다.

제 생각과 실제 현장의 목소리가 달랐던 이유는 제 해외 여행 패턴이 늘 일정했기 때문입니다. 저는 해외 여행을 갈 때마다 금요일에 월차를 내고 주말을 껴서 2박 3일로 일본에 다녀왔습니다. 기간이 짧으니 조금이라도 더 여행을 즐길 욕심에 항상 오전 이른 시간대 티켓을 끊었고 포켓 와이파이를 대여하고 인터넷 면세점에서 주문한 면세품을 찾느라 출국은 늘 정신없고 바빴습니다. 그래서 모든 사람이 다 저처럼 바쁠 테니 신라면 하나를 받으려고 거기까지 갈 여유는 없다고 생각했죠. 그런데 다른 사람들의 출국은 저처럼 바쁘지 않았습니다. 유럽이나 미국 등지로 떠나는 분들은 주로 현지에서 유심을 구입하므로 포켓 와이파이가 필요 없고 인터넷 면세점도 사용하는 사람들만 주로 사용할 뿐 안 쓰는 사람이 더 많습니다. 커피 한 잔 마실 여유도 없는 바쁜 저의 출국길에 비해 다른 사람들의 출국길은 생각보다 훨씬 여유로웠죠. 그러니 '바쁜 시간을 쪼개서 신라면을 받으러 갈까?'라는 저의 입장과 달리 '시간도 있으니 이거나 한 번 받으러 가볼까?'라는 입장에 서게 되는 겁니다.

한 가지 더 제가 간과했던 것은 음식에 대한 적응이었습니다. 저는 근거리에 기간이 짧은 여행지만 다녔고 일주일 이상 장거리 여행을 해본 적이 없었습니다. 문화도 비슷하고 기간도 짧으니 음식 때문에 고생할 일이 없었죠. 그런데 여행 기간이 길고 우리나라와 전혀 다른 문화권에서는 음식이 입에 맞지 않아 고생하는 경우가 많습니다. 그런 경험이 있는 여행객은 김치와 신라면, 튜브 고추장의 소중함을 잘 알고 있죠. '멀리 2주 동안 여행을 떠나는데 깜빡하고 신라면을 안 챙겨왔다. 그런데 저기 면세점에서 신라면을 공짜로 준다더라.' 음식에 민감한 여행객이라면 그곳을 방문할 만한 충분한 동기부여가 됩니다. 그리고 제가 간과한 것이 하나 더 있습니다. 공짜라면 양잿물도 마신다는 속담이 있을 정도로 공짜를 좋아하는 사람이 생각보다 많다는 사실을요.

현장을 보지 못했다면 저의 편협한 생각과 경험으로 쿠폰 기능을 개발하지 않았을 겁니다. 그리고 저의 판단 미스 때문에 신라면을 받으려고 앱을 다운로드하는 77%의 사용자를 잃을 뻔했죠. 이것이 기획자가 절대 자신의 감과 경험만으로 서비스를 만들면 안 되는 이유입니다.

정말 해야 할까요?

많은 사람이 '좋은 서비스를 만들면 사람들이 찾아와주겠지?', '사람들은 이런 서비스를 필요로 할꺼야'라는 근거 없는 자신감과 믿음으로 창업을 하고 실패합니다. 성공의 이유는 각자 다르지만 실패의 이유는 같습니다. 업에 대한 이해 부족, 시장성에 대한 오판.

스타트업은 작고 뾰족합니다. 돈을 많이 벌 수 있고 시장 규모도 큰 블루오션은 대기업이 이미 진출해 있거나 호시탐탐 진출을 노리는 경쟁자가 많습니다. 결국 스타트업이 노릴 수 있는 시장은 시장성이 입증되지 않았거나 니치마켓인 경우가 대부분이죠. 이런 니치마켓들은 업의 본질, 비즈니스를 이해하는 것이 무엇보다 중요합니다.

프로덕트 매니저 PM · PO 원칙

기가 막힌 창업 아이디어가 떠올랐다고 해봅시다. 반대로 생각하면 어떨까요?

"나만 이런 기가 막힌 아이디어를 생각한 걸까?"
"다른 사람은 이런 생각을 해본 적이 한 번도 없는 걸까?"

많은 사람이 시장성에 대해 오판하거나 시장 규모에 비해 너무 큰 이상을 꿈꿉니다. '좋은 서비스를 제공해 사람들을 끌어모으고 피보팅해 서비스를 확장해 종국에는 슈퍼앱이 된다.' 말은 그럴싸하지만 실제로 이런 테크트리에 성공한 서비스는 손에 꼽을 정도로 적습니다. 우리가 알고 있는 몇몇 성공 사례 이면에는 무수한 실패 사례가 있다는 사실을 애써 외면하죠.

서비스나 기능을 만들 때 '이런 서비스를 만들면 사람들이 좋아할 거야'라는 결과가 아니라 '왜 아무도 이런 서비스를 만들지 않는 거지?'라는 원인을 먼저 생각해보는 것이 필요합니다. 남들이 하지 않는 데는 분명한 이유가 있습니다. 그럼에도 불구하고 꼭 만들어야 한다면 도전할 가치가 있는 일이라면 저는 그때 이렇게 말할 겁니다.

"까짓거 한 번 해보죠."

◆◆◆

많은 사람이 안 되는 걸 되게 하는 것이 기획이라고 말합니다. 틀에 박힌 고정관념을 버릴 때 비로소 혁신이 탄생한다고 말이죠. 안 되는 걸 안 된다고 하는 사람은 시대에 뒤떨어진 구시대의 유물쯤으로 취급하면서요. 그런데 세상 모든 일이 다 그렇게 간단하지 않습니다.

안 되는 것은 분명 안 되는 이유가 있습니다. 사람들의 생각은 비슷합니다. 내가 혁신이라고 생각한 대부분은 이미 다른 사람들도 생각해본 적이 있는 겁니다. 지금까지 만들지 못했거나 바꾸지 못했다면 분명 현실적인 장벽이나 구조적인 문제가 발목을 잡았을 가능성이 높죠.

기획자나 전략을 다루는 사람은 단순히 사용자 편의성만 고민해야 되는 게 아니라 시장환경, 우리 회사나 브랜드의 위치, 개발적인 특성, 역량 등을 종합적으로 고려해 현실적으로 가능한 범위 내에서 전략을 세우고 UI를 설계해야 합니다. 그런데 많은 기획자가 혁신이라는 미명하에 혹은 혁신에 눈이 멀어 실현 불가능한, 보기에만 그럴듯한 기획안을 선보이곤 하죠.

제가 프로젝트를 할 때 항상 되뇌이는 말이 있습니다.

"꿈은 머리 위에, 발은 현실에
  이상을 좇되 현실에 발을 딛고"

프로덕트 매니저 PM · PO 원칙

《UX 원칙》

왜 안 되는지를 이해하려면 UI와 UX에 대한 기본적인 지식이 필요합니다. 이 책은 서비스 설계 시 기능의 활용 예제와 주의점에 대해 잘 설명되어 있어 UX 지식을 습득하는 데 도움을 줍니다.

《오늘도 개발자가 안 된다고 말했다》

많은 기능이 기술적인 이슈로 구현이 어렵거나 개발이 불가능한 경우가 많습니다. 개발에 필요한 기본적인 도메인 지식을 이해하고 있어야 왜 안 되는지 이유를 명확히 파악하고 이해할 수 있습니다. 이 책은 개발자와 소통하는 데 필요한 기본적인 도메인 지식을 담고 있습니다.

08

'프로덕트 떼루아'를 파악하라

이상범 grz0617@naver.com

현) 에너지엑스 CPO
전) 쿠팡 프린시펄 PO
전) 라인 PM
전) KB국민카드 기획자
전) KT 프로젝트 매니저

저는 프로덕트 기획업을 통해 다양한 기업을 탐험하는 것을 즐깁니다. 이런 여정에 심취해 닉네임도 'Journey'라 지었습니다. 통신, 금융, IT, 커머스, O2O 등 다업종에서 다양한 프로덕트를 기획하면서 '유연한 사고'의 중요성을 깨달아, 현재 몸담고 있는 기업의 프로덕트 조직에 이런 철학을 전파하는 중입니다.

다양한 업종에서 핀테크 프로덕트를 상용화했습니다. 말은 같은 핀테크 분야 프로덕트이지만 기업이 처한 환경, 비즈니스 이해관계 등에 따라 집중하는 영역이 달랐습니다. 이를테면 투자유치가 필요하거나 신사업 진출을 앞두고 있다면, 직접적인 매출에 기여하지 않아도 진출할 시장에서의 성공 가능성을 보여줄 수 있는 프로덕트가 필요합니다. 반면 시장 진입에만 성공한 상태라면 매출에 직접적으로 기여하는 프로덕트가 필요합니다. 결과적으로 프로덕트가 처한 상황(혹은 이해관계)에 따라 프로덕트의 성격이 달라지게 됩니다.

저는 그간 쌓아왔던 프로덕트 경험을 어느 업종에서나 동일하게 적용하려는 '자기복제'에 심취했던 시절이 있었습니다. 하지만 특정 업종에 과거에 구현했던 프로덕트 사양을 일부 응용할 수는 있지만 같은 프로덕트 사양을 그대로 복제해 사용할 수 없다는 걸 얼마 지나지 않아 깨달았습니다. 기업의 이해관계에 따라 목표를 재해석해야 같은 기능이더라도 비즈니스 성과를 달성할 확률이 높아졌습니다.

> "와인은 포도로 만들지만 와인의 맛을 좌우하는 것은 포도의 품종과
> 포도를 재배하는 환경(떼루아)이다."

와인의 맛은 포도가, 포도의 맛은 환경(떼루아)이 좌우하게 된다는 이 말이 비단 와인에만 국한된 것은 아닙니다. 좋은 프로덕트도 마찬가지입니다. 프로덕트의 '기능의 완결성'에만 초점을 맞추는 것이 아닌 업종 특성, 거래 방식 등 '프로덕트 떼루아'에 대한 고민이 선행되어야 합니다.

이제부터 제 커머스에서의 경험을 곁들여 프로덕트 떼루아를 어떻게 활용하는지 소개하겠습니다.

'프로덕트 떼루아'를 아시나요?

'떼루아'는 프랑스어로 토양 혹은 풍토를 뜻하는 단어입니다. 와인 세계에서의 떼루아란 포도가 잘 재배되고 와인을 만드는 데 필요한 4요소인 품종, 지역, 기후, 제조 방법을 통틀어 말합니다.

• 와인 세계의 떼루아 •

- 와인 맛은 포도 **품종**에 따른 차이가 있다.
- 같은 포도 품종으로 만들어도 양조된 지역에 따른 맛의 차이가 있다.
- 같은 포도 품종으로 같은 지역에서 만들어도 **기후**에 따른 맛의 차이가 있다.
- 동일 포도 품종, 지역, 기후에서 만들어도 **양조 방법**에 따른 맛의 차이가 있다.

프로덕트도 마찬가지입니다. 좋은 '프로덕트 떼루아'를 잘 헤아려야 합니다. 프로덕트 떼루아는 크게 **업종, 거래 흐름, 현금 흐름, 개발 방법**으로 구분될 수 있습니다. 이를 와인 제조와 유사하게 적용하면 다음과 같습니다.

- 프로덕트는 **업종**에 따른 차이가 있다.
- 같은 비즈니스 이해관계에서 프로덕트를 만들어도 **거래 흐름**에 따른 차이가 있다.
- 같은 비즈니스 이해관계, 거래 흐름하에서 프로덕트를 만들어도 **현금 흐름**에 따른 차이가 있다.
- 같은 비즈니스 이해관계, 거래 흐름, 현금 흐름하에서 프로덕트를 만들어도 **개발 방법**에 따른 차이가 있다.

이제부터 프로덕트 떼루아가 프로덕트의 형성에 어떻게 영향을 주는지 살펴보고자 합니다.

어떤 와인을 만들고 싶은가?

와인은 크게 레드 와인, 화이트 와인, 로제 와인 등 와인의 색으로 구분됩니다. 화이트 와인은 포도즙을 낼 때 껍질을 제거한 채 알맹이만을 발효시켜서 만들게 됩니다. 연한 밀짚색을 띠는 화이트 와인은 충분히 익힌 생선 요리나, 치즈 등의 가벼운 안주와 잘 어울리며, 프랑스나 독일의 화이트 와인이 유명합니다.

레드 와인은 수확된 포도를 껍질까지 즙을 내어 발효시킵니다. 과피에서 우러나온 색으로 인해 적색을 띠죠. 일반적으로 고기 요리와 잘 어울리며, 프랑스와 이탈리아의 레드 와인이 특히 유명합니다.

로제 와인은 화이트 와인과 레드 와인의 중간 정도 색인 핑크색을 띠는데, 화이트 와인 제조 방식과 동일하게 껍질 채 담급니다. 포도를 빼내는 시간이 늦어지면 로제 와인이 됩니다.

좋은 맛을 내는 와인을 내기 위해서는 어떤 세부적인 요소가 필요할까요? 카베르네 소비뇽과 메를로라는 포도는 프랑스 보르도 지역에서 재배되는 대표적인 포도 품종입니다. 카베르네 소비뇽으로 만든 와인은 당도는 낮지만 강한 맛을 내며 숙성될수록 부드러운 맛을 냅니다. 메를로라는 포도로 만든 와인은 달콤하고 과일향이 풍부한 맛이 납니다. 같은 지역(환경이 같은)에서 재배되는 포도 품종 특성에 따른 와인 맛의 차이를 정리하면 다음과 같습니다.

포도 품종의 차이를 기업의 업종 차이로 볼 수 있습니다. 업종의 특성은 프로덕트와 관련된 이해관계자 정의, 거래 방식, 매출 방식, 마케팅 방식 같은 프로덕트 사양에 영향을 줍니다. 따라서 업종의 특성을 잘 파악해야 비즈니스 성공에 기여할 수 있는 프로덕트를 만들 확률을 높일 수 있죠.

그렇다면 업종의 특성을 어떻게 하면 잘 파악할 수 있을까요? 저는 핀테크 프로덕트를 통신, 금융, 플랫폼, 커머스 등 다양한 업종에서 기획한 경험이 있습니다. 당시 각 업종과 해당 기업이 처한 상황을 열거하면 다음과 같습니다.

・ 업종별 비즈니스 환경 ・

구분	A 사	B 사
업종	통신	금융
시기	2010년대 초	2015년 ~ 2017년
비즈니스 환경	• 무제한 요금제로 인한 기존 통신 비즈니스의 매출 정체 • 스마트폰 도입에 따른 모바일 사업 경쟁 심화 • 단기적 매출 달성보다는 비통신 시장으로의 확장 필요 • 이업종 제휴 기반 IT 프로덕트 출시 필요	• 금융 지주 기반의 종합 금융 비즈니스 • DT(Digital Transformation) 통한 비즈니스 가치 제고 • 비대면 고객을 공략할 수 있는 IT 프로덕트 필요

구분	C 사	D 사
업종	플랫폼	커머스
시기	2017년 ~ 2019년	2019년 ~ 2021년
비즈니스 환경	• SNS 기반의 트래픽은 충분히 확보 • 상장 이후 신규 사업 확장 필요 • 매출 성장을 위한 IT 프로덕트 필요	• 리테일 외 신규 시장 진출 필요 • 자금 조달에 도움되는 IT 프로덕트 필요

통신사와 금융사는 기존의 비즈니스 모델이 매우 안정적이므로 핀테크 프로덕트에서 당장 매출을 내야 하는 상황은 아니었습니다. 신사업 진출의 가능성이 보이는 '무언가'를 보여주는 것이 중요했습니다. 즉, IT 프로덕트가 레거시 사업을 벗어나 새로운 시장으로 진출할 수 있는 지렛대 역할을 하기를 바랐습니다.

플랫폼사와 커머스사는 비즈니스 모델이 통신이나 금융처럼 안정적이지 않아서 살아남기 위한 '무언가'가 필요했습니다. 단기 성과보다 중기 성과를 바라보는 과감한 투자가 이어졌습니다. 투자의 결실은 재무적 성과로 반드시 귀결되어야 했습니다.

- 통신사 : 비통신 시장 진출에 기여하는 프로덕트

- 금융사 : 잠재고객군 확보에 기여하는 프로덕트

- 플랫폼사 : 수익성 개선에 기여하는 프로덕트

- 커머스사 : 현금 유동성에 기여하는 프로덕트

이를 와인과 비교해보자면 '포도(핀테크 프로덕트)로 맛있는 와인(비즈니스 성과)을 만든다"라는 명제는 같았지만 목적은 저마다 달랐습니다. 포도의 품종이나 재배환경 등(다양한 이해관계)이 달랐기 때문입니다.

이제부터 통신사와 금융사를 '화이트 와인' 그룹으로, 플랫폼사와 커머스사를 '레드와인 그룹'으로 구분해 더 구체적으로 프로덕트 떼루아를 살펴보겠습니다.

· 프로덕트 개발을 수행하는 환경의 특성 ·

구분	화이트와인 그룹(통신 + 금융)	레드와인 그룹(플랫폼 + 커머스)
개발 방식	외주(폭포수 방식)	내재화(애자일 방식)
IT 인력구성	30% 이하	50% 이상
매출 기여	간접적	직접적
목표	잠재고객군 확보	고객의 직접적인 문제 해결을 위한 매출 혹은 수익성 개선

각 프로덕트가 처한 환경에 따라 핀테크 프로덕트의 세부 특성은 다음과 같이 나뉩니다.

프로덕트 매니저 PM · PO 원칙

· 프로덕트의 구성 비교 ·

구분	통신 + 금융	플랫폼 + 커머스
주요 타깃	유저	가맹점 혹은 판매자
고객 가치	가입 편의 기능 큐레이션	결제 편의 정산 편의
개발 비중	프론트엔드 비중 : 70% 백엔드 비중 : 30%	프론트엔드 비중 : 20% 백엔드 비중 : 80%

통신사나 금융사에서 만든 핀테크 프로덕트는 기존 고객이 아닌 불특정 다수를 유입하는 것이 중요했습니다. 비대면 채널(앱 혹은 웹)에 손쉽게 가입시키고 다양한 신규 기능을 빠르게 이용하도록 유도하는 것이 목표였습니다. 다양한 기능을 효과적으로 노출하는 큐레이션 기능 즉, UX 편의성과 관련된 개발 리소스 투입 비중이 높았습니다. 그리고 고객에게 빠르게 인지시키기 위한 브랜드 마케팅(TV 광고 등) 계획을 수립합니다. 이에 브랜드 마케팅 일정에 따라 프로덕트의 출시일이 영향을 받게 되는 경우가 많습니다.

플랫폼사나 커머스사는 핀테크 프로덕트가 직접 매출에 기여해야 했습니다. 유저의 눈에 잘 띄지 않지만 수익에 직접 관여되는 복잡한 결제, 청구, 정산, 요금제 등의 백엔드 기능을 구현하는 개발 리소스 비중이 높았습니다. 또한 프로덕트 출시 이후 퍼포먼스 마케팅이 수반되기 때문에 일반적으로는 프로덕트 상용화 일정이 마케팅 일정에 영향을 받지는 않습니다. 즉 같은 핀테크 영역 프로덕트이지만 비즈니스 환경의 특성에 따라서 개발 비중이 다룰 수 있습니다.

해산물에 어울리는 가벼운 화이트와인은 백포도(UX)를 활용하고, 조금은 무거운 맛의 육류에 어울리는 레드와인은 적포도(Back-End)를 활용하는 것과 유사하다고 볼 수 있습니다. 물론 2가지 특성이 적절히 배합된 프로덕트가 필요한 때는 로제와인이 필요할 수도 있지만 일반적으로 비즈니스 특성에 따라 특정 영역에 가중치를 두는 경우가 많습니다.

와인의 활용 가치를 고민하는가?

해산물에 어울리는 가벼운 와인을 선호하는 고객은 화이트와인을, 육류에 어울리는 진한 와인을 선호하는 고객은 레드와인을 선택합니다.

프로덕트 역시 사양이 비슷하더라도 업종별 혹은 기업별 활용 가치는 다를 수 있습니다. 경영진이 특정 시장에 진출할 기업 전략을 수립했다면, 유저의 지불의지를 충족하는 핵심 문제를 해결하는 동시에 경영의 지속 가능성에 기여하는 역할을 수행할 수 있는 프로덕트를 기획하고 만들어야 합니다. 따라서 프로덕트를 기획할 때는 프로덕트가 공급자(기업)와 수요자(유저)의 문제를 연결할 수 있는 가교 역할을 올바르게 수행할 수 있을지 깊게 고민해야 합니다. 한쪽 측면의 문제만 해결한다고 해서 프로덕트가 올바른 역할을 수행한다고 볼 수는 없습니다.

지급 결제를 예로 들겠습니다. 핀테크 프로덕트는 기업 측면에서 크게 2가지 역할이 있습니다. 첫째, 지급 결제 수수료가 주요 수익원이 되어 기업의 핵심 비즈니스 모델로서 성장을 이끄는 겁니다. 즉, 가맹점이나 판매자가 결제 서비스 이용 대가로 수수료를 내게 되는데, 이 수수료가 기업 매출의 핵심이 됩니다.

둘째, 지급 결제가 자금 조달 역할을 수행하는 겁니다. 지급 결제를 통해 고객의 지불비용을 선불로 수취해 기업의 현금 흐름을 개선하는 데 기여하게 됩니다.

이런 차이에 따라 핀테크 프로덕트를 기획하는 포인트가 매우 다를 수 있습니다. 대표적으로 간편결제사와 커머스사의 핀테크 프로덕트의 차이를 예로 들 수 있습니다. 핀테크 프로덕트는 두 업종에서 모두 표면적으로는 유저의 결제 편의성을 만족시켜준다는 점을 어필하지만 비즈니스 문제를 해결하는 측면에서는 결정적인 차이가 있습니다.

• 업종별 결제 및 정산 운영 방식 비교 •

구분	간편결제사	커머스사
비즈니스 모델	결제 수수료 (매출)	상품판매 수수료 (매출)
정산 및 수수료 지불주체	가맹점	판매자
정산주기	D+3 ~ D+7	D+30 ~ D+60

정산주기를 제외하면 간편결제사와 커머스사는 유사한 지급 결제 구조를 가지고 있지만, 이를 통해 창출되는 현금 흐름이 비즈니스에 기여하는 역할은 매우 다릅니다.

이어서 간편결제사나 커머스사에 선불 결제(머니 혹은 포인트)를 도입한 저의 경험을 토대로 더 구체적으로 얘기해보겠습니다.

간편결제사의 '선불' 포도를 활용한 와인 만들기

간편결제사는 주수익이 결제 수수료이기 때문에 가맹점에 결제 수수료를 높게 받거나 혹은 결제 원천사(카드사 등)에게 원천 수수료를 적게 내는 현금 흐름을 만들어내는 것이 매우 중요합니다. 다만 가맹점 입장에서는 어떤 방식으로 결제를 받든 고객 편의성에 문제가 없다면 판매 대금을 정산받는 데 큰 차이가 없습니다. 다음 그림과 같이 카드 발급을 직접할 수 없는 간편결제사는 선불 방식의 결제 비중이 높을수록 수익이 많이 발생하는 구조를 가지고 있습니다.

· 간편결제사의 거래별 현금 흐름 ·

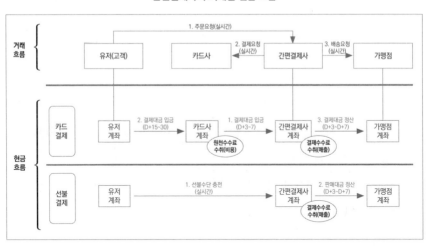

따라서 선불 충전의 핵심은 고객이 충전한 선불 금액을 가맹점에서 소진하도록 유도해 수익성 향상에 기여하는 겁니다. 만약 선불 관련 기능을

추가한다면, 선불 결제가 주결제 방식으로 선택되게 엔드유저 UX에서 고민을 많이 해야 합니다. 즉, 간편결제사의 지급 결제 서비스에서 중요한 것은 '충전금을 얼마나 증대하느냐'가 아닌 '충전금을 얼마나 빠르게 많이 소진하느냐'인 겁니다. 지표로 본다면 '선불 결제 전환율'이 중요하다고 볼 수 있습니다.

제가 간편결제 사에서 일할 때 선불 결제를 도입할 가맹점을 확보할 목적의 핀테크 프로덕트를 기획한 적이 있습니다. 가맹점이 간편결제를 도입할 때는 간편결제사의 결제 사양을 가맹점이 수용하는 형태(연동 개발)가 일반적이지만, 해당 가맹점은 본인들만의 결제 규격을 보유한 상태라서 본인들의 결제 규격에 맞추어 개발해줄 것을 요청했습니다. 한정된 개발 리소스를 운용해야 하기에 특정 가맹점만을 위한 개발을 지양해야 하지만 해당 가맹점은 유명 프랜차이즈였으므로 고객이 능동적으로 선불 충전을 한다면 선불 결제 활성화 측면에서 의미 있다고 판단했습니다. 즉, 유명한 가맹점을 선불 결제의 비중을 올릴 지렛대로 삼기로 했습니다.

이런 판단하에 해당 가맹점의 오프라인 QR 결제 규격을 수용해 예외적인 결제 승인 로직을 백엔드 시스템에 구현했습니다. 그리고 해당 기능의 상용화 시점부터 해당 가맹점의 네임 밸류를 활용해 선불 결제 시 포인트 적립률을 추가하는 마케팅을 함께 진행했습니다.

· 특정 가맹점을 위한 QR 결제 개발 요건 ·

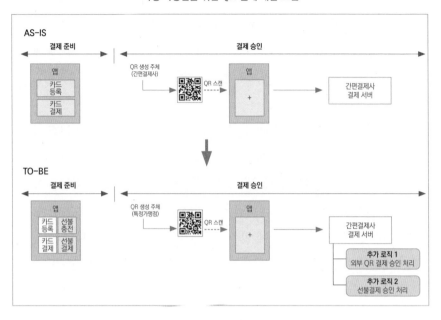

개발 기간과 마케팅 비용이 꽤나 소요되었으나 지렛대 전략은 성공적
이었습니다. 선불 충전 금액과 선불 결제 금액 모두 월등히 높아진 겁니
다. 이 프로젝트를 통해 영업 입장에서는 타 가맹점과 선불 결제 협상이
수월해졌으며, 타 가맹점에서 선불 결제를 활용하는 고객 수도 점진적으
로 증가했습니다.

결과적으로 전체 결제액 중 선불 결제 비중이 높아짐으로써 원천수수
료가 절감되어 연간 영업이익이 전년도 대비 높아지는(마진율이 높아지
는) 데 기여할 수 있었습니다.

프로덕트 매니저 PM · PO 원칙

커머스사의 '선불' 포도를 활용한 와인 만들기

핀테크 프로덕트는 이 현금유동성과 연관성이 큽니다. 만약 기업의 비즈니스 모델의 특성이 받을 돈은 늦게, 주어야 할 돈은 빨리 주어야 하는 구조라면 기업의 모계좌에 현금이 항상 부족하게 됩니다. 그렇게 되면 자금 조달 비용이 점차 높아지고, 체계적인 경영 관리가 불가능하게 됩니다. 현금유동성은 기업의 지속 가능성을 평가하는 데 매우 중요한 요소입니다. 기업이 경영 활동을 영위하려면 고정비와 변동비를 관리해야 하는데, 이를 위해서는 필요한 시기에 지출할 수 있는 현금을 보유하고 있어야 합니다. 커머스사의 간편결제는 현금유동성을 높이는 데 다음과 같이 큰 기여를 합니다.

• 커머스사의 거래별 현금 흐름 •

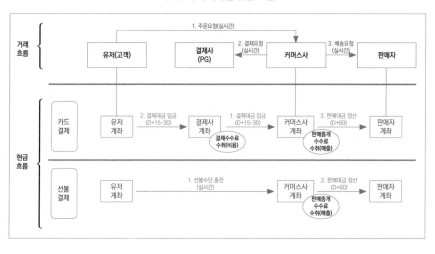

예를 들어 고객들이 결제한 상품 금액 1,000만 원을 1주 이내에 수취하고, 판매자에게 4주 후 정산한다면, 적어도 이번 달에는 1,000만 원이라는 금액이 모계좌에 쌓여 있는 셈입니다. 반대로 판매자에게 1,000만 원을 선정산하고 고객에게 후불로 상품결제 대금을 수취한다면 이번 달 모계좌에 현금이 없을 겁니다. 선불수취를 가정했을 때 고정비인 인건비 300만 원을 이번 달 내에 지출해야 된다고 하면 판매대금이 부채로 잡히더라도 다른 용도로 지출이 가능한 1,000만 원이 모계좌에 있어 인건비부터 순차적 지출할 수 있습니다. 다른 말로 '재무계획에 차질이 없다'라고도 할 수 있습니다.

여기서 한 발 더 나아가서 같은 선불 방식이라도 고객이 카드가 아닌 선불 충전 방식(머니, 포인트 등)으로 결제했다고 가정하면, 고객이 선불 충전하는 시점에 이미 기업의 모계좌에 금액이 입금되므로, 카드 결제보다 더 높은 유동성을 유지할 수 있는 겁니다.

기업 경영 측면에서 선불의 가치를 인지했다면 다양한 커머스사의 간편결제 내 선불 충전 및 사용에 대한 기능이 새롭게 보일 겁니다. 유저에게 결제 편의성을 제공할 뿐 아니라 기업 경영의 지속 가능성을 높여주는 데 핵심 역할을 하고 있는 겁니다.

제가 재직하던 커머스사도 고객의 선불 충전을 유도하기 위해 다양한 시도를 했습니다. 선불 충전 및 결제 기능을 만든 이후 충전 및 결제를 유도하는 배너를 노출했습니다. 다음과 같은 A/B 테스트도 수행했습니다.

　　　　　　　　　　　　　프로덕트 매니저 PM · PO 원칙

A안	B안
선불 충전 OO 시 머니 이자율 0% 적용 (단, OO 최대 충전 금액 한정)	OO 상품을 선불로 구매시 선불 0% 적립 (단, 최대 충전 금액 OO, 최대 결제 금액 OO 한정)
달성 포인트 : 선불 충전계좌를 은행계좌로 인식시켜 생활 금융 서비스로 유도	**달성 포인트** : 고객이 원하는 상품 구매에 높은 혜택 제공이 가능한 결제 방식으로 인식

　A안 문구는 선불 충전계좌를 은행계좌와 유사하게 인지시킬 의도로 '이자'라는 문구를 선택했고, 선불 충전을 뱅킹의 기능처럼 활용할 수 있도록 유도했습니다. B 안의 문구는 고객이 원하는 상품을 구매할 때 선불 결제 방식이 높은 혜택을 제공한다는 혜택에 방점을 두고 결제에 사용하도록 유도했습니다.

　한 달 정도 A/B 테스트를 수행한 결과 고객은 B안을 선택했습니다. 커머스를 활용하는 고객에게는 선불 충전을 '구매 혜택'으로 인지시키는 것이 효과적이라는 가설이 검증되었습니다. 해당 배너를 약 3개월간 게시한 결과 선불 충전금액은 이전과 비교해 월등히 증가했으며, 현금유동성을 높이는 데 상당히 기여했습니다.

'선불' 포도로 만든 와인 맛 비교

간편결제사와 커머스사의 프로덕트가 처한 환경(이해관계)에 따라 선불 결제 방식 적용 목적과 결과가 어떻게 달라지는지 비교하겠습니다.

• 선불 방식의 프로덕트 떼루아 •

구분	간편결제사 선불 방식	커머스사 선불 방식
유저의 가치	결제 편의(온/오프라인) 결제 시 정량적 혜택	결제 편의(온라인) 충전 시 정량적 혜택
비즈니스 가치	매출 증대 및 수익성 강화	현금 유동성 기여
주요 프로덕트 스펙	선불 충전 온/오프라인 선불 결제 가맹점 결제 연동	선불 충전 온라인 선불 결제
핵심 프로덕트 스펙	선불 결제	선불 충전
핵심 성과 지표	선불 결제 전환율	선불 충전액

두 방식 모두 동일하게 고객에게 결제 편의를 제공하지만 비즈니스 측면에서는 요구하는 가치가 달랐습니다. 이런 요인에 기인해 간편결제사는 선불 결제 기능에, 커머스사는 선불 충전에 조금 더 가중치를 두고 프로덕트를 구현하게 됩니다. 또한 간편결제사는 선불 결제 전환율을 높여 '매출과 수익성 개선'에, 커머스사는 선불 충전액 증대를 통해 '현금 유동성 개선'에 집중하게 됩니다. 같은 '선불'이라는 포도를 활용했지만 떼루아에 의한 와인 맛은 매우 다릅니다. 요리에 어울리는 와인을 선택하는 것처럼, 환경이나 이해관계에 맞도록 프로덕트를 기획해야 비즈니스 성과를 달성할 확률이 높아질 겁니다.

♦♦♦

과거에는 특정 업종에서만 IT 역량 강화를 중시했습니다. 하지만 IT 기술이 다양한 업종에서 보편적으로 활용되면서 IT 프로덕트 주도 사업전략은 트렌드라 말할 수 있습니다. 그런데 무분별하게 트렌드를 따라 하면 정작 비즈니스 본질을 녹이는 데 소홀하게 될 수 있습니다. 즉, 비즈니스에 필요한 IT가 아닌, IT에 비즈니스를 맞추는 주객이 전도된 상황이 많이 발생하는 겁니다.

제가 와인과 IT 프로덕트를 비교했습니다만 IT 프로덕트는 와인처럼 '신이 내린 선물' 아닙니다. 비즈니스 도구일 뿐입니다. 누군가는 '기업의 성장성에 기여하는 장치'로써 원할 수 있고, 또 다른 누군가는 '기업의 안정성'에 기여하는 수단으로써 원할 수 있습니다. 같은 기능을 제공하는 프로덕트일지라도 시장의 특성과 기업이 처한 환경에 따라 그 핵심 역할은 다를 수 있음을 알아보았습니다.

유저의 문제와 유저가 모여 있는 시장의 특수성을 이해하고, 그 시장에서 경쟁하는 기업의 문제를 이해한다면 프로덕트 떼루아를 이해한다고 볼 수 있습니다. 즉, 좋은 PM · PO는 프로덕트 떼루아를 정확하게 이해해 비즈니스 성과에 기여할 수 있는 프로덕트를 만들 수 있는 사람입니다.

재차 당부하고 싶은 점은, 와인 제조 시 포도를 키우는 환경이 매우 중요하듯 IT 프로덕트 기획 시에도 주변의 이해관계가 매우 중요하다는 점입니다. IT 프로덕트의 단위 기능 구현에만 매몰되지 말고 프로덕트와 관련된 이해관계를 사려깊게 살펴보시길 바랍니다.

《더 골》

기업에서나 발생되는 제약과 병목 문제들을 포괄적으로 다루며, 이를 해결하는 사고방식을 구체적으로 알려줍니다. PM · PO로서 기업의 문제를 발굴하고, 프로덕트의 우선순위를 선정해 해결해나가는 데 도움을 주는 책입니다.

《SUPPLY CHAIN 프로세스 혁신》

IT의 역할이 단순히 고객에게 편의를 주는 관점을 뛰어넘어 고객의 가치와 비즈니스의 문제 해결을 연결해줄 수 있다는 경영자의 관점이 잘 녹아져 있는 책입니다. IT 활용에 대한 인사이트를 넓힐 수 있는 책입니다.

09

"Why"라고 자문하라

장홍석 makethathappen100@gmail.com
전) 딜리셔스 공동대표/CPO
전) 네이버 신규 프로덕트 리드
전) 마이리얼트립 리드 프로덕트 매니저
전) 쿠팡 프로덕트 오너
전) 네이버 프로덕트 매니저

대학에서는 컴퓨터공학을 전공했습니다. 개발보다는 기술과 제품으로 현실의 문제를 푸는 것이 좋았습니다. PM으로 시작한 커리어는 스타트업 CEO까지 연결되었습니다. 지금 내가 남기는 점들은 훗날에 모두 선으로 연결된다 믿습니다. 성장을 위한 고통을 즐기며, 읽고 쓰는 것을 좋아합니다. 사람들의 불필요한 시행착오를 줄여, 더 빠른 성장에 도움을 주고 싶습니다.

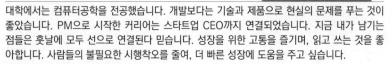

linkedin.com/in/hongseok-jang
blog.naver.com/madaboutit
careerly.co.kr/@hongseokjang
instagram.com/makethathappen100

《제로 투 원》에서 피터 틸은 말했습니다. "행복한 회사는 모두 다른 모습으로 행복하다. 하지만 불행한 회사는 모두 같은 이유에서 불행하다"라고요. PM도 그렇습니다. 성과를 내는 PM은 자신만의 개성이 있습니다. 모두 다른 모습입니다. 공통점을 찾기 어렵죠. 주어진 환경에서 자신만의 생각으로 색깔을 만듭니다. 반대로 자기 자신이 아닌 다른 누군가의 모습을 닮고 쫓으려 노력하는 PM이 성공한 경우를 저는 아직 보지 못했습니다.

이 책을 읽는 분들은 PM이 되고 싶거나, 이미 일하고 계신 분들일 겁니다. 일과 성장에 대한 고민도 많을거구요. 고객이 원하는 제품을 만들고, 회사의 성장에 공헌하며, 함께 하는 동료에게 인정받는 PM이 되고 싶을 겁니다. 열정적으로 노력하지만 늘 쉽지 않습니다. 어떻게 PM으로 더 잘할 수 있을까요? 어떻게 성장할 수 있을까요?

PM의 길은 어렵습니다. 정답이 없기 때문입니다. 반드시 스스로 길을 만들어 나가야만 합니다. PM의 본질을 생각해봅시다. PM의 역할은 무엇인가요? 비슷한 내용의 다른 수많은 정의가 있습니다. PM과 PO는 무엇이 어떻게 다른가요? 끝없이 이어지는 인기 논쟁 주제입니다. 모두의 답변이 타당합니다. PM의 정의가 많은 것처럼 '훌륭한 PM되기'와 '좋은 제품 만드는 방법'도 무척 많습니다. 반대로 생각하면 누구에게나 적용되는 일 잘하는 PM이 되는 방법은 없습니다. 좋은 제품 만드는 방법도요.

그렇기에 PM은 늘 스스로에게 '왜?'라고 물어야 합니다. 너무 어렵게 생각할 필요는 없습니다. 당신의 생각이 맞습니다. 그 생각이 만드는 모든 것이 당신의 정답입니다. PM의 고민을 해결할 수 있는 사람은 바로 당신이니까요. 자유롭게 생각하며 길을 만들어 갈 수 있습니다. 주어진 상황에서 최선을 다해 스스로 답을 찾고 만들면 됩니다.

약 20년 동안 PM부터 CPO/CEO까지 경험했습니다. 그 여정에서 PM을 위한 하나의 원칙을 찾았습니다. 바로 자신만의 Why를 찾는 겁니다. 항상 스스로에게 "왜?"라는 질문을 던져보는 겁니다. 우리의 뇌에게 질문을 던지면 항상 답변을 줍니다. 자신을 믿으세요. 스스로에게 던지는 "왜?"는 언제나 나의 경쟁력이 될 겁니다.

> 원칙 "스스로에게 '왜?'라는 질문을 던져보자."

나만의 Why는 무엇이며, 왜 중요할까요? 또 어떻게 만들어야 할까요? 당신의 두려움을 즈려밟고, 한걸음씩 성장하는 PM이 되는 이야기를 나눠 보겠습니다.

PM은 끝없는 Why를 찾는 여정

2007년 아이폰이 세상에 나왔습니다. 그때 처음 PM 역할을 시작했습니다. 처음에는 그저 다양한 사람이 함께, 새로운 제품을 만드는 일이 재밌고 보람이 있었습니다. 다양한 고객과 시장을 위한 제품을 만들었어요. 대기업과 스타트업, 콘텐츠/검색/SNS/커머스, 운영도구/백오피스, B2C와 B2B까지요. PM의 일은 언제나 변화했습니다. 커리어를 쌓아가며 제가 하는 일도 계속 변했습니다. 맡은 역할도 다양하게 변했습니다. 서비스 기획, 운영, PM, PO, 리드 PM, CPO 그리고 CEO의 역할까지 맡게 되었죠.

PM의 본질은 무엇일까?

세상은 늘 변합니다. 하지만 모든 게 변하더라도 변하지 않는 본질이 있습니다. 그것을 찾는 건 정말 중요합니다. 변하는 것을 쫓아가면 우리는 영원히 따라가고 끌려갑니다. 그래서는 결코 경쟁력을 가질 수 없습니다. 본질은 변하지 않습니다. 그렇다면 PM의 업의 본질은 무엇일까요? 다양한 변화 속에서 PM이 항상 도움을 받을 수 있는 기준은 무엇일까요? B2C와 B2B, 콘텐츠와 커머스, 서비스와 백오피스 어디서든 PM이 활용할 수 있는 원칙이 있을까요? 어떤 환경에서도 변치않는 PM의 역할은 무엇일까요?

그런 것이 있다면 '항상 스스로에게 Why라는 물음을 던지는 것'뿐이라고 생각합니다.

Why는 왜 가장 중요한가

육하원칙의 비밀을 하나 말씀드리겠습니다. 육하원칙 중에 가장 중요한 것은 'Why'입니다. 왜냐하면 왜는 우리의 눈에 쉽게 보이지 않기 때문입니다. '누가, 언제, 어디서, 무엇을, 어떻게'는 쉽게 알 수 있습니다. 인스타그램에서 친구의 피드를 봅니다. 친구가 주말에 사진을 올렸습니다. 우리는 사진을 보고 친구의 주말을 알 수 있습니다. 언제 어디서 누구랑 무엇을 어떻게 하며 놀았는지를요. 하지만 사진만으로는 그 친구가 '왜' 그랬는지 우리는 모릅니다. 직접 물어봐야 알 수 있습니다. '왜'는 이렇게 다른 사람의 눈에는 보이지 않습니다. 그래서 우리는 보통 그 '왜'를 잊고 살아갑니다. 보이지 않는 '왜'가 중요한 이유는 3가지입니다.

첫 번째, 왜는 목적이자 의도이기 때문입니다. '왜'는 가치를 만드는 핵심입니다. 사람은 의식적으로 목적과 의도를 갖는 존재입니다. 식물은 그렇지 못하죠. 그만큼 왜는 특별합니다. 눈에 보이는 과정을 똑같이 따라 하면 같은 결과를 얻을 수 있나요? 경쟁사의 전략을 알게 되었다고 그저 따라 하면 똑같은 결과를 얻을 수 있을까요? 그럴 수 없습니다. '왜'를 모르기 때문입니다. 같은 행동이라도 목적과 의도에 따라 결과는 달라집니다. 반복할수록 차이는 훨씬 더 커집니다. 어떤 일을 할 때 늘 기억하세요. 이 일은 왜 하는 거지? 이 일의 목적은 뭐지? 스스로 물어보세요.

두 번째, '왜'는 눈에 보이지 않기 때문입니다. 피카소의 그림은 높은 평가와 대접을 받습니다. 하지만 누구나 그릴 수 있는 평범한 그림처럼 보입니다. 때로는 쉽게 이해할 수 없는 기괴한 그림도 있습니다. 그럼에도 왜 피카소 작품은 높은 가치를 인정받을까요? 피카소는 그 결과물에 대한 의도와 목적, 즉 '왜'를 갖고 있기 때문입니다. '왜'는 우리 눈에 보이지 않지만, 가장 큰 가치를 만듭니다. 보이지 않기에 잊기 쉽습니다. PM은 항상 스스로에게 왜를 물어야 합니다. 그럼 반드시 힘이 되어 돌아옵니다.

마지막으로 '왜'는 사람을 움직이는 강력한 힘이기 때문입니다. 사이먼 시넥의 '골든 서클 이론'은 '왜'에 따라 움직이는 사람을 설명합니다. 사람은 본능적으로 왜에 이끌립니다. 사람은 Why - How - What의 순서로 설득되고 움직입니다. 결국 Why가 사람을 움직이는 겁니다.

애플은 Why를 통해 고객에게 커뮤니케이션합니다. 1997년 도산 위기에 처한 애플에 스티브 잡스가 복귀합니다. 광고에서 그는 말합니다. '우리는 열정을 가진 사람들이 세상을 지금보다 좋게 만들 수 있다고 믿습니다.' 애플은 그들이 무엇을 믿는지, 어떤 가치를 중요하게 생각하는지 말합니다. 바로 애플의 Why입니다. 우리는 그 믿음을 기반으로 만든 애플의 제품을 봅니다. 왠지 믿음이 가고 끌립니다.

Why가 제품의 모든 것을 결정한다

Why는 제품이 풀려고 하는 문제를 정의합니다. Why는 제품이 제공할 가치를 정의합니다. Why는 제품을 사용할 고객을 정의합니다. Why는 실행의 우선순위를 정의합니다. Why의 중요성은 아무리 강조해도 지나치지 않습니다. 그렇기 때문에 PM은 반드시 이 Why를 명확히 정의하고 지켜내야만 합니다.

하지만 현실은 어떨까요. 제품을 만들다 보면 Why는 뒷전으로 밀려날 때가 많습니다. 무엇을 만들지, 어떤 기능을 만들지, 어떻게 만들지, 누가 만들지, 언제까지 만들지의 고민이 항상 먼저입니다. 요청사항은 끊임없이 밀려옵니다. 내가 발의한 일도 아니고, 왜 하는지 목적도 모릅니다. 갑자기 뚝 떨어진 일인데 일정은 정해졌습니다. 조급한 마음에 무엇을 어떻게 만들지에 더 많은 시간을 씁니다. 하지만 그건 결코 빠른 길이 아닙니다. Why가 명확하지 않다면 길을 가다가 반드시 다시 돌아오게 됩니다. 반드시 Why를 먼저 사수해야 합니다.

절대 양보하지 말아야 합니다.

끝없이 나에게 Why를 던지세요

PM 채용 인터뷰에서 꼭 묻는 질문이 있습니다.

"제품은 무엇인가요? 왜 있어야 할까요?"
"PM은 누구인가요? 왜 있어야 할까요?"

단순하지만 답변하기가 생각보다 쉽지 않습니다. 한 번의 답변으로 끝날 수 없는 질문이기 때문입니다. 지원자의 답변에서 다시 Why로 질문은 꼬리에 꼬리를 물고 이어집니다. 평소에 생각해본 적이 없다면 제대로 된 답변을 하기 어렵습니다.

잠시 책 읽기를 멈추시고, 앞선 질문을 스스로에게 해보세요. 그리고 자기만의 Why를 만들어보세요. 방법은 정말 쉽습니다. 스스로 납득할 수 있는 답이 나올 때까지 계속 "왜?"를 반복하면 됩니다. '내가 만드는 제품은 왜 있는 걸까? PM은 왜 있어야 할까?' 이렇게 계속 "왜?"를 묻다 보면 더 이상 갈 수 없는 막다른 길을 만날 겁니다. 그래도 몇 번 더 물어보세요. 아마존에서는 문제가 발생하면 5번의 "왜?"를 묻습니다. 이를 통해 쉽고 자연스럽게 그 문제가 발생한 근본적인 원인을 발견할 수 있기 때문입니다. 아마존의 방법처럼 여러 번 반복하세요. 그럼에도 더는 답할 수 없다면 그때 나만의 Why가 생긴 겁니다. 그리고 그만큼 생각의 근육이 단단해집니다.

내가 하는 일의 정체성을 모른 채 좋은 성과를 낼 수는 없습니다. PM은 내가 하는 일의 의미와 목적을 고민해야 합니다. 제품과 PM에 대한 나만

프로덕트 매니저 PM · PO 원칙

의 정의를 꼭 가지고 있어야 합니다. 그래야 흔들리지 않고 나만의 길을 걸어갈 수 있습니다.

제품의 이해 : 제품은 '왜' 있어야 할까요?

'제품은 왜 있어야 할까요?' PM 인터뷰에서 질문합니다. 지원자 대부분 '참 뜬금없는 질문'이라는 표정을 짓습니다. 인터뷰에서 뭐 이런 당연하고 새삼스러운 걸 물어보는지 갸우뚱합니다. 대부분은 아마 생각해본 적이 없는 질문입니다. 생각해볼 계기와 이유 모두 없습니다.

우리는 어떤 것에 익숙해지면 그것을 당연하게 여깁니다. 당연한 것이 항상 옳은 것은 아닙니다. 익숙한 겁니다. 미디어에서 광고를 반복하는 이유가 여기 있습니다.

한 번도 물밖으로 나온 적 없는 물고기라면 물의 존재를 모를 겁니다. 물을 설명해줘도 이해하지 못할 겁니다. 그러던 어느 날 물고기가 지수면 위로 나오게 되면, 그제서야 헤엄칠 수도 없고 숨을 쉴 수도 없는 물이 없는 세상을 체험하게 됩니다. 생명의 위협을 느낍니다. 그제서야 비로소 물의 존재를 알게 됩니다. 그 소중함도요.

PM도 마찬가지입니다. PM에게 제품은 물고기의 물과 같습니다. 제품이 있기에 PM이 있습니다. 제품은 PM의 성과이자 최종 결과물입니다. PM은 살아 있는 유기체 같은 제품을 더 좋게 만들기 위해 항상 고민합니다. 왜 이런 당연한 이야기를 하고 있냐는 생각이 드실 겁니다. 그런데, 이게 정말 당연한 걸까요? 그저 익숙한 건 아닐까요?

당연함을 의심하세요. 세상의 모든 위대한 발견은 당연함을 의심할 때 생깁니다. PM이라면 '제품이란 무엇인가?'를 꼭 한 번은 생각해봐야 합니다. 당신의 제품의 존재 이유를 생각해보세요. 제품은 왜 있는 걸까요? 제품의 의미는 무엇일까요? 생각을 위해 PM의 정체성을 잠시 내려둡시다. PM을 위한, PM에 의한 정의를 지우고 새롭게 생각해봅시다. 단지 PM이기 때문에 나의 역할을 위해서 존재하는 것보다, 제품은 더 본질적으로 어떤 의미가 있을까요? 먼저, 우리에게 익숙한 기업과 사업에서 생각을 시작해봅시다.

기업

모든 제품과 PM은 기업에 속해 있습니다. 기업이 먼저 생긴 후, 제품이 나왔습니다. 기업은 어떻게 만들어졌을까요? 저절로 생겨나진 않았겠지요. 대기업처럼 크고 오래된 기업이나, 막 창업한 스타트업이나 기업의 시작은 모두 같습니다. 창업자가 어떤 목적과 의도를 가지고 기업을 만든 겁니다. 그래서 모든 기업은 존재의 이유가 있습니다. 기업이 이루고 싶은 목적이죠. 이를 미션이라고 부릅니다. 한 번쯤 들어본 단어 같지만 낯설고 어렵습니다.

유명한 기업의 미션을 살펴봅시다. 구글의 미션은 '세상의 모든 정보를 잘 모아서 쉽게 찾아주는 것'입니다. 구글은 검색으로 사업을 시작했습니다. 이후에 진행되는 모든 사업 역시 이 미션과 연결되어 확장되어 왔습니다. 우아한형제들의 미션은 '맛있는 음식을 먹고 싶은 곳에서'입니다.*

---

*   서비스 비전 2.0 기준입니다. 1.0은 '정보기술을 활용하여 배달산업을 발전시키자', 현재 사용하는 버전 3.0은 '문 앞으로 배달되는 일상의 행복'입니다.

프로덕트 매니저 PM · PO 원칙

처음 봤을 때 정말 강렬했습니다. 미션이 정말 쉽고 단순하고 직관적입니다. 누구나 한 번쯤 배민 앱으로 음식을 먹어봤을 겁니다. 이 경험만으로도 미션에 공감되지 않나요? 잘 정의된 미션은 회사의 구성원뿐만 아니라 모르는 사람도 쉽게 이해할 수 있습니다.

미션은 기업의 본질입니다. 기업에서 생기는 모든 '왜'에 대한 최종 답이 됩니다. 기업의 흔들리지 않는 의사결정의 기준점입니다. 왜 그 기업이 있어야 하는지를 말해주기 때문입니다. 기업에서는 크고 작은 수많은 일이 일어납니다. "이 일은 왜 하는 거지?"를 계속 물어봅니다. 최종적으로 만나는 답은 미션이 되어야 합니다. 만약 그렇지 않다면 뭔가 잘못된 겁니다. 괜히 쓸데없는 일을 하는 건 아닌지 한 번쯤 의심해봐야 합니다. 목적을 잘 모르고 있을 수도 있구요. 제품에서처럼 기업에게도 "왜?"라는 질문이 중요합니다.

사업의 정의

기업은 어떻게 미션을 달성할까요? 바로 사업을 수행해서입니다. 사업은 고객에게 가치를 주는 일입니다. 고객에게 필요한 것을 주면 고객은 효용을 느낍니다. 그러면 가치가 됩니다. 고객에게 원하는 걸 줍니다. 가치가 됩니다. 고객의 불편함을 없애는 일도 가치가 됩니다. 불편하지 않던 걸 불편하게 만들면 새로운 가치가 됩니다. 빨리 받고 싶은 고객의 문제를 해결한 쿠팡의 로켓배송처럼요.

사업적 가치는 크게 두 가지로 볼 수 있습니다. 진통제와 비타민입니다. **진통제**는 우리 몸의 고통을 없애줍니다. 두통, 치통에 진통제가 없다면 정말 괴롭겠지요. 진통제는 고객의 불편함을 없애줍니다. 없으면 너무나도 불편해서 '꼭 있어야 하는' 가치입니다. **비타민**은 우리가 몸에서 만들어낼 수 없는 영양소를 보충해줍니다. 비타민 보충제를 챙겨먹으면 더 건강해진다고 일반적으로 받아들여지고 있습니다. 하지만 비타민 보충제를 반드시 복용해야 하는 건 아닙니다. 복용하면 좋지만 복용하지 않아도 건강에 큰 영향은 없습니다. 그런 의미에서 비타민은 '있으면 좋은' 가치입니다. 모든 사업적 가치는 비타민에서 시작해서 진통제가 되는 과정입니다.

가치는 기업이 제공합니다. 하지만 가치의 판단은 고객이 결정합니다. 나는 내 가치를 진통제라고 생각했지만, 고객은 비타민이라고 생각할 수 있습니다. 고객이 아닌 내가 원하는 기능을 만들어놓고, 왜 고객이 쓰지 않냐고 불평하면 안 됩니다. 가치를 판단하는 기준은 언제나 고객입니다.

기업은 왜 고객에게 가치를 제공할까요? 가치를 주고 합당한 대가를 받기 위해서입니다. 그 대가는 돈일 수도 있고, 고객의 관심과 시간일 수도 있습니다. 이 대가는 기업에게 매출과 수익이 됩니다. 이 가치의 대가를 통해 지속 가능하게 성장합니다. 이렇게 기업의 미션은 사업으로 완성됩니다. 사업은 가치를 만듦으로써 기업의 생존과 성장을 만듭니다.

제품의 정의

기업과 사업의 정의를 알아봤으니 이번에는 제품을 살펴보겠습니다. 사업의 본질은 고객에게 가치를 주는 겁니다. 제품은 사업적인 가치를 고객에게 전달하는 수단입니다. 판매하는 상품입니다.

프로덕트 매니저 PM · PO 원칙

온라인 비즈니스는 시공간의 제약이 없습니다. 기술을 활용해서 더 넓은 시장을 쉽게 확장할 수 있습니다. 덕분에 더 큰 사업적 기회를 만날 수 있습니다. 무형의 온라인 환경에서는 오직 제품만이 우리가 고객에게 제공하는 상품이 됩니다. 우리는 제품으로 고객을 만납니다. 제품을 통해서 새로운 고객을 확보합니다. 제품을 통해서 고객에게 가치를 제공합니다. 제품으로 고객과 이야기합니다. 제품으로 고객의 피드백을 받습니다. 제품으로 고객에게 수익을 얻습니다. 이렇게 제품은 고객을 확보하고 가치를 주며 수익을 내는 유일한 수단입니다. 제품은 계속 중요해질 수밖에 없습니다.

이런 이유로 제품을 만드는 PM에 대한 중요도와 수요가 커지는 것도 당연합니다. 그런데 PM 혼자서 제품을 만들 수 없습니다. 다양한 역량을 가진 사람들의 도움이 반드시 필요합니다. 함께 일하는 동료들은 제품을 뭐라고 생각할까요? 함께 만드는 제품에 의미를 생각해본 적이 있을까요? 현실에서 정의는 잊어지고 생략됩니다. 생각해본 적이 거의 없을 겁니다. 서로 의견이 달라 평행선을 그릴 때가 있습니다. 이런 논쟁에서 가장 먼저 해야 할 일은 단어의 뜻을 정의하는 겁니다. 같은 단어를 서로 다르게 생각하면 영원히 합의점을 찾을 수 없습니다.

먼저 스스로 제품의 의미를 생각해보세요. 그리고 함께 제품을 만드는 동료와도 함께 이야기를 해보세요. 우리는 본질을 쉽게 잊지만, 그보다 중요한 것은 없습니다. 변하지 않는 가치이기 때문입니다.

목적과 수단을 기억하세요

제품의 의미를 항상 기억하세요. 생각하는 대로 살지 않으면, 사는 대로 생각하게 됩니다. 우리가 매일 제품을 만드는 일에만 몰입한다면, 제품을 만드는 일 자체가 목적이 될 겁니다. 왜 이걸 만들고 있는지 잊어버리는 겁니다. 그때부터 재앙이 일어납니다. 처음의 의도와 목적은 잊혀집니다. 이 일을 왜 하는지 기억나지 않습니다. 수단이 목적이 되어버립니다. 진짜 목적은 매몰되었습니다. 사라져버렸어요. 정신을 차렸을 땐, 이미 너무 멀리 와버렸습니다. 매몰된 비용이 너무 커져버렸기 때문입니다. 무언가 잘못된다는 생각이 듭니다. 하지만 그냥 계속 갈 수밖에 없습니다.

우리가 하는 일의 목적을 기억해야 합니다. 그래야 가장 효과적인 수단과 방법을 찾을 수 있습니다. 목적 없이 수단에만 집중하면 성공하기 어렵습니다. 제품의 의미를 꼭 떠올리세요. 제품은 가치를 제공하는 수단입니다. 목적과 수단은 다릅니다. 늘 구분해서 생각해야 합니다. 목적을 달성할 수 있는 방법은 늘 다양합니다. 더 좋은 방법을 찾을 수 있지요. 수단은 늘 대체될 수 있습니다.

온라인 비즈니스에서는 제품이 유일한 수단입니다. PM은 언제나 제품을 통해 가치를 만들고, 문제를 해결하려고 합니다. 하지만 여러 수단 중에 하나라고 생각하면 어떨까요? 꼭 제품으로만 가치를 전달할 필요는 없습니다. 다른 방법이 더 효율적일 수 있습니다. 제품이 꼭 필요하지 않을 수도 있구요. 예를 들어 새로운 기능으로 제품을 개선하지 않아도, 운영 정책으로 풀 수 있는 문제도 많습니다. 같은 문제를 풀면서 더 힘을 들일

프로덕트 매니저 PM · PO 원칙

필요는 없습니다. 망치를 들고 있는 사람에게는 못 밖에는 안 보이는 법입니다. 때로는 제품에서 한 발짝 떨어져 생각해야 합니다. 균형을 잡아야 합니다.

PM은 균형을 잡아야 합니다

사업적인 요구사항은 제품으로 만들어집니다. 그리고 고객에게 제공됩니다. 가치 제공에 필요한 요구를 분해해서, 제품으로 만들 수 있도록 잘 번역하는 일이 중요합니다. 기술적으로 검토해서 가장 효과적이고 효율적인 제품으로 만듭니다. PM이 받는 요구사항은 언제나 많습니다. 모든 요구사항은 항상 급하고, 중요하고, 먼저 처리되길 원합니다. 할 수 있는 일의 양과 시간은 정해져 있습니다. 이런 상황에서 모든 요구사항을 최대한 반영해 제품으로 만들면 어떻게 될까요? 아마 괴물 같은 제품이 탄생할 겁니다. 왜일까요?

제품은 고객을 만나는 유일한 수단입니다. 수많은 사업적 요구사항이 밀려듭니다. 요구사항을 내는 사업 담당자는 본인 목표에만 집중합니다. 사업에서는 제품의 전체를 보지 않습니다. 볼 수도 없습니다. 이런 수많은 요구사항이 여과 없이 제품으로 반영되면 어떻게 될까요. 그렇기에 괴물 같은 제품이 만들어지는 겁니다.

미인 여러 명의 얼굴에서 눈, 코, 입을 따로 가져와 합성한다고 미인의 얼굴이 될까요? 그럴 리 없습니다. 기괴하게 합성된 얼굴이 되겠지요. 아름다울 수 없습니다. PM이 그저 모든 요구사항을 받아들인다면 제품은 중심을 잃고 말 겁니다. 가장 큰 문제는 고객입니다. 고객은 기업의 내부

사정에 관심이 없습니다. 그저 말없이 제품을 떠날 뿐입니다. 사업적인 요구사항을 제품으로 만드는 일은 중요합니다. 동시에 제품이 나아갈 방향과 전략도 중요합니다. PM은 양쪽의 균형을 맞춰야 합니다. 수단인 제품과 목적인 사업에 양쪽에 항상 관심을 갖고 있어야 합니다.

PM은 제품의 균형을 잡는 사람이어야 합니다. 누구나 세상의 중심이 되고 싶은 욕심이 있습니다. 내가 하는 일이 핵심이면 좋겠고, 스포트라이트도 받고 싶고요. 보통 그 기준은 남들의 시선입니다. 내가 하는 일의 의미와 기준을 다른 사람에게서 찾을 수는 없습니다. 기준은 스스로 세워야 합니다. 지금 당신이 처한 환경에서 제품은 어떤 의미인가요? 어떤 가치를 만들고 있을까요? 내가 만드는 제품의 의미와 가치는 내가 정해야 합니다. 그래야 흔들리지 않고 멀리 오래갈 수 있습니다. 시간을 내서 곰곰이 생각해보세요. 그 시간은 분명히 헛되지 않을 겁니다.

PM의 이해 : PM은 '왜' 있어야 할까요?

PM이 뭔지 잘 모를 때 PM으로 커리어를 시작했습니다. 그저 제품을 출시하는 데 필요한 일은 뭐든지 다 했습니다. 그러면서도 PM이란 역할은 무엇인지 계속 고민했습니다. CEO가 되니 PM의 역할이 다시 보입니다. 더 넓은 관점으로 생각해보게 됩니다. PM은 항상 제품을 중심으로 생각합니다. 그에 비해 경영자는 기업 전체를 봐야 합니다. 더 넓은 관점을 요구받습니다. 기업의 본질적 목적인 사업에 더 집중합니다. CEO로서 사업적 가치의 전달을 더 고민하게 되는 거죠. 가치를 제품으로 만드는 건 그다음입니다. 자연스럽게 제품과 PM을 기업의 관점으로 바라보게 된 겁

프로덕트 매니저 PM · PO 원칙

니다.

PM의 역할에 대한 정답은 없습니다. 스스로 정의하고 만드는 것이죠. PM만 그런 줄 알았습니다. 그런데 CEO도 마찬가지였습니다. 여러분은 CEO가 뭘 하는 사람이라고 생각하시나요? 알려진 역할에 대한 수많은 정의가 있습니다. 하지만 PM과 마찬가지로 스스로 역할을 정의하는 데 많은 시간이 걸렸습니다. 그래서인지 CEO를 경험하고 PM의 역할이 더 명확해졌습니다. PM은 CEO와 많이 닮았습니다. 역할도 닮았고, 역할을 정의하기 어려운 점도 비슷합니다.

CEO가 되어 보니 PM · PO는 mini-CEO가 아니다

PM과 CEO의 공통점은 '사람을 움직이는 사람'이라는 겁니다. 사람들의 눈에 보이지 않는 것을 볼 수 있게 해야 합니다. 비전을 제시해야 합니다. 그래서 많은 사람을 같은 방향으로 이끕니다. 한 방향으로 움직이고 실행합니다. 가치를 만들어 전합니다. 그래서 성과를 만들어야 합니다.

CEO는 경영자입니다. 경영은 무엇일까요? 다른 사람들을 움직여 목표를 달성하고 성과를 만드는 일입니다. 그럼 CEO가 사람을 움직이기 위해 쓸 수 있는 자원은 무엇이 있을까요? 시간과 돈입니다. 시간은 우선순위의 결정입니다. 그 시간을 무엇으로 채울지를 결정하는 거죠. 돈은 사람에 대한 보상입니다. 보상에는 채용과 평가의 결정이 포함됩니다. CEO는 기업의 대표적인 자원인 시간과 돈에 대한 우선순위를 결정합니다. 기업에서 가장 중요한 결정권을 CEO는 갖고 있습니다.

PM은 프로덕트를 책임집니다. 참여하는 사람들을 움직입니다. 고객에게 가치 있는 제품을 만들고 전달합니다. 사람들을 움직여 성과를 만드는 일은 경영자의 일과 같습니다. 하지만 이를 위한 권한은 없습니다.

PM은 함께 제품을 만드는 사람들에게 다양한 영향을 줍니다. 프로덕트와 관련된 크고 작은 의사결정을 하지요. 하지만 사람들과 관련된 직접적인 결정 권한은 없습니다. PM은 함께 일할 사람을 채용하는 결정을 할 수 없습니다. 함께 일한 동료의 성과와 평가, 보상에 영향력을 줄 수도 없습니다. 이게 PM과 CEO의 가장 큰 차이입니다.

이런 모순적인 상황에도 불구하고, PM 역할은 무척이나 매력적입니다. 사람을 직접 움직일 수 있는 결정 권한이 명시적으로 주어지지 않았습니다. 그럼에도 사람들을 움직여서 한 방향으로 모아서 멋진 제품을 만듭니다. 그리고 그 제품이 고객에게 환영받고 가치를 만듭니다. 그런 가치가 모여 세상을 바꿉니다. 더 나은 곳으로 만듭니다. 정말 멋지지 않나요. 아무나 할 수 있는 일이 아닙니다. PM만이 느끼는 보람과 가치입니다.

'PO는 mini-CEO다' 흔히 PO라는 직무를 소개하는 말입니다. 하지만 PO는 mini-CEO가 아닙니다. 후킹한 문구에 현혹되지 마세요. PO에게는 CEO가 가진 사람을 움직일 수 있는 권한이 없습니다. 권한이 없으니 역량과 커뮤니케이션으로 사람을 움직여야 합니다. 절대 쉽지 않습니다. PM · PO의 일이 어려운 근본적인 이유입니다. 모든 PM · PO는 이 차이를 반드시 알아야 합니다. 그리고 잊지 말아야 합니다. 내가 하는 일의 본질이 무엇인지, 또 무엇이 이 일을 힘들게 하는지를요. 그러면 힘들 때도 쉽게 다시 일어날 수 있을 거에요.

제품을 만드는 PM, 회사를 경영하는 CEO의 역할을 모두 해보니 선명해졌습니다. 사람은 보상만으로 움직이지 않습니다. 경영이 어려운 이유입니다. 또, 사람은 보상이 없어도 움직일 수 있습니다. PM이 매력적인 직업인 이유입니다.

PM은 오케스트라 지휘자

권한 없이 사람을 움직이는 PM의 일은 오케스트라의 지휘자와 비슷합니다. 지휘자는 거대한 오케스트라를 이끕니다. 전체를 조율하고 균형을 잡고 이끕니다. 지휘자는 악기를 연주하지는 않습니다. 그런데 또 모든 악기를 이해해야 합니다. 악기가 내는 소리와 특성을 알아야 합니다. 또, 악기를 연주하는 사람들도 이해해야 합니다. 성향을 파악하고 관계를 잘 유지해야 합니다. 같은 곡이라도 지휘자의 해석에 따라 곡의 느낌이 달라집니다. 곡을 자신만의 방식으로 독창적으로 해석해서 새로운 색깔을 만들어내는 것이 지휘자의 역량입니다.

PM은 다양한 직무의 사람들과 협업합니다. 사업, 마케팅, 디자이너, 개발자, QA, 운영 등이랑요. 하지만 PM이 직접 하는 일은 없습니다. 다양한 사람을 움직여서 하나의 결과물을 만들어냅니다. 이를 위해서는 그 사람들이 어떤 일을 하는지 잘 알아야 합니다. 그리고 그 직무와 사람들에 대한 특성도 잘 알고 있어야 하고요.

경기를 직접 뛰지는 않지만, 전체 전략과 전술을 지휘하고 선수들을 기용하는 감독과도 같습니다. 똑같은 팀의 선수들을 활용하는 방법에 따라서 결과는 완전히 달라질 수 있습니다. PM이 요구사항을 정의하고 분석하는 방법에 따라 만드는 제품과 성과도 달라집니다.

왜 PM이 되고 싶으세요?

PM은 권한 없이 사람을 움직여서 성과를 만들어야 합니다. 경험과 경력이 쌓여도 일은 여전히 어렵습니다. 루틴하게 반복할 수 있는 일은 거의 없습니다. 정말 쉽지 않은 직무입니다. 물론 그만큼의 보람과 성장도 있지만요. 여러분은 왜 PM이 되고 싶은가요? 왜 PM으로 일하고 계신가요? 먼저 여러분이 생각하는 PM의 모습을 생각해보세요. 질문의 답은 당신이 생각하는 PM의 모습에 달려 있습니다.

PM에 대한 환상을 가진 분이 많습니다. PM 인터뷰나 PM을 준비하는 분들과 말씀을 나눌 때가 있습니다. 많은 분이 생각하는 PM의 모습은 현실과는 거리가 멉니다. 다른 직무보다 PM 수가 많지 않아 덜 알려진 이유도 있을 겁니다. 여러분은 왜 PM으로 일하고 싶나요? 일하고 계신가요? 요즘 뜨는 직무라길래 관심이 생기셨나요? 잘 모르지만 그냥 멋져보여서 동경하게 되었나요? 곁에서 본 PM의 역할과 성과가 부러울 수도 있습니다. 하지만 이런 이유로는 좋은 PM이 되어 일하기 어렵습니다. 성공하기 어렵고, 성공한다 해도 결코 만족할 수 없습니다.

다시 강조합니다. PM은 쉬운 직무가 아닙니다. 권한은 적고, 책임은 많습니다. 잘되면 스포트라이트를 받을 수 있습니다. 결과가 좋지 않으면 모든 책임을 요구받을 수도 있습니다. PM이 어렵고 힘들 때, 더 힘든 점은 이해받지 못한다는 점입니다. PM이 어떤 일을 하는지 사람들은 잘 이해하지 못합니다. 함께 하는 동료들조차 그렇습니다. 그래서 PM이 왜 힘든지 다른 사람들은 잘 모릅니다. 유일한 공감과 위로를 주고받는 건 같은 PM들뿐입니다.

프로덕트 매니저 PM · PO 원칙

단순한 취업과 커리어의 트렌드를 떠나, 왜 PM이 되고 싶은지 스스로의 Why를 정리해두면 좋겠습니다. 여러분이 기업의 채용 결정권자라고 생각해보세요. 어떤 관점으로 PM을 채용하고 싶은가요? 지원자의 어떤 점이 궁금한가요? 이 사람은 왜 PM이 되고 싶은지, 어떤 마음으로 PM으로 일해왔는지가 가장 궁금하지 않을까요?

여러분이 생각하는 PM은 무엇인가요? 그리고 왜 PM이 되고 싶은가요? 이 두 가지, 자신만의 Why가 가장 중요합니다. 변하지 않는 본질을 단단하게 만드세요. 이 생각들이 성과를 만들어냅니다.

PM의 성장 : 생각의 근육을 키우는 방법

제품과 PM의 본질에 대해 함께 생각해봤습니다. 강조해서 말씀드렸듯이 정답은 없습니다. 누구나 자신만의 Why를 만들 수 있습니다. 제품은 가치를 전하는 수단입니다. PM은 그 수단을 만드는 과정 전체를 지휘하고 책임지는 사람입니다. 제품과 PM 없이 기업은 미션을 달성할 수 없습니다. 이제 많은 기업이 PM의 중요성을 잘 압니다. 더 많은 수요가 열리고 있습니다.

이런 기회를 어떻게 잡아야 할까요. 좋은 PM은 좋은 제품을 만들 확률이 높습니다. 그럼 좋은 PM은 어떻게 될 수 있을까요? PM은 어떻게 성장해야 할까요? 나만의 Why를 찾아가며 생각을 더 단단하게 만드는 방법은 무엇일까요? PM은 무엇을 어떻게 공부해야 할까요? 핵심은 생각입니다. 스스로 묻는 "왜?"입니다. PM의 성장에 도움이 되는 몇 가지 방법을 소개합니다.

PM의 생각 프레임워크 : Why → What → How

새로운 제품과 기능을 만들 때 가장 먼저 해야 할 일은 무엇일까요? 생각을 정리하는 겁니다. 쉽게 생각을 정리할 수 있는 PM의 생각 프레임워크를 소개합니다. **Why → What → How** 순서로 생각하기입니다.

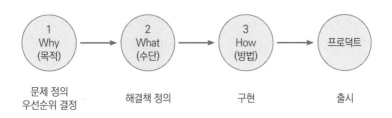

세상의 모든 혁신은 한 사람의 상상에서 시작됩니다. 우리가 쓰는 이이폰은 스티브 잡스의 상상에서 시작되었습니다. Why의 시작은 상상입니다. 어떤 문제를 풀고 싶나요? 그 문제를 푼다면 누구에게 어떤 가치를 줄 수 있나요? 새롭게 잡으려고 하는 기회는 무엇인가요? 달성할 목표는 무엇인가요? 이 모든 것이 Why입니다. 만들려고 하는 최종 결과물을 함께 상상해봅니다. 자유롭게요. 명확하게 상상한 모든 건 현실로 만들 수 있습니다. 꾸준한 노력과 시간만 있으면 됩니다. 하지만 상상하지 못하는 결과물은 아무도 만들 수 없습니다. 그래서 달성할 목표를 구체적으로 상상하며 정리하는 것이 가장 중요합니다. 첫 번째 Why는 온전히 PM이 혼자서 마음껏 생각하고 상상할 수 있는 단계입니다.

뜬구름처럼 막연한 상상을 어느 정도 구체화했다면 목표를 달성할 제품을 생각해봅니다. 어떤 제품/기능이 있어야 고객에게 목표로 하는 가치와 경험을 줄 수 있을까요? 이것이 What입니다. What은 눈에 보이고 만질 수 있는 실질적인 형태입니다. 완성된 제품의 모습입니다. 고객이 완성된 제품을 사용하는 모습을 상상해봅니다. 우리가 원했던 가치를 고객이 느끼고 있나요? 그래서 우리의 의도대로 고객이 제품을 사용하고 있나요? 마침내 우리는 원하는 목표를 이뤘나요? 목표를 달성할 수 있는 방법은 다양합니다. 꼭 한 가지 방법만 있는 건 아닙니다. PM이 혼자서 What을 정리할 수도 있습니다. 혹은 방향성을 가지고 제품을 만드는 동료들과 함께 What을 정리하는 것도 방법입니다. 내가 만들 제품의 모습을 직접 상상하고 정의하는 경험은 이후 제품 구현에 큰 동기부여가 될 수 있습니다.

그렇게 Why를 달성할 수 있는 구체적인 제품의 What을 정의했다면 만드는 방법을 고민할 차례입니다. 우리가 상상한 이 제품은 어떻게 만들어야 할까요? 어떤 기술을 사용할 수 있을까요? 어떤 일을 먼저하고, 어떤 일을 그다음에 해야 할까요? 각 단계는 누가 담당해야 할까요? 전체적인 일정은 어느 정도가 적당할까요? 고객에게 이 제품을 전달하려면 어떤 준비가 필요할까요? 우리가 이 제품을 통해서 정말 목표를 달성했는지 어떻게 알 수 있을까요? 이 모든 것이 How입니다. How는 실제로 제품을 만드는 과정에서 가장 많은 시간을 사용하는 단계를 준비합니다. PM이 사람들을 움직여서 실제로 실행이 이뤄지는 단계입니다. PM보다는 동료들의 도움이 훨씬 필요한 단계입니다. 생각을 정리하는 프레임워크에서는 PM은 미리 상상해봐야 합니다. 다양한 How의 시나리오를 펼쳐봐야 합니다. 현실은 늘 상상과는 다르게 흘러갈 확률이 높기 때문입니다. 미리 다양한 시나리오를 고려해본다면 훨씬 성공확률이 높아질 겁니다.

하나의 제품/기능이 만들어지는 과정을 생각해봅시다. 가장 많은 시간이 쓰이는 단계는 How입니다. 설계, 디자인, 개발, 테스트, 출시 준비 등 80% 이상의 시간을 쓰게 됩니다. 우리가 일반적으로 제품을 만든다고 생각하는 그런 모습이지요. 그럼 가장 많은 시간을 쓰는 How가 가장 중요할까요? 그렇지 않습니다. 중요하지 않은 일을 열심히 한다고 해서, 그 일이 중요해지는 것은 아닙니다. 잘못된 목표를 갖고 있는 제품이 잘 만들어졌다고 해서, 그 제품이 고객에게 가치를 줄 수 있을까요? 성공하기 매우 어려울 겁니다. Why는 제품을 만드는 단계에서 가장 적은 시간을 차지합니다. 그리고 전적으로 PM이 홀로 고민하는 시간입니다. 하지만 그 시간을 잘못 사용하면 뒤에 함께 하는 수많은 동료의 시간을 낭비하게 됩니다. 무엇보다 잘못된 목표와 문제를 정의하면 절대로 원하는 결과를 얻을 수 없습니다. PM만의 오롯한 시간을 절대로 허투루 쓰지 마시길 바랍니다.

생각을 더욱 단단하게 만들기 – 화이트보드 미팅

생각 프레임워크 단계별로 다음과 같은 질문에 대해 대답이 명확한지 확인해봅니다.

- Why : 무슨 문제를 푸는 거야? 어떤 기회를 잡는 거야? 왜 해야 하는 거야?
- What : 문제를 푸는 수단은 뭐야? 이 수단이 성공했는지는 어떻게 알 수 있는 거야?
- How : 그 수단은 어떻게 만들어야 하는 거야? 어떻게 실행하는 거야? 누가 함께 하는 거야?

Why → What → How 순서로 질문해 생각을 정리하고 나서 정돈된 생각을 문서로 쓰면 기획서가 됩니다. 보통 Why에 무게감을 두는 문서 혹은 일을 상위 기획이라고 합니다. 실행 레벨에서 How의 디테일에 더 집중한 문서를 상세 기획이라 부릅니다.

PM의 상상을 실행하는 데 필요한 최종 결과물은 문서입니다. 요구사항을 낸 사업 담당자, 함께 제품을 만들 동료들이 같은 생각을 하는지 문서로 확인할 수 있으니까요. 충분히 생각이 정리되었으니 이제 생각을 공유하기 위해 문서를 작성하면 될까요? 잠깐만요, 아직입니다. 바로 문서를 만들겠다고 빈 페이지에 커서를 띄우면 곤란합니다. 먼저 전체 생각의 정리가 단단히 돼야 합니다. 아니, 이미 여러 번 생각을 정리했는데 또 정리가 필요한가요? 왜 똑같은 일을 반복해야 하는지 답답한 생각이 듭니다. 개미지옥 같은 과정을 언제까지 거쳐야 하는 건가요?

자, 목적과 수단을 생각해봅니다. 목적은 정리된 우리의 생각입니다. 이를 텍스트로 정리한 문서는 수단입니다. 무턱대고 문서에 집중하면 문서 자체가 목적이 됩니다. 생각하는 것과 생각을 글로 쓰는 것은 완전히 다른 일입니다. 문서 작성은 생각보다 어렵습니다. 생각을 문서로 바로 작성하면 어떨까요? 문서 완성이 목적이 됩니다. 문서에는 논리적인 구멍이 생기고, 문서를 모두 갈아엎는 일까지 생기고 맙니다.

그래서 한 단계가 더 필요합니다. 생각 정리의 마지막입니다. 준비물은 화이트보드와 마커입니다. 노트북이나 문서는 필요 없습니다. 화이트보드만 두고 하는 미팅입니다. 참석자는 이 제품을 함께 만들 동료들입니다. PM의 머릿속에 있는 Why · What · How를 아무런 재료 없이 오롯이 보드에 그리면서 설명하는 자리입니다. 완전한 디테일까지 들어갈 필요는 없습니다. 하지만 반드시 Why · What · How의 플로우가 완결되어야 합니다. 설명을 들으며 궁금한 점을 묻고 대답하면서 진행합니다. PM이 이해하고, 생각하고 상상한, 이번 기획의 풀 스토리를 펼쳐놓는 자리입니다.

화이트보드 미팅은 생각보다 매우 매우 어렵습니다. 하지만 성공했다면 게임은 끝입니다. 화이트보드 미팅에서 상대를 끝까지 끌고 가서 이해시켰다면 그 PM의 생각은 모두 정리되어 있다고 볼 수 있습니다. 문서화도 매우 쉬울 것이고 디자인, 개발과 협업 과정에서 나올법한 예외 상황도 머릿속에 어느 정도는 다 있을 겁니다. 화이트보드 미팅이 어려운 이유는 무엇일까요? 문서를 기반으로 리뷰하는 미팅에서 사용하는 장표나 플로우 차트나, 레퍼런스나 시안이 없기 때문입니다. 도움을 받을 수 있는 수단은 없습니다. 오로지 내 생각과 말로만 승부를 봐야 합니다. 오로지 화이트보드와 마커로만 풀려고 하는 문제, 만들려고 하는 제품과 가치를 설명해야 합니다. 중간중간 들어오는 질문은 계속 꼬리에 꼬리를 물고 빠집니다. 아주 디테일한 예외 케이스의 정의까지도 들어갈 수 있어요.

축하합니다. 이 과정을 거치면 정말 생각을 문서로 만드는 일만 남습니다. 이 단계가 되면 문서를 만드는 건 정말 쉽습니다. 이미 머릿속에서 모두 정리되어 있으니까요. 처음 도전으로 화이트보드 앞에서 내 생각을 완결성 있게 전달하는 것은 누구도 불가능합니다. 하지만 반복하면서 생각이 더 단단히 잘 정리가 될 겁니다. 누군가에게 생각을 말로 표현하는 것은 생각 정리에도 도움이 됩니다. 반복하고 연습하는 과정에서 생각이 효율적이고 효과적으로 정리될 겁니다. 한 번 해보세요. 처음에 누군가 앞에서 하는 게 어렵다면 혼자 시작해보는 것도 도움이 될 겁니다.

프로덕트 매니저 PM · PO 원칙

PM의 핵심역량 공식 : 커뮤니케이션 = 상상력 + 설득력

앞서 다룬 PM의 생각 프레임워크와 화이트보드 미팅을 요약하면 '내 생각을 정리'해서, '다른 사람에게 잘 전달'하는 겁니다. 이것이 모든 PM에게 가장 중요한 역량 두 가지입니다. 상상력과 설득력입니다. 그리고 합치면 커뮤니케이션이 됩니다.

PM에게 **상상력**이라니요? 상상력은 예술에나 어울리는 단어 같은데 말입니다. PM이 제품을 만드는 일도 예술입니다. 매뉴얼이 있어서 그대로만 하면 결과를 만들 수 있는 일이 아니기 때문입니다. 같은 과정을 따르더라도 결과는 매번 달라질 수밖에 없습니다. 심지어 똑같은 사람이 만들어도 같은 결과를 얻기 어렵습니다. '실제로 경험하지 않은 현상이나 사물에 대해 마음속으로 그려 보는 힘' 상상력의 정의입니다. 세상에 존재하는 모든 위대한 제품은 모두 상상력에서 출발했습니다. 우리가 너무나도 당연히 여기는 전기, 자동차, 인터넷, 아이폰은 모두 마찬가지입니다. 그리고 혁신은 언제나 처음에는 미친 생각으로 취급받습니다. 그러니 마음껏 상상해도 됩니다.

상상은 만든 제품, 사용하는 고객, 생겨나는 가치를 모두 포함합니다. 아직 아무것도 없을 때에도 PM은 그 완성된 모습을 스스로 상상해봐야 합니다. 상상은 자신과의 커뮤니케이션입니다. 스스로 확신이 들 때까지 반복적으로 그리는 연습이 필요합니다. 정확하고 디테일하게 상상한다면 그대로 만들 수 있는 확률이 높아집니다. 물론 과정이 어렵고 실패할 수도 있겠지요. 하지만 너무나도 분명한 건 상상하지 못하면 절대로 만들 수 없다는 겁니다. 모든 사람에게 지난하고 어려운 과정입니다. 나만 그런 게 아닙니다. 자신을 믿으세요. 포기하지 않으면 점점 더 나은 결과를 만날 수 있습니다. 꾸준히 반복하면 반드시 성장합니다.

PM의 머릿속에서 충분히 상상된 생각이 만들어졌습니다. 그럼 이제 알릴 차례입니다. **설득력**이 필요합니다. PM이 상상한 제품의 모습과 가치를 다른 사람에게 알리는 겁니다. 그래서 그들로 하여금 같은 상상을 하며 그 상상을 현실로 함께 만들어가는 것이지요. 누구나 한 번쯤 머릿속에 떠오르는 생각을 글로 적어본 경험이 있을 겁니다. 단순히 생각하면 아주 쉬운 일 같습니다. 하지만 직접 하면 정말 어렵습니다. 생각을 글로 적는 일은 생각하는 일과는 전혀 다른 차원의 일입니다. 내가 안다고 생각하는 건 정말 아는 게 아닙니다. 내가 알고 있는 생각을 남에게 전할 수 있어야 정말로 아는 것이라고 할 수 있습니다.

PM이 상상한 이미지를 다른 사람에게 전하는 것도 마찬가지입니다. 다양한 방법으로 여러 번 연습해야 합니다. 설득 수단은 다양합니다. 숫자, 근거, 논리도 있구요, 사람의 감정을 사용할 수도 있습니다. 설득하는 대상도 고려해야 합니다. 같은 PM인지, 타직군 동료인지, 리더인지, 경영진인지에 따라 방법도 달라지겠지요. 다양한 설득 대상의 특성과 선호를 활용해야 합니다. 시행착오를 줄일 방법은 없습니다. 많이 경험하고 겪으며 배우는 것이 답입니다.

상상력과 설득력은 공통점이 있습니다. 둘 다 커뮤니케이션이라는 점입니다. 상상력은 나 스스로에게 하는 커뮤니케이션입니다. 자유롭게 상상하며 스스로 이야기를 만들고 살을 붙여나갑니다. 설득력은 내 머릿속에 있는 그 상상을 다른 사람에게 커뮤니케이션하는 겁니다. 다양한 도구를 활용해서요. 상상력과 설득력은 함께 있을 때 가치가 있고 시너지를

냅니다. 고로 '상상력 + 설득력 = 커뮤니케이션'입니다.

상상하고 설득하기가 제품 여정의 전부입니다. 나의 상상이 현실이 되는 순간은 정말 짜릿합니다. 고객이 내가 상상한 제품을 쓰고 있는 모습을 눈으로 보게 되는 거죠. PM으로써 가장 희열을 느끼는 순간입니다. 가장 마지막으로 설득할 사람은 고객입니다. 우리가 상상했던 제품이 고객을 설득하는 순간 그 여정은 성공적으로 마무리됩니다. 이렇게 보람을 느끼고 성과를 내는 PM이 되는 것이 모두의 목표일 겁니다. 어떻게 해야 한 걸음 더 다가갈 수 있을까요? PM의 역량을 성장시킬 수 있는 공부 방법을 소개합니다.

PM은 무엇을 공부해야 할까

PM이 하는 일은 고객, 기술, 사업이라는 영역에 걸쳐 있습니다. 여러 가치를 제품으로 엮어냅니다. 기술을 사용해서 가치 있는 제품을 만듭니다. 제품을 고객에게 제공하고 수익을 만듭니다. 영역이 넓고 과정도 깁니다. 이 일을 잘하는 PM이 되려면 뭘 어떻게 공부해야 할까요? 세 가지 영역이 있습니다. 사람, 기술, 사업입니다.

첫 번째 영역은 **사람**입니다. 대부분의 고객은 사람이고, 동시에 함께 일하는 동료들도 모두 사람입니다. 제품은 사람이 사람을 위해서 만드는 겁니다. 그래서 무엇보다 사람이 중요합니다. 사람은 어떻게 생각하고 행동할까요? 그리고 도대체 왜 그럴까요? 이 질문에 자기만의 답을 찾아나가야 합니다. 여기서도 중요한 건 나만의 Why입니다. 사람에 대한 우리의 가장 큰 오해는 무엇일까요? 사람은 이성적 동물이라는 생각입니다. 사람은 생각과 다르게 항상 이성적이지 않습니다. 한쪽으로 쏠린 생각과 행동의 패턴을 보입니다. 편향입니다. 사람의 편향을 소개하는 책을 보면 사람의 비이성적인 사고와 편향을 쉽게 이해할 수 있습니다. 우리 스스로에게도 해당되는 이야기이기도 합니다. 하지만 문제는 이런 지식을 우리가 곧 잊어버린다는 겁니다. 왜일까요?

편향들을 기억하기 어려운 이유는 표면적 패턴만을 모아뒀기 때문입니다. 사람이 갖고 있는 편향에 대한 근거는 보통 실험의 결과입니다. 사람들에게 테스트한 연구 결과와 증거입니다. 이론은 정말 많습니다. 하지만 기억하고 내 걸로 만들기 어렵습니다. 읽을 때는 이해되지만, 곧 잊어버려서 써먹을 수 없습니다.

그럼 편향을 어떻게 사용해야 할까요? 변하는 것이 아닌 변하지 않는 것을 찾아야 합니다. 드러나는 패턴들에서 본질을 찾아 내 관점으로 쌓아가야 합니다. '나만의 왜'를 만들면 유리하며 유일한 방법이기도 합니다. 가장 좋은 도구는 심리학과 뇌과학입니다. 학문적 접근이 아닌 실용적으로 말이지요. 서점에는 이미 대중을 위한 심리학과 뇌과학 책들이 수없이 많습니다. 유명한 책 몇 권만 읽어보면 공통된 내용이 보입니다. 읽으면서 보이는 패턴에서 나만의 관점을 잡아갈 수 있습니다.

심리학은 표면적인 인간의 행동을 설명합니다. 뇌과학은 그 행동의 근본적인 동작 방식을 알려줍니다. 하나만으로는 완벽할 수 없습니다. 심리학과 뇌과학을 함께 공부해야 큰 시너지가 생깁니다. 이렇게 사람에 대한 나만의 관점을 만듭니다. 그리고 그 관점으로 이제 사람을 바라봅니다. 제품을 만들며 고객을 상상할 때, 협업하는 동료와 대화할 때, 다른 사람이 제품을 쓰는 모습을 볼 때 그 관점을 꺼내봅니다.

두 번째 영역은 **기술**입니다. 기술은 늘 빠르게 변합니다. PM이 기술 전문가는 아닙니다. 엔지니어보다 더 전문가가 될 수도 없습니다. 그렇다면 PM은 기술을 어떻게 공부해야 할까요? 모든 기술의 트렌드는 적당히 쫓으면 됩니다. 아예 몰라서는 곤란합니다. 새로 나온 기술은 보통 세상을 바꿀 듯 포장됩니다. 정말 그런 기술도 종종 있습니다. 하지만 대부분의 기술은 지나치게 과대 포장되어 시간이 지나면 잊혀집니다. 혹은 일반적인 대중이 사용하기까지 엄청나게 오랜 시간이 걸립니다.

언론에서 떠들어대며 세상을 바꿀 것 같던 기술이지만 지금은 잘 보이지 않는 것들이 많습니다. 당장 생각이 나지 않나요? 그럼 6개월, 1년 전의 IT 뉴스를 한 번 검색해봅시다. '아, 이런 것들이 있었구나'하는 생각이 듭니다. 매일매일 새로운 기술이 쏟아지는 것처럼 뉴스는 매일 새소식을 만들어내야 하니까요. 그때는 맞고, 지금은 틀립니다. 대부분의 기술이 그렇습니다. 기술은 사람을 위한 가치를 만들어낼 때만 그 가치가 있습니다. 기술만으로 만들 수 있는 가치는 제한적입니다.

새로운 기술과 용어는 매일 쏟아집니다. 나만 모르는 것 같은 기분도 듭니다. 조바심도 납니다. 뒤처지는 거 같습니다. 이럴 때 누구도 미래를 알 수 없다는 점을 기억해야 합니다. 과거의 패턴과 반복에서 배워야 합니다. 유사한 기술의 과거를 찾아보면 지금 현재가 더 또렷이 보일 때가 많습니다. 트렌디하게 바뀌는 기술보다 더 중요한 건 오랜 시간 변함없던 기술들입니다. 본질과 근간입니다. 이런 것들은 확실하고 분명하게 알고 있어야 합니다.

마지막 영역은 **사업**입니다. 사업은 가치와 돈의 흐름이 핵심입니다. 고객에게 가치를 주고, 고객에게서 돈을 받습니다. 지금 나한테 없는 것 중에, 내가 원하거나 필요로 하는 것이 바로 가치가 됩니다. 그 가치를 만들어 니즈가 있는 사람에게 주면 매출이 되고요. 이 과정이 사업입니다. 본질은 매우 단순합니다.

　니즈와 가치를 있고 없는 경우로 조합해보면 총 4가지 경우가 생깁니다. 첫째, 니즈도 있고 만족시키는 가치도 이미 있는 경우입니다. 시장이 존재하는 레드오션입니다. 두 번째, 명확한 고객의 니즈는 있지만 아직 가치가 없는 경우입니다. 내가 가치를 제공하면 시장을 만들 수 있습니다. 세 번째, 가치는 있지만, 니즈가 없는 경우입니다. 딥테크 영역처럼 선행 기술을 보유한 경우입니다. 가진 가치를 원하는 니즈를 발굴하면 새로운 시장을 만들게 됩니다. 네 번째는 니즈도 가치도 없는 경우입니다. 완전한 새로운 시장과 사업으로 볼 수 있습니다. 니즈와 가치, 관계 사이에서 질문을 하면 사업을 이해하는 데 도움이 됩니다. 우리 회사와 사업을 대입해 생각해봅니다. 이미 고객의 니즈가 있는지? 아님 고객이 스스로 필요하다는 걸 모르고 있는지? 니즈와 가치가 만난 시장이 있는지? 우리가 그 가치를 만들 수 있는지? 이미 우리가 갖고 있는 가치는 무엇인지? 앞으로 우리가 만들 수 있는 가치는 무엇인지?

　PM이 사업팀보다 사업을 잘 알 수는 없습니다. 하지만 사업은 반드시 제품의 도움이 필요합니다. 가치를 만들어 고객을 만나야 하니까요. 더 나아가 최근에는 사업과 제품을 이분법적으로 나누는 건 비효율적이라는 문제 의식도 생겼습니다. 이를 위해 PM이 주도적으로 제품과 사업을 함께 맡는 경우도 많아지고 있습니다. 수단의 전문가가 목적까지 안다면 훨씬 더 경쟁력이 생깁니다. 제품의 근본적인 목적인 사업에 대한 배움은 꼭 놓지 마세요.

　　　　　　　　　　　　　　　프로덕트 매니저 PM · PO 원칙

PM의 공부는 시지프스의 언덕입니다. 좋은 PM이 되려면 계속 공부해야만 합니다. 알아야 할 영역도 넓습니다. 배워야 할 내용도 많습니다. 마치 시지프스의 돌처럼 굴려도 굴려도 결코 영원히 끝나지 않습니다. 좋은 PM이 되는 길은 절대 만만치 않습니다. 그렇지만 성장을 중요한 가치로 생각하는 사람에게는 최고의 직업입니다. 일과 함께 꾸준히 성장할 수 있으니까요.

PM의 미래는 밝습니다. PM의 커리어는 점점 더 많은 기회를 가질 겁니다. 고용의 안정성이 보장되던 시대는 가고 있습니다. 대기업은 더는 공채를 뽑지 않습니다. 새로운 도전을 하는 수많은 스타트업에 새로운 기회가 열리고 있습니다. 모든 스타트업은 반드시 PM을 필요로 합니다. 고객에게 기술을 통해 온라인으로 가치를 전달하는 사업을 하는 모든 곳에서 PM은 반드시 필요한 역할이니까요.

PM의 무기는 "왜?"라는 질문입니다. 스스로에게 계속 "왜?"를 묻고 또 물어야 합니다. 스스로 묻고 답을 찾아가야 합니다. 그 과정에서 다른 사람의 어떠한 "왜?"라는 질문에도 모두 대답할 수 있는 내공이 쌓입니다. 성장은 축적되어야 발산합니다. 쌓고 또 쌓으면 어느 날 성장한 나의 모습이 나를 갑자기 찾아올 겁니다. 믿고 노력하면 반드시 성장합니다.

쇼펜하우어는 이 세상의 물질을 4 단계로 구분했습니다. 무생물, 식물, 동물 그리고 인간입니다. 무생물에 가까울수록 같은 점이 많습니다. 반대로 인간으로 갈수록 같은 점보다는 다른 점과 개성이 많습니다. 그렇기에 모든 사람은 다른 사람이 아닌 나 스스로가 되어야 의미가 있습니다. 사람은 목적과 의도를 가지고 행동하는 존재입니다. 그리고 누구나 자기만의 개성과 색깔을 찾을 수 있습니다. 그리고 PM은 그런 자기만의 길을 반드시 찾아야만 하는 사람입니다.

좋은 PM이 되는 방법은 이미 내 안에 있습니다. 남을 모방하는 것이 아닌, 스스로의 모습을 찾아가면 됩니다. 스스로 '왜?'를 물으며 계속 나아가면 됩니다. 하지만 어렵습니다. 새롭고 낯선 것은 언제나 우리를 두렵게 만듭니다. 왜 두려운 걸까요? 우리의 뇌가 아직 원시세대의 뇌를 벗어나지 못했기 때문입니다. 우리는 모르는 것을 위험하다고 여깁니다. 불확실한 상황이 닥치면 우리는 싸우거나 도망갑니다. 원시시대에 갑자기 멧돼지를 만난다면 어떻게 해야 할까요? 도망가야겠지요. 인간의 생존에 유리한 건 대부분 도망가기입니다. 눈 앞의 상황을 회피하는 겁니다.

새롭고 낯선 건 우리를 두렵게 만듭니다. 스스로 "왜?"라는 질문도 마찬가지입니다. 이 길이 맞는 걸까요? 지금 내가 잘하는 걸까요? 정말 잘할 수 있을까요? 너무 불안합니다. 하지만 도망갈 필요는 없습니다. 우리가 마주한 건 멧돼지가 아닙니다. 생명의 위협은 없습니다. 그저 스스로 처음 마주하는 질문일 뿐입니다. 이럴 때 필요한 건 작은 위로와 용기입니다. 그 길을 먼저 지나간 선배들이 말해줍니다. "괜찮다고, 잘하고 있다고, 그 길을 걸어간 사람들 모두 역시 두렵고 외로웠다"고요. 저 역시 선배들의 말에 얼마나 큰 위안을 받았는지 모릅니다.

이 책을 읽는 PM들과 PM이 되고 싶은 분들께 저의 이야기가 작은 위로가 되었기를 바랍니다. 두려움은 움직일 때 사라집니다. 스스로 "왜?"를 물으며 한 걸음 걸어보세요. 힘이 들면 잠깐 멈춰서도 좋습니다. 뒤를

한 번 돌아보면 어느새 꽤 멀리 온 스스로가 보일 겁니다. 그게 바로 성장입니다. 스스로에게 늘 "왜?"라고 물으세요. 세상에 하나뿐인 나만의 새로운 색을 만드세요. 당신의 상상은 현실이 됩니다. 당신도 좋은 PM이 될 수 있습니다. 당신의 생각이 바로 답이니까요.

고민하는 모든 PM들의 성장을 기원합니다.

• 원칙 준수에 도움이 되는 정보 •

《대체 뭐가 문제야》
Why는 문제 정의입니다. 가장 중요한 '제대로 문제를 정의하는 방법'을 쉽게 알려줍니다.

《기획은 2형식이다》
책에서 말하고 있는 '기획'에 대한 프레임이 인상 깊었습니다. 책이 쉽지만 가볍진 않습니다.

《모든 기획자와 디자이너가 알아야 할 사람에 대한 100가지 사실》
고객에 앞서, 사용자와 사람에 대해 고민해야 할 다양한 인문학적인 프레임들을 제시합니다. 사람을 제품의 사용자로서 바라봅니다.

〈나는 왜 이 일을 하는가?〉 사이먼 사이넥의 Ted 강연

Why는 어떻게 사람을 움직일까요? 사이먼 사이넥이 골든써클 이론으로 설명합니다.

단축url https://bit.ly/3MWVD7p

《콘텐츠의 미래》

보통 사례 위주로 이야기하는 책들을 좋아하지 않는데요, 이 책만은 예외였어요. 사례들을 통해 나오는 깊은 인사이트들이 좋습니다.

《디커플링》

'Unlocking the Customer Value Chain'이라는 원제가 더 어울립니다. 고객 가치와 사업을 큰 관점에서 이해할 수 있습니다.

《블리츠스케일링》

스타트업은 어떤 단계를 거쳐 성장할까요? 단계별 성장통과 과정을 살펴보고 이해할 수 있습니다.

《성과를 내고 싶으면 실행하라》

목표와 실행에 집중하는 방법, 선행지표와 후행지표의 관계가 인상 깊었습니다. 이 책으로 선행지표/후행지표 개념만 잡아도 성공이에요.

프로덕트 매니저 PM · PO 원칙

골든래빗 <원칙> 시리즈 소개

《개발자 원칙》

테크 리더 9인이 말하는 더 나은 개발자로 살아가는 원칙과 철학

01 덕업일치를 넘어서 (박성철)

02 오류를 만날 때가 가장 성장하기 좋을 때EK (강대명)

03 소프트웨어 디자인 원칙 (공용준)

04 나의 메이저 버전을 업그레이드하는 마이너 원칙들 (김정)

05 이직, 분명한 이유가 필요해 (박미정)

06 목표를 달성하는 나만의 기준, GPAM (박종천)

07 프로덕트 중심주의 (이동욱/네피림)

08 제어할 수 없는 것에 의존하지 않기 (이동욱/향로)

09 달리는 기차의 바퀴를 갈아 끼우기 (장동수)

《데이터 과학자 원칙》

데이터 리더 9인이 말하는 더 나은 데이터 과학자로 살아가는 원칙과 철학

01 루틴하게 점진적으로 작동하는 팀워크 (이정원)

02 데이터 사이언티스트 생존 무기 만들기 (권시현)

03 척박한 데이터 환경에서 살아남은 사람들의 우화 (권정민)

04 시작하는 데이터 사이언티스트를 위한 개발과 운영 지침서 (김영민)

05 데이터 분석의 본질에 집중하기 (김진환)

06 데이터 과학자의 '기술 부채' 갚기 (박준석)

07 메타인지와 액션으로 점진적으로 성장하기 (변성윤)

08 데이터로 고객을 움직이는 데이터팀이 되어가는 여정 (이진형)

09 전달력을 높이는 시각화 디자인 원칙 (이제현)

프로덕트 매니저 원칙

10년이 가도 변하지 않을
PM · PO로 살아가는 원칙과 철학

초판 1쇄 발행 2023년 12월 10일

지은이 장홍석, 강형모, 김수미, 김승욱, 서점직원, 신필수, 이미림, 이상범, 황인혜

엮은이 최현우 · **마케팅** 오힘찬
디자인 표지 Nuːn. **내지** min. · **조판** SEMO

펴낸곳 골든래빗(주)
등록 2020년 7월 7일 제 2020-000183호
주소 서울 마포구 양화로 186 LC타워 5층 514호
전화 0505-398-0505 · **팩스** 0505-537-0505
이메일 ask@goldenrabbit.co.kr
SNS facebook.com/goldenrabbit2020
홈페이지 goldenrabbit.co.kr

ISBN 979-11-91905-57-1   03320

골든래빗 홈페이지